資本市場とプリンシプル

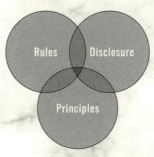

佐藤隆文
Takafumi Sato

日本経済新聞出版社

まえがき

本書のねらい

　本書は、資本市場の品格と活力を高める上で、プリンシプルを土台とした規律が効果的であることを訴えるものである。

　プリンシプルは、パブリック・インタレスト（公益）の視点から、ものごとの望ましい姿や方向感をいくつかの原則で描くものである。それに納得しその価値観を共有する人々が目標に向かって進めるよう促す手法が、プリンシプル・ベースの規律づけである。策定される個々のプリンシプルは、法令やルールの背後にある基本的な精神を、行動原則としてより明示的に表現し編集したもの、と形容することもできる。

　このアプローチは資本市場にうまくフィットする、というのが筆者の仮説であり主張である。基本的なコンセプトは、上場会社や市場関係者が尊重すべき重要な規範を共通の理念として認識し、各主体がその規範に沿って行動することを通じて、市場全体の信頼性と競争力が向上するという筋書きである。プリンシプルに沿った行動の事例が広がっていけば、それらが市場慣行となっていくだろう。上場会社や市場関係者の間において、それぞれの持ち場に即した規範意識が定着し、それが分権的な規律として持続的に機能していくことが期待される。

　なお本書の議論は、主として上場株式市場を念頭に置いたものとなっていることをお断りしておきたい。

本書の構成

　本書の構成は以下のとおりである。

　第1章ではまず、資本市場の信頼性を高め競争力を強めるためには、どのような資質が必要とされるかを確認する。そして、それらの資質が維持され持続的に機能が発揮されるためには、確かな規律とそれを実現するメカニズムが備わっていることが重要であることを述べる。**第2章**では、プリンシプルとはどのようなものかについて、ルールとの対比を中心に考察する。

また規律をサポートする上で両者をどう使い分けるかを考えるとともに、プリンシプルの潜在力について検討する。**第3章**では、多様なプレイヤーが活動する資本市場では分権的な規律が現実的かつ効率的であることを確認した上で、そこでの規律づけメカニズムのあり方を考察する。ルールとプリンシプルと情報開示の3要素が有機的に働く仕組みをビジョンとして提示し、分権的な規律づけにプリンシプルが参画することの意義を強調する。

第4章では、わが国において現実にプリンシプル準拠の手法が浸透してきていることを、その普及の歴史を振り返りながら描写する。そして（本書執筆時点で）現存する八つのプリンシプルによって、あたかもインベストメント・チェーン全体をカバーするようにネットワークが形成されている、という捉え方を提示する。

第5章～第7章は、筆者の所属する日本取引所自主規制法人が策定した個別のプリンシプルを紹介する、いわば各論である。第1章～第3章で述べた基本論に対し、具体的な実践の取組み事例を解説するものでもある。**第5章**で取り上げる「エクイティ・ファイナンスのプリンシプル」は、上場会社における望ましいファイナンスの要点を確認するとともに、不公正ファイナンスの防止をねらったものである。**第6章**で扱う「不祥事対応のプリンシプル」は、不祥事を起こした上場会社が適切な事後対応を行ない、確実な企業価値の回復に努めるためのガイドラインを示したものである。**第7章**で解説する「不祥事予防のプリンシプル」は、不祥事の発生そのものを減らすため、すべての上場会社が不祥事の予防のために着眼し実践すべきポイントを整理したものである。

これら三つのプリンシプルは、実際に観察された問題事例を踏まえて策定されたものであるので、一定の臨場感が得られるものと思う。各原則について対応する問題事例を付して解説しているので、プリンシプルを個別事例に適用する演習のようにもなっている。また、それぞれ策定の背景や趣旨も述べているので、プリンシプルが形作られる過程もつぶさに感じていただけるのではないかと思う。三つのプリンシプルを策定した日本取引所自主規制法人は、市場の動きに日々接している現場感覚を生かして、機動的に問題を抽出し、迅速に是正策等を提案できる立場にある。

まえがき

本書の使い方

　本書をどのように読み進めていただくかは、もちろん読者の方々の自由である。第1章から順にお読みいただく必要はなく、関心の強い章を中心に拾い読みしていただくことが可能である。そのために各章の記述はある程度自己完結的なものになっている。その裏腹として時折、同内容の記述が繰り返されていることについてはご容赦いただきたい。その上で、例えば以下のような読み方があることを提案させていただきたい。

　わが国においてプリンシプル準拠の手法がどの程度浸透してきているか、という進捗状況をまず確認しておきたい方々は、**第4章**から読み始めていただければ、現状についての鳥瞰図のようなものが得られると思う。

　実務志向の方々は、ご関心の分野に沿って、先に第5章～第7章を個別に読んでいただくのもよいかもしれない。企業財務やファイナンスに関わっていらっしゃる、上場会社の財務部門の方々、証券会社で投資銀行業務に携わる方々、専門的アドバイスを提供する弁護士・公認会計士の方々などは、**第5章**に関心を抱かれるだろう。上場会社でコンプライアンスやガバナンスに関わっていらっしゃる取締役・監査役（監査委員）の方々やリスク管理・内部監査・法務等の部門に在籍していらっしゃる方々、社外からアドバイスを提供する立場の弁護士・公認会計士の方々は、**第6章**と**第7章**で実務的な着眼点を再確認するとともに、そこから新しい視点を見出していただけるかもしれない。また巻末に掲げた各プリンシプル全文と併せ参照すれば、第5章～第7章を辞書のように活用していただけるかもしれない。

　市場法制の研究者をはじめロジックやビジョンに関心の強い読者の方々には、基本論を述べている**第2章**と**第3章**が重要であろう。プリンシプル準拠の手法が浸透してきている背景に、どのような論理と展望があるかを考察するものだからである。第2章では、後続する議論の土台としてルールとプリンシプルの意味と特性について述べている。続く第3章で示すビジョンは本書のコアであるが、やや独自性の高い仮説でもあるので読者の方々の率直なご批評を仰ぎたい。単一の答えがある世界ではなく、本書のビジョンもおよそ排他的なものではないので、これを一つのたたき台として議論いただけることは大変有難いことである。

そもそも何のための規律なのか、なぜ規律が重要なのかを確認しておきたいという読者の方々は、**第1章**から読み進めていただくのがよいだろう。第1章は、品格ある資本市場の姿について筆者なりの描写を試みたものである。資本市場が担っている枢要な機能を概観し、その機能が十全かつ持続的に発揮されることの大切さを強調している。

掲載資料等

本書に掲載している図表には出所を付記しているが、その記載のないものは基本的に筆者の作成によるものである。その多くは、ここ数年に行なった講演のために作成・配布した資料であり、ご参考までに、本書に関連するテーマで筆者が行なってきた講演等の一覧を巻末に付した。

また参照の便宜のため、本書で取り上げている各プリンシプルの全文を巻末資料として掲載した。

謝辞

本書は、筆者が2013年から㈱日本取引所グループ（JPX）で資本市場の仕事に携わらせていただく中で得られた「学び」と「気づき」に基づいている。このような貴重な機会に恵まれた幸運に感謝するとともに、多くの知的刺激を与えて下さった㈱日本取引所グループ、東京証券取引所、大阪取引所、日本取引所自主規制法人、日本証券クリアリング機構にまたがる同僚の皆さんに厚く御礼申し上げたい。

本書の基本哲学は、JPXと傘下の諸法人が共有している理念と共通である。ただし述べている内容には多くの個人的見解が含まれており、その部分の責任は筆者のみにある。したがって、本書の内容がJPXグループの公式見解を代弁するものではないことをお断りしておきたい。さらに、筆者の浅学菲才ゆえの誤りや思い違いも含まれているかもしれない。その場合はご叱正とご寛恕をお願い申し上げたい。

本書の執筆に当たっては、多くの方々のご支援とご協力をいただいた。日本経済新聞出版社の編集部経済書グループ長の平井修一氏には、企画から最終校正に至るまで丁寧かつ的確なご教示をいただいた。記して謝意を表した

まえがき

い。また日本取引所自主規制法人で理事長秘書の任にあった傍島康裕氏には、執筆に際して資料の整理や図表の作成など多岐にわたり多大な貢献をいただいた。深い感謝の気持ちを記しておきたい。

　　　　　　　　　　　　　　令和元年5月　　佐藤　隆文

目　次

まえがき　3

第1章
資本市場に求められる資質　17

第1節　資本市場が具備すべき資質 …………………………… 18

1　金融商品の品質と品揃え　19
　　投資に値する価値の実在 / 発行体企業の資質 / 金融商品の品揃え / 規律が損なわれている場合

2　取引の公正性　22
　　公平な情報アクセス / 不公正取引の排除 / 取引所市場の外での不公正取引

3　情報開示の信頼性　24
　　制度と開示インフラ / 開示主体の心構え / 会計基準と作成者・監査人

4　執行実務の信頼性と利用者にとっての利便性　25
　　執行実務の信頼性 / 利用者にとっての利便性

5　金融サービス業の誠実さと活力　29

6　市場メカニズムに裏打ちされた価格発見機能　31

第2節　なぜ規律が重要なのか ………………………………… 32
　　資本市場の規律とは / 規律が求められる理由 / 資本市場の競争力

第3節　なぜ規律づけメカニズムを課題とするのか ………… 38
　　規律の働き方 / 規制哲学のヴァリエーション / わが国の位置取

り / 質の高い規律づけメカニズム

第2章
ルールとプリンシプル　　　　　　　　45

第1節 ルールかプリンシプルか …………………… 46

言葉の意味 / プリンシプルに強制力を持たせる場合 / ルールとプリンシプルは並存可能か / 二者択一の弊害緩和策

第2節 わが国における位置づけ …………………… 51

ルールとプリンシプルの位置関係 / 法令から独立したプリンシプル

第3節 ルールとプリンシプルの特性 ……………… 56

プリンシプル・ベースのアプローチ / ルールとプリンシプルの対比 / それぞれの長所と短所

第4節 ルールとプリンシプルの使い分け ………… 59

ルールが有効な分野 / プリンシプルが有効な分野 / ルールとプリンシプルの合わせ技

第5節 プリンシプルの潜在力 ……………………… 63

エピソード・その1 / エピソード・その2 / エピソード・その3 / 確信犯には無力か

第3章
資本市場の規律づけメカニズム　　　　69

第1節 資本市場におけるプレイヤーの多様性 …… 69

市場参加主体の多様性 / 相互依存関係

第2節 分権的な規律づけ ………………………………… 72

中央集権的規律と分権的規律 / 資本市場と分権的規律 / 横断的な規範の重要性

第3節 三つの規律づけチャネル ……………………………… 74

三つの規律づけエンジン / 分権的規律の具体的な働き方 / 当局による規律づけ（当局規律）/ 市場による規律づけ（市場規律）/ 市場参加者自身による規律づけ（自己規律）/ 自己規律と三大栄養素

第4節 規律を実現する三大栄養素 …………………………… 81

情報開示について / 三大栄養素の働き

第5節 プリンシプルで何が変わるのか ……………………… 82

「ルール」＋「情報開示」の世界 /「プリンシプル」が付加された世界 / 分権的規律におけるプリンシプル

第6節 プリンシプルの実効性 ………………………………… 86

コンプライ・オア・エクスプレイン / プリンシプルと情報開示 / 実効的なモニタリング / ベスト・プラクティスの連鎖 / 規範意識の共有とレピュテーション / 当局等によるインセンティブ付与 / パブリック・コメントのプロセス

第4章
プリンシプル方式の広がり　97

第1節 プリンシプルの黎明期 ………………………………… 97

金融上の行政処分の考え方 /「証券会社の市場仲介機能等に関する懇談会　論点整理」/ 内部統制報告制度

第2節 明示的なプリンシプルの登場 …………………………… 103
ベター・レギュレーション / 金融サービス業におけるプリンシプル / グローバル金融危機の影響

第3節 プリンシプル準拠の本格化 …………………………… 107
スチュワードシップ・コード / コーポレートガバナンス・コード / 車の両輪 / プリンシプルとしての両コード / 監査法人のガバナンス・コード / 顧客本位の業務運営に関する原則

第4節 自主規制機関によるプリンシプルの策定 ………… 113
自主規制機関がプリンシプルを策定する意義 / エクイティ・ファイナンスのプリンシプル / 上場会社における不祥事対応のプリンシプル / 上場会社における不祥事予防のプリンシプル

第5節 プリンシプルのネットワーク …………………………… 116
プリンシプル準拠アプローチの広がり / プリンシプルの分業体制 / 上場会社に向けて / 金融サービス業に向けて / 機関投資家に向けて / 監査法人に向けて / ネットワークの今後

第5章
エクイティ・ファイナンスのプリンシプル 127

第1節 問題の所在 …………………………………………………… 127
エクイティ・ファイナンスについて / 現実の使われ方 / 情報の非対称性

第2節 本プリンシプル策定の趣旨 …………………………… 132
ルール・ベースでの制度改善 / ルール・ベースとの相互補完 / 本プリンシプルのねらいと特徴

第3節 本プリンシプルの構成と内容 ……………………… 137

原則第1 企業価値の向上に資する　138
［事例1］エクイティ・ストーリーに信頼性が欠如／［事例2］会社の経営権に争いが存在

原則第2 既存株主の利益を不当に損なわない　140
［事例3］不正調査の調査期間中の増資／［事例4］現物出資財産の評価が杜撰なケース

原則第3 市場の公正性・信頼性への疑いを生じさせない　143
［事例5］第三者割当で調達した資金が、会社の筆頭株主の近親者が支配するグループから企業買収を行なう対価として支払われたケース／［事例6］調達した資金が仲間うちでの不透明な事業買収に使用されたケース

原則第4 適時・適切な情報開示により透明性を確保する　146
［事例7］割当先の信用度の調査や制度的手続きの確認が不十分であったため、第三者割当が中止・失権となったケース／［事例8］資金使途を明示せず資金調達し、その後開示した資金使途も変更したケース／［事例9］ライツ・オファリングで、大株主の権利行使の意向をめぐり一般投資家を欺いたケース

第4節 本プリンシプルの使われ方と実効性 ……………… 150
期待される使われ方／本プリンシプルの実効性

第6章
不祥事対応のプリンシプル　153

第1節 策定の背景 ……………………………………………… 153
不祥事発覚後の対応のまずさ／取引所の守備範囲との関係／プリンシプル・ベースでの対応／資本市場の視点

第2節 本プリンシプルのねらい ……………………………… 158

不祥事がもたらす悪影響 / 不祥事対応の現実 / プリンシプル・ベースを採用した理由

第3節 本プリンシプルの構成と内容 ……………………………… 161

前文　161

［指針1］不祥事の根本的な原因の解明　162

　［問題事例1］

［指針2］第三者委員会を設置する場合における独立性・中立性・専門性の確保　164

　［問題事例2］

［指針3］実効性の高い再発防止策の策定と迅速な実行　166

　［問題事例3］

［指針4］迅速かつ的確な情報開示　168

　［問題事例4］

第4節 本プリンシプルの使われ方と実効性 ……………………… 170

上場会社での使われ方 / 取引所での使われ方 / 投資者における使われ方 / 弁護士・公認会計士などの専門家における使われ方 / 日弁連のガイドライン / 自主グループによる援軍 / マス・メディアにおける使われ方

第7章
不祥事予防のプリンシプル　181

第1節 策定の背景 ……………………………………………… 181

不祥事の一般化 / 認識ギャップの根深さ / 上場会社としての責務 / 資本市場の視点 / 東芝問題からの学習

第2節　本プリンシプルのねらい ……………………… 190
　　認識ギャップの是正 / 企業価値の保全と自己規律の発揮 / ガバナンスの向上と資本市場の信頼性 / 不祥事への包括的な対応

第3節　本プリンシプルの構成と内容 ……………………… 196

全体の構成
前文　198

[原則1]　実を伴った実態把握　199
　　己を知る / 実態把握の着眼点 / 実を伴った点検 / 社内への定着と対外発信 /【不祥事につながった問題事例】

[原則2]　使命感に裏付けられた職責の全う　202
　　経営陣のコミットメント / 取締役会等の牽制機能 / 社内リソースの確保と組織設計 /【不祥事につながった問題事例】

[原則3]　双方向のコミュニケーション　205
　　双方向の意思疎通 / 中間管理層への敬意 / 意思疎通の効果 /【不祥事につながった問題事例】

[原則4]　不正の芽の察知と機敏な対処　207
　　早期発見と迅速対処 / 横展開 / 経営陣からの発信 / 企業文化としての定着 / 形式主義の排除 /【不祥事につながった問題事例】

[原則5]　グループ全体を貫く経営管理　210
　　一貫性ある経営管理 / 海外子会社と買収子会社 /【不祥事につながった問題事例】

[原則6]　サプライチェーンを展望した責任感　212
　　全体を展望するメリット / 有事における説明責任 /【不祥事につながった問題事例】

第4節　本プリンシプルの使われ方と実効性 ……………………… 214
　　上場会社自身の主体的取組み / 機関投資家からの働きかけ / 弁護士・公認会計士など専門家の役割 / マス・メディアでの使わ

れ方 / 周知・広報活動とサーベイ調査 / コンプライ・オア・エクスプレインの可能性 / 企業不祥事は減るか

筆者による関連講演等の一覧　222

資料：関連プリンシプル集　223

 資料1　金融サービス業におけるプリンシプル
   （2008年4月18日）　224

 資料2　日本版スチュワードシップ・コード
   （2017年5月29日改訂）　227

 資料3　コーポレートガバナンス・コード
   （2018年6月1日改訂）　233

 資料4　監査法人の組織的な運営に関する原則（監査法人のガバナンス・コード）（2017年3月31日）　247

 資料5　顧客本位の業務運営に関する原則
   （2017年3月30日）　251

 資料6　エクイティ・ファイナンスのプリンシプル
   （2014年10月1日）　255

 資料7　上場会社における不祥事対応のプリンシプル
   （2016年2月24日）　257

 資料8　上場会社における不祥事予防のプリンシプル
   （2018年3月30日）　259

索引　264

第1章

資本市場に求められる資質

　本章では、資本市場の望ましい姿について筆者なりの整理を試みるとともに、それを実現し保持していくためには規律（discipline）が有効に働くことが重要であることを強調する。その上で、質の高い規律づけメカニズムのあり方について展望する。

　まず第1節で、資本市場が具備すべき中核的な資質を抽出し、再確認する。これらの資質はどれを取っても、該当する分野ごとの規律が有効に働いてそれぞれの機能が的確に発揮されなければ、市場全体として所要の信頼水準を保つことができない、という性格を有している。これらは、識者の間ではすでに暗黙裡に広く認識されていることであるが、本書の議論の前提として全体像を改めて共有しておきたいという趣旨である。

　続く第2節では、資本市場においてなぜ規律が重要なのか、について改めて考える。規律の欠如がもたらす問題や、市場の国際競争力にも言及しつつ、効率的で効果的な規律づけの重要性を説く。

　さらに第3節では、そのような規律の作用のし方（つまり規律づけメカニズム）を、なぜ本書のテーマとして取り上げるのかについて述べる。国ごとに若干の差異がある規制哲学の広がりの中でわが国の現状を位置づけるとともに、質の高い規律づけメカニズムについて予備的考察を行なう。

　なお本章の議論（ないし本書の議論）は、上場株式市場を中心に展開されるものであること、また、議論の多くは金融商品取引所の視点からのものであることをお断りしておきたい。

第1節　資本市場が具備すべき資質[1]

　資本市場では需給がマッチングされる。一方で所要のタイミングで有利に資本調達・資金調達を行おうとする企業等が株式・債券等の金融商品を発行し、他方で資金を運用する投資者がそれらの金融商品を購入・売却し許容可能なリスクの範囲でできるだけ高いリターンを実現しようと行動する。このような資金需要と資金供給とが、売買される金融商品の価格を通じてマッチングされる。同時にその価格は、資金需要と資金供給、ないし金融商品の供給と需要の状況やその変動によって形成される。ここで投資者の合理的な投資行動を支えるのは、金融商品についての正確な情報の入手や市場へのアクセスであり、それら投資行動の集積が市場レベルでの金融商品の需給を構成し、価格を形成することになる。

　資本市場は、このような活動を成立たせるプラットフォームであり、公共性を担うインフラストラクチャである。このことを踏まえると、品格ある資本市場が具備しているべき重要な資質として、以下の六つの事項が浮かび上がる。このような整理は、必ずしも網羅的とは言えないだろうし相互に重複する部分もあるかと思われるが、金融行政や取引所自主規制業務などの実務経験にも照らし、筆者としては、これらの資質の優劣を随時に検証し評価することが重要と考えている。すなわち、

　（1）金融商品の品質と品揃え
　（2）取引の公正性
　（3）情報開示の信頼性
　（4）執行実務の信頼性と利用者にとっての利便性
　（5）金融サービス業の誠実さと活力
　（6）市場メカニズムに裏打ちされた価格発見機能

である。さらに、これらすべての資質が、一時的に達成されるだけでなく持

---

[1] ▶ 本節と次節の記述は、佐藤隆文「資本市場の品格とプリンシプル」『季刊会計基準』第50号（財務会計基準機構、2015年9月）を発展させたものである。また第3章と第4章も、部分的にこの論考を基礎にしている。

続的に保持されること、すなわち持続可能性（sustainability）も極めて重要である。これを第7の資質として加えてもよいだろう。

　これらの資質が維持され、期待されている機能が安定的かつ持続的に発揮されることが、資本市場の品格を高め、国際競争力を強め、持続的な発展をもたらすことになる。

　資本市場を律するわが国の基本法規とも言える金融商品取引法（以下、適宜「金商法」と表記する。）は、第1条（目的規定）で、有価証券の発行及び金融商品等の取引等の公正、有価証券の流通の円滑、資本市場の機能の十全な発揮による金融商品等の公正な価格形成、投資者の保護、を目的として掲げている。またそのために、企業内容等の開示の制度を整備し、金融商品取引業に関し必要な事項を定め、金融商品取引所の適切な運営を確保すること等によって、それらの目的の実現を目指す、という趣旨を記している。資本市場が具備すべきものとして上に述べた基本的資質は、金商法が掲げるこれらの目的とも概ね整合的であり、方向感は同じである。見かけ上「投資者の保護」を先述の「資質」に含めていないのは、この目的は六つの資質がそれぞれ発揮されて実現する成果であり、多くの資質にまたがっているからである。言うまでもなく「投資者の保護」は、資本市場が発揮すべき最も重要な機能の一つである。

　上述した資質の一覧を**図表 1-1** に示した。資本市場が具備すべきこれらの資質について、以下でもう少し具体的に見ていこう。

1　金融商品の品質と品揃え

投資に値する価値の実在

　取引される金融商品の品質として、まずは当該商品が、広く投資者から見て投資するに相応しい価値を有していることが大前提である。すなわち金融商品が体現している価値について、明確な原資産が実在している、保証者の保証能力が確かである、発行体企業等の支払い能力が安定している、等の裏付けがあることである。また、投資対象となる金融商品のリスクとリターンに透明性があることも重要である。典型的には、当該商品にはどのようなリスクがあり、どのような利回りがどういうメカニズムによってもたらされる

図表 1-1　資本市場に求められる資質

1 金融商品の品質と品揃え

2 取引の公正性

3 情報開示の信頼性

4 執行実務の信頼性と利用者にとっての利便性　　　*7* これら資質の持続可能性

5 金融サービス業の誠実さと活力

6 市場メカニズムに裏打ちされた価格発見機能

のか、について明確に示されていること。そしてそこに妥当な因果関係が成立っており、そのことが投資者に合理的に説明可能であることである。これは、投資者の側から見て商品内容が理解可能でありリスク管理が可能であること、とも裏腹の関係にある。

　商品の構造が合理的であることに加え、商品内容が投資者から見て分かりやすいものであることも重要である。投資者には、金融知識が豊かで損失負担能力も大きい機関投資家やいわゆるプロの投資家から、そうではないアマチュアの個人投資家まで広がりがある。したがって、それらの階層に応じた分かりやすさと販売方法が求められることになる。いわゆる「適合性の原則」である。

発行体企業の資質

　つぎに金融商品の品質は、株式や債券を発行して資金調達を行なう発行体企業の資質によって大きく左右される。取引所に株式を上場している上場会社については、企業経営の健全性、事業の継続性、収益力の安定性（成長性）などが求められている。それらの前提となる法令遵守の態勢や内部管理体制の実効性も重要な資質である。株主をはじめとする多様なステークホル

ダーとの良好な関係を維持し、持続的な企業価値の向上に向けて企業行動が律せられているか（コーポレート・ガバナンスの中核）、という点も重要な評価項目となる。さらに、これらの点についての経営方針やその実績等が、正確かつ適時に開示され、市場と投資者に十分な情報提供がなされているか、という点も当該企業の株式の評価を左右する基本要素である。適時・適切なディスクロージャーは、上に述べた審査項目や評価項目に関し、投資者への情報提供という根幹の目的に加え、その開示を行なう企業自身をも律する効果を持っている。

金融商品の品揃え

　以上のような金融商品そのものの品質に加え、投資者のニーズに応えるための商品の「品揃え」が整っていることも資本市場の重要な資質である。商品が提供するリターンと内包するリスクの組合わせには多様なものがあり、それらを変動させる要因も為替、金利、企業業績、資源価格、景気動向、政策動向、地政学的要因など多様である。他方、投資者のリスク選好やリターン追求姿勢も、それぞれに特徴があって多様である。リスクを限定することを優先し低めのリターンを甘受する投資者もいれば、リターンを高めることを優先しそれに伴う高めのリスクを引受ける投資者もいる。

　それら広範な顧客ニーズに的確に応えられることは、資本市場が具備すべき重要な資質である。リスク顕現化要因の異なるポートフォリオを持つこと（分散投資）によって、より低いリスクでより高いリターンを実現しようとする投資戦略に対し、提供できる選択肢の広さで応えることのできる資本市場には多くの投資者が誘引される。これらのニーズに応えるためにも、商品の「品揃え」が充実していることは重要である。

規律が損なわれている場合

　資本市場の規律が損なわれていると、しばしば金融商品の品質の劣化がもたらされる。2008年のリーマン・ブラザーズ破綻に象徴されるグローバル金融危機は、米国のサブプライム・ローンを原資産として組成された証券化商品が世界に拡散したことが原因の一つであった。形の上では、設定された

優先劣後構造の優先部分のみをプールし、確率論によるスクリーニングを経ているので、「安全資産」という形態を備えているとされた。しかし、原資産である低所得者向け住宅ローンに適切なデュー・ディリジェンスが欠け、商品組成者がリスクを負わないモラル・ハザードが内在し、二次証券化商品に至っては原資産のトレースが困難でリスク・リターンの関係が確認できないものとなっていた。いわば確率論の神格化と金融技術への過信がもたらした欠陥商品であり、そのことが、危機が顕在化した後になってようやく問題視された。

わが国でも、原資産の存在が確認できないような詐欺的な商品、極めて不確かなリターンを高収益と標榜した商品、大きなリスクを内包していながらそれを明示しない商品などが組成され、十分な説明を付さずに販売される例が過去にあったし、現在も散見される。

これらは、金融商品を組成する段階での規律、商品の品質管理を行なう段階での規律、顧客への販売に際してのビジネス上の規律、などが欠如していたために現実化してしまったものと言える。

2 取引の公正性

公平な情報アクセス

二つ目は取引の公正性である。まずは投資判断の前提となる情報への平等なアクセスが確保されていることが重要である。上場会社については、決算期ごとの有価証券報告書の提出・公表や四半期報告書の提出・公表が義務づけられており、有価証券の発行に際しては必要に応じて有価証券届出書の提出・公表が義務づけられている。これらは金融庁が運営する情報開示インフラ EDINET を通じて開示される。東京証券取引所（以下、本書を通じて「東証」という。）では、上場会社が公表する重要情報を投資者が迅速かつ一斉に閲覧できるよう、TDnet という情報開示インフラを運営している。これらはいずれも、市場に参加する投資者が合理的な投資判断を行なえるよう、判断の根拠となる重要な投資情報（合併、公開買付、破産、決算短信等）について、広く公平にかつタイムリーに情報開示がなされるためのインフラである。虚偽の開示に対しては、法令上も取引所規則でも厳しいペナルティが

課される。上場会社について根拠のない風説を流布させること（風説の流布）についても、金商法によるペナルティがある。

不公正取引の排除

　売買注文が処理され約定に至る過程では、証券会社等の市場仲介者が確実に業務を執行し、受け付けられた売買注文が、取引所において迅速・正確に、かつ公平に（価格優先・時間優先の原則に沿って）処理されている。

　この過程で不公正取引が行なわれた場合には、それらが着実に発見・特定され、行為者が処罰される仕組みが必須である。内部者情報を悪用するインサイダー取引や、約定する意思のない発注等を用いて自己に有利な方向へ相場を動かそうとする相場操縦は、日々、取引所の売買審査部門が監視している。疑わしい取引はすべて証券取引等監視委員会へ報告され、重要な事案は同委員会が課徴金納付命令の勧告を行ない、特に悪質な場合には刑事告発を行なう。不公正取引が確実に探知され、特定され、処罰される（行為者にペナルティが課される）ことは、取引所市場の信頼性の必須条件である。

　近年は、マイクロ秒単位の高速取引（HFT ＝ High Frequency Trading）や、コンピュータ・プログラムにより発注を行なうアルゴリズム取引などが台頭してきているが、不公正取引に対する監視の態勢は、これらも同様にカバーできるよう進化している。また、国境をまたぐ不公正取引も増えてきているが、これらへの対応も緊要な課題である。海外の当局ないし取引所との情報交換や連携体制の強化が重要であり、この面での進化も同時進行している。

　最終顧客の注文を取引所市場に仲介する証券会社を取引所では「取引参加者（または会員）」と呼ぶが、不公正取引の排除に向けた取組みについては、これら証券会社のレベルにおいてもゲートキーパーとしての役割が担われている。最終顧客に直接向き合う立場から、顧客への注意喚起を行なったり、取引所で不公正取引が行なわれたと疑われる場合には、取引所からの照会に対し最終注文者の情報提供などを行なったりしている。

取引所市場の外での不公正取引

　不公正取引は取引所市場の中での売買に限らない。典型的には、業績不調が続き事業の実態が乏しくなった上場企業（しばしば「ハコ企業」と呼ばれる）を舞台に、少し複雑なスキームが組まれて増資が行なわれることがある。このようなケースでは、既存株主の利益が大きく損なわれていないか、増資により調達した資金が企業価値向上のために使われるか、開示は正確に行なわれているか、等のチェックが必要である。中には詐欺的なスキームにより、増資資金がそれをアレンジした者やそれと結託した経営者等の懐に入るといったケースもある。このような不公正ファイナンスが横行するような市場は、投資者保護に悖るだけでなく、市場そのものの信頼性も低いものとなる。

3　情報開示の信頼性

制度と開示インフラ

　三つ目は情報開示の信頼性である。これは、上に述べた上場商品の品質や取引の公正性を持続的に担保するための土台にもなる。まず制度面で、有価証券報告書や決算短信などの決算書類の提出や公表に関して、法令や取引所規則が存在している。株主・債権者に対する情報提供のための会社法による開示、投資者の投資判断上重要な情報を提供するための金商法による開示、そして重要な会社情報を投資者に適時に提供するための取引所規則による開示、が定められている。

　また、これらが迅速かつ広範に周知されるための開示インフラの存在も重要である。金融庁が運営している EDINET は電子媒体を用いて金商法上の開示情報（定期の開示・報告に加え、証券発行時の有価証券届出書など）を開示・閲覧するシステムである。さらに、前述のように東証は、投資判断に影響を及ぼしうる重要な情報を上場会社がタイムリーに開示できるよう TDnet を運営している。

開示主体の心構え

　開示される内容が事実であり、実態を反映した真実のものであることは大前提である。記述が正確であり、かつ説明が分かりやすいことも求められる。

正確さと分かりやすさは、ときに両立が容易でないケースもあるが、それをバランスよく実現することがプロフェッショナルな仕事である。情報開示は、その適時性も求められる。重要な経営上の決定を行なった場合や重要な事実を認識した場合には、上場会社はタイムリーにそれを開示する必要がある。

会計基準と作成者・監査人

　財務報告は情報開示の中核を構成するが、企業の財務報告を支える高品質な会計基準が存在し、それが共通の「ものさし」として適切に使われているかどうかも、資本市場の品格を大きく左右する。財務報告を行なう上場会社等の「作成者」、外部監査を行なう監査法人等の「監査人」が、それぞれの職業的倫理感を保持して的確な作業プロセスを遂行し、個別企業の財務報告が信頼性の高いものとなっていることは大前提である。万が一、虚偽報告等がなされた場合には、それが着実に発見され、特定され、処置されることも、不公正取引の場合と同様、資本市場の信頼性の礎である。

　個別企業の財務報告が依って立つ会計基準は、資本市場に不可欠のインフラである。市場のグローバル化が進展した現代においては、その国際性も問われる。海外に多くの事業拠点を有するグローバル企業には、海外子会社群を含めた一貫性のある経営管理や、国境を越えたライバル企業との比較可能性なども重要となる。㈱日本取引所グループ（JPX）がIFRS（国際財務報告基準）の任意適用をサポートしている背景の一つも、ここにある。

　これら本項で述べた情報開示の信頼性は、その集積が市場全体としての透明性を実現する。ここに述べた情報開示に関する諸点を一覧にしたのが**図表1-2**である。

4　執行実務の信頼性と利用者にとっての利便性

執行実務の信頼性

　利用者の立場から資本市場を見たとき、まず大前提として求められるのは市場インフラの信頼性である。すなわち透明性と公正性に関わる話として上に述べた諸機能が着実に発揮され安定的に運行されることが、利便性を支える土台となる。**図表1-3**は、上場株式の売買取引に係る執行の流れを示し

図表1-2 情報開示の信頼性

1 制度・枠組みの構築

- ►会社法による開示　　　　　：株主・債権者に対する情報の提供
- ►金融商品取引法による開示：投資判断に必要な重要情報の提供
- ►取引所規則による開示　　：重要な会社情報を投資者に適時に提供

2 開示インフラの運用

インフラ	運営	役割
EDINET	金融庁	金融商品取引法に基づく企業情報等の開示に関する情報開示システム ►主な開示情報：有価証券届出書、有価証券報告書、大量保有報告書
TDnet	東京証券取引所	上場会社が公表する重要情報を投資者等へ迅速かつ一斉に配信するための情報開示システム ►主な開示情報：合併、公開買付、破産、決算短信

3 企業の財務報告を支える高品質な会計基準が存在し、それが共通の「ものさし」として適切に使われていること

- ►作成者（上場会社等）及び外部監査人（公認会計士・監査法人）が、それぞれの職業的倫理観を保持して的確な作業を遂行し、信頼性の高い財務報告が作成されること
- ►虚偽報告等が着実に発見・特定され、処置されること
- ►高品質な会計基準は資本市場の不可欠なインフラであり、資本市場のグローバル化が進展した現代においては基準の国際性も重要
  - ＊G20首脳宣言（2008年）＝単一の高品質なグローバル会計基準へのコミットメント

4 開示される内容が真実であり、正確であり、明解であること

- ►上場会社等における財務報告や適時開示の信頼性
- ►虚偽報告に対するペナルティや不適正開示の是正

たものである。情報開示・注文・取次・マッチング・約定・清算決済・相場情報配信など一連の流れが、多くの関係者の分業によって成立していることがイメージできよう。

　取引所市場について言えば、最終投資家の売買注文を取引所市場に取り次ぐ証券会社等の市場仲介機能、受け付けた注文を迅速・確実に付け合わせし

図表 1-3 売買取引執行等のイメージ

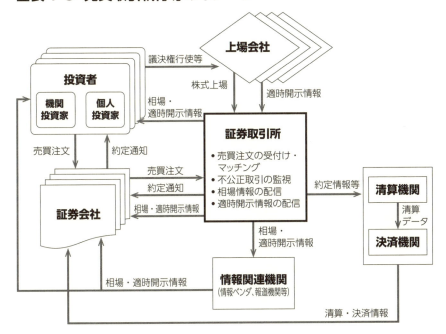

て約定させるマッチング・エンジン（中核コンピュータ・システム）、成立した取引の代金の支払いと商品の受け渡しを行なうための清算・決済機能、約定した取引を基礎に算出される各種指数情報等の算出と配信、などのサービスが安定的かつ効率的に提供されることが不可欠である。

　まず売買注文が着実に処理され成約に至るには、証券会社等の市場仲介者が確実に業務を遂行することが不可欠である。また受け付けられた売買注文が、取引所において迅速・正確に、かつ公平に（価格優先・時間優先の原則に沿って）処理されることも大前提である。今日の取引所はミリ秒単位（ないしマイクロ秒単位）の速度で注文の付け合わせを行なっているが、スピードは速くても基本的な手順は同じである。

　ここで、約定された取引が迅速・確実に決済される（代金の授受が行なわれ株式の所有権が移転する）ことも必須の手続きであり、決済システムは取引所市場の中核的な機能の一つである。また約定した取引に係る情報（銘柄

図表 1-4　取引の公正性と執行実務の信頼性

1. 投資判断の前提となる情報への平等なアクセスが確保されていること
2. 最終顧客の売買注文を取引所に取次ぐ証券会社等が、市場仲介者として確実に業務を執行すること
3. 売買注文が、取引所のマッチング・エンジンによって迅速・正確に、かつ公平に（価格優先・時間優先の原則に沿って）処理され約定に至ること
4. 不公正取引が行なわれた場合に、それらが着実に発見・特定され、行為者が処罰されるメカニズムが定着していること
5. 約定された取引が迅速・確実に清算・決済される（代金と商品の授受が行なわれ所有権が移転する）こと
6. 約定された取引に係る情報（銘柄ごとの価格・取引高など）や総取引高等の迅速な提供
7. 株価指数等各種指数の迅速・正確な算出・配信

ごとの価格・取引高など）や総取引高等の提供も不可欠であり、取引所では相場情報をリアルタイムで配信している。成立した取引に基づき株価指数等の各種指数が迅速・正確に算出され、配信されることも取引所に求められる重要な機能である。例えば、東証株価指数（TOPIX）は、東証市場第1部の全銘柄（2,100強）を対象に、1秒ごとに更新され配信されている。

さらに、投資判断の前提となる信頼性の高い財務報告が各発行体企業によってなされ、それを支える高品質な会計基準が共通の拠り所として適切に使用され、良質な外部監査が履行されていることも、重要な市場インフラである。発行体企業による適時開示の体制も、投資判断の前提となる情報へのアクセスを提供する重要な役割を担っている。

実は、これら執行実務の信頼性は、先に述べた取引の公正性と密接不可分の関係にある。**図表 1-4** は、取引の公正性と執行実務の信頼性に係るポイントを一体化し、一覧にしたものである。

利用者にとっての利便性

ただしこれらは、利便性を支える必要条件であり、その十分条件ではない。執行実務の信頼性を土台としつつ、本来の意味の利便性として括られるべき

項目としては、まず多様な投資機会の提供が挙げられる。投資者のニーズにマッチした多様な上場商品や投資商品が存在し、それらが便利で信頼できる販売チャネルを通じて供給されることである。その際に各商品が、リスク・リターンのプロファイルと顧客の理解度やリスク許容量とに相応しい販売方法で販売されることも重要である。つぎに、投資判断に有用な情報がタイムリーに提供されているか、その情報へのアクセスが容易であるかも、利便性を大きく左右する。

さらに、販売される商品に十分な流動性（売買したいときに容易に売買できる取引量）が備わっていることも、利便性を支える重要な要素である。「売りたいときに売れる、買いたいときに買える」マーケットの厚みである。流動性に加えて、取引所における取引単位や呼び値の刻み、マーケットメーカーなど、売買を円滑化するための制度とインフラの整備も重要である。

これらは主に投資者サイドから見た利便性であるが、もう一方の資金調達者にとっての利便性も極めて重要である。資金調達者のニーズにマッチした発行市場・流通市場の存在と、企業等によるファイナンスを吸収できる市場の規模と流動性の存在が不可欠である。十分な流動性の存在は、投資者にとっても資金調達者にとっても利便性の鍵になる。企業等の資金調達ニーズに応えうる十分な投資資金の存在と、それを具体的に投資先へ向ける活発な資金フローの動きである。

このためには優れた投資銀行サービスの存在が不可欠である。企業の新規上場を支える主幹事業務、エクイティ・ファイナンスやデット・ファイナンスをアレンジしサポートする良質な投資銀行サービスが求められる。この分野で良質なサービスが提供されることにより、内外の投資者と内外の資金調達者が当該市場に引き寄せられることになる。

図表1-5は、利用者にとっての利便性についてポイントを一覧にしたものである。

5 金融サービス業の誠実さと活力

投資者と資金調達者に上述のような利便性を提供し、最終顧客の注文を取次いで市場仲介者として投資資金の流れを形成し、市場動向等を分析してフ

図表1-5 投資者及び資金調達者にとっての利便性

1 市場インフラの信頼性

- 高品質な市場仲介（注文取次等）
- 注文受付と約定プロセスの安定性
- 清算・決済の確実性
- 指数等の正確な算出と迅速な配信

- 投資判断の前提となる情報へのアクセス
- 信頼性の高い財務報告
- 高品質な会計基準と良質な外部監査

これらサービスが
競争的・合理的なコストで
安定的かつ効率的に提供されること

利便性を支える土台

2 多様な投資機会の提供

- ▶投資者のニーズにマッチした多様な上場商品・投資商品
- ▶便利で多様な販売チャネル
- ▶リスク・リターンのプロファイルに相応しい販売方法
- ▶投資判断に有用な情報のタイムリーな提供

3 十分な市場流動性の存在

- ▶「売りたいときに売れる、買いたいときに買える」マーケットの厚み
- ▶売買を円滑化するための制度（売買単位、呼び値の刻み、マーケットメーカー等）

4 資金調達者のニーズにマッチした発行市場の存在

- ▶優れた投資銀行サービス（新規上場の主幹事、企業等のファイナンスのサポート）
- ▶企業等の資金調達ニーズに応えうる十分な投資資金の存在と活発な資金フロー

ァイナンスの助言や提案を行なう金融サービス業の役割は極めて大きい。

　営利事業として営まれる金融サービス業において重要な心構えは、顧客本位の業務遂行ということである。顧客のニーズを理解し顧客の利益の最大化を目指して誠実にサービスを提供することを通じて、顧客からの信頼と高い評価を獲得し、その結果として持続的な収益を得るというのが理想的な姿と

言える。自社の利益を優先させるために、顧客に不要な取引を推奨したり、社会的に疑わしい取引の注文を引受けたり、あるいは自己売買で不公正取引を行なうなどは、もっての外である。金融サービス業の活力を引き出す利益動機が、公正で質の高いサービスの実現に向けられて働くことが望まれる。

　質の高いサービスを競い合うことを通じて、内外の投資者と資金調達者がその魅力に引き寄せられ、市場が拡大していくという流れが重要である。このような意味で、これら業務の担い手である金融サービス業者が、それぞれの提供するサービスの質の高さを競い合うような市場が理想であり、そのような行動への動機づけが存在していることが望まれる。そのようなインセンティブが持続的に付与されるようなビジネス環境を整備することも重要な課題と言えよう。

　さらに、金融サービス業者が質の高いサービスを安定的に提供するためには、リーガルな面でのアドバイスをする弁護士など法律専門家、会計面でのアドバイスをする公認会計士など会計専門家によるサポートも重要となる。この分野において、プロフェッショナルな専門性と高い職業倫理に支えられた良質のサービスが適時に利用可能であることは、資本市場のインフラの一部とも言える。

6　市場メカニズムに裏打ちされた価格発見機能

　上場会社による適時適切な情報開示が履行され、各投資者による合理的な投資判断がなされて、多様な見方による多様な投資行動の集積が、取引所における株価を形成する。このように形成された個別企業の株価から株価指数が算出され、マクロ経済の動向を表現する指標の一つとなる。そして、これが再び投資者の投資判断に材料を提供する。これら指標は、個別企業の業績・技術革新やガバナンス、特定の業界に影響の及ぶ出来事、業界横断的なビジネス環境の変化、などの経済的要因のみならず、政治の安定度、国際関係の動向、地政学リスクなどの要素によっても影響を受ける。

　ミクロの指数であれマクロの指数であれ、このように形成される正確な指標が遅滞なく常時提供されていることは、資本市場に期待されている重要な特質である。企業業績や経済指標等をもとに公正かつ競争的に価格形成がな

図表 1-6　市場メカニズムに裏打ちされた価格発見機能

```
┌─────────────────────────────────────────┐
│ 企業業績等を正確に反映した品質の高い財務報告と的確な情報開示 │
└─────────────────────────────────────────┘
                    ▼
┌─────────────────────────────────────────┐
│   合理的かつ多様な投資判断に基づいた投資行動の集積    │
└─────────────────────────────────────────┘
                    ▼
┌─────────────────────────────────────────┐
│       競争メカニズムを通じた価格形成プロセス        │
├──────────────────┬──────────────────────┤
│     ［ミクロ］     │      ［マクロ］        │
│   個別株価、債券価格、 │  商品ごと・産業ごとの指数、 │
│   デリバティブ価格等   │    市場横断的な指数等    │
└──────────────────┴──────────────────────┘
                    ▼
┌─────────────────────────────────────────┐
│          経済全体の体温の計測              │
│          （市場経済の中核）               │
└─────────────────────────────────────────┘
```

され、その結果が指数等を経てさらなる価格形成へと適切に循環していく一連のプロセスを、価格発見機能と呼ぶことができる。市場インフラが的確に機能している中で、市場参加者の利益動機に基づく合理的行動の集積によって価格が形成されているのであれば、それが「市場メカニズムに裏打ちされた価格発見機能」ということになる。

図表 1-6 は、価格発見機能を図式的に整理したものである。

第2節　なぜ規律が重要なのか

資本市場の規律とは

　規律という言葉について国語辞典は、人の行為の規準となるもの、秩序、規制すること、などと記述している[2]。また、対応する英語である discipline という語については、A.S.Hornby 編の英英辞典[3]が比較的丁寧にその語義を説明している。すなわち、「①自己管理能力や従順さを養うための（特に

精神と人格の）訓練、②そのような訓練の成果、守られるべき秩序、③行動を律する規則、訓練が行なわれる際の方式」（訳出は筆者）ということである。

　本書で用いている「規律」の語も、上のような広がりを持つものとして用いている。その上で、本書のテーマである「資本市場の規律」とは、社会が資本市場に期待している機能が効果的かつ効率的に、さらに持続的に発揮されるために存在する、共通のルールや規範であり、それによって律せられる市場参加者の行動のあり方であり、それらが集積した成果として実現する市場の秩序である。さらに、その秩序を実現させるメカニズム、を含意する。

　本章の文脈に沿って言い換えれば「資本市場の規律」とは、第1節で述べた資本市場が具備すべき六つの重要な資質（**図表1-1参照**）が実現され保持されるよう、市場参加者の行動が律せられ方向づけられるための社会的なメカニズムのことである。さらには、その公共的な目的に適った市場参加者の行動であり、その集積によってもたらされる「市場の秩序」と言うこともできる。換言すれば、資本市場が備えている資質は、規律が働きその成果として実現しているもの、とも表現できる。

規律が求められる理由

　なぜ規律が重要であるかと言えば、資本市場が発揮すべき機能を確実かつ持続的に働かせるためには、それを実現するための規律が浸透している必要があるからである。そして、資本市場が必要な資質を具備し、規律づけメカニズムが確実に働いてその機能を十全に発揮し、持続的に発展する姿を展望できることは、一国の資本市場の国際的競争力とも密接不可分である。

　資本市場における規律の重要性は、実際に規律の欠如により上述の資質が損なわれたときに起きる問題を想起してみても納得できる。例えば、実体的な価値を持たない金融商品が組成され虚偽の説明で投資家等へ販売される詐欺事件、インサイダー取引や相場操縦などの不公正取引が横行する事態、上

---

[2] 例えば新村出編『広辞苑』（第5版）には、「①人の行為の規準となるもの。のり。おきて。②秩序。きまり。③規制すること。」とある。
[3] A.S.Hornby：Oxford Advanced Learner's Dictionary of Current English（1980）

場会社による虚偽の財務報告により投資者が裏切られる事例、コンピュータ・システムの不具合により取引所への売買注文を執行できなかったり決済機関が決済を完結できなかったりする事例、などはかなり深刻である。また、市場仲介を担う金融サービス業者において顧客利益を軽視するビジネスが蔓延しているような状況は看過できない。さらに、投資家のポートフォリオ構成のために必要なリスク・リターンのプロファイルを備えた商品が十分な流動性を伴って供給できていない状況、なども是正の必要が大きい。

多様な業務が多様な当事者によって分担され、各機能が分権的に発揮される資本市場において、これらの問題を完全にゼロにすることは不可能に近い。しかし、問題や不正が迅速・確実に把握・特定され、解消措置ないし再発防止策が速やかに実行され、責任の重さに応じて当事者が確実に罰せられる枠組みは、必要不可欠である。それは社会的公正のためにも重要であろう。併せて、これらの問題や不正が起こりにくくする事前予防のメカニズムが存在することも、勝るとも劣らない重要性を持っている。規律の働き方の優劣が、このような枠組みやメカニズムの実効性を大きく左右し、資本市場の品格と競争力を左右する。

さらに、多様な業務が連携して機能を発揮している資本市場においては、どこか一箇所で発生した不具合が次々と隣接する分野に波及し、市場全体の機能不全につながりうるシステミック・リスクも内包されている。この観点からも、各分野でそれぞれの規律が確実に働くことの重要性が理解される。

資本市場の競争力

資本市場の信頼性と利便性は市場の競争力に直結し、他方で優れた規律づけメカニズムがそれらの持続可能性を強化する。つまり資本市場の国際競争力のためにも、規律は重要ということになる。

上述の多様な資質を具備し、期待される機能を効率的に発揮している資本市場には、その信頼性と利便性に引き寄せられて、内外の投資家が資産運用の場として参入し、内外の企業や国際機関等が資金調達の場として参入する。それをイメージしたのが**図表 1-7**である。

現に、グローバルに国境を越えた市場間競争が激化している現実がある。

図表 1-7　資本市場の競争力

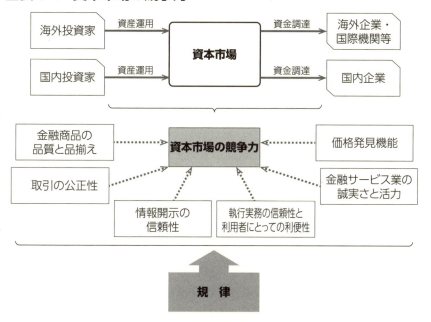

そもそも金融の分野では、市場間競争は不可避とも言える。その背景の一つには、金融取引のクロスボーダー化がある。金融商品・サービスは均質性が高く伝播しやすい、情報処理と通信技術の進化により国境を越えた取引が迅速に行なわれる、国境をまたがって活動するグローバル金融機関が多数存在する、などの要因によってもたらされた当然の帰結であろう。二つ目に、これらの要因にも促されて、金融取引は利便性の高い市場にシフトしていくということである。さらに三つ目に、金融センターを擁する各国当局が自国市場の競争力向上を強く意識していることである。**図表 1-8** は、わが国を代表する金融商品取引所（東証・大阪取引所）を運営する㈱日本取引所グループ（JPX）の国際的なポジションを端的に表している。現物株式市場では時価総額や売買代金で上位 5 位の中に入っているが、デリバティブ市場では取引高で上位 10 位に入るのも容易でない状況である。

　市場間競争の激化は、わが国にとっても緊要性が高い現実である。一つに

図表 1-8 世界の中の JPX

>> 上場会社時価総額・株券売買代金ランキング

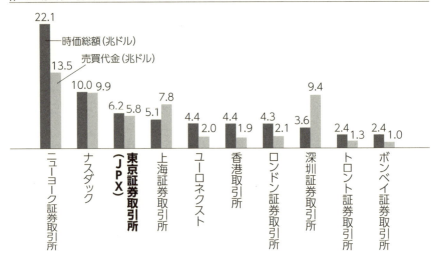

出所：The World Federation of Exchanges
*2017 年 12 月末時点の国内株式の時価総額。売買代金は 2017 年合計。
　株券売買代金は立会内・電子取引のみ。

は、アジア域内での競争の激化がある。また、少子高齢化が進む中、実体経済を支え、家計部門の金融資産に適切な投資機会を提供すべき役割が強く期待されている。さらには、金融資本市場と金融サービス業が、産業部門の一つとして付加価値を生み出し国民経済に貢献することも期待される。

　市場の競争力向上のためには、信頼性と活力がともに持続可能性の高いものである必要がある。持続的発展が重要であることの背景には、各国・各市場の優劣は時間の経過とともに大きく入れ替わりうるという現実、そして市場間競争は総合力の競争であるため長丁場とならざるを得ないという現実がある。したがって、当局及び市場関係者による一貫性のある中長期的な取組みが不可欠となる。

　持続的発展という課題を考えると、少し違った視点から追加的な留意点が浮かび上がってくる。**図表 1-9** は考えられる大きな留意点として、①活力

第1章 資本市場に求められる資質

>> デリバティブ取引高ランキング

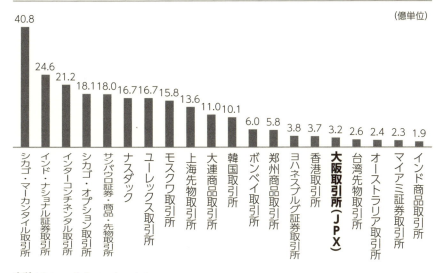

出所：Futures Industry Association
*2017年合計

図表1-9 競争力の持続可能性

>> 資本市場の持続的発展に向けた追加的な留意点

① 活力と節度の両立	● ビジネス拡大等を通じた利益の追求と、中長期的な信頼性の維持をバランスよく両立させること
② 危機対応能力の具備	● 潜在的な問題の早期探知と周到な予防策 ● 万が一トラブルが現実的なものとなった場合は、原因の迅速な特定と迅速・確実な修復が行なわれる体制を擁していることが不可欠 ● 外部から加えられるストレスへの耐性、サイバーテロを含むテロリズムや自然災害への強靱性も重要
③ 情勢変化へ適応しうる柔軟性	● 資本市場は、経済構造の変化や経済情勢の変遷、さらには政治動向や国際情勢によっても影響を受け、地政学的なリスクも無視できない ● 前提条件の変化に対する感度の良し悪しが影響 ● 技術進歩に対する開放性も重要

37

と節度の両立、②危機対応能力の具備、③情勢変化へ適応しうる柔軟性、を挙げている。いずれにせよ質の高い規律づけメカニズムは、これらの要請とも関わりがあり、市場の信頼性を持続的に保ち市場の競争力を高めるための中核的な要素である。

第3節　なぜ規律づけメカニズムを課題とするのか

規律の働き方

　資本市場における規律の重要性を確認した上で、つぎの問題は規律の働き方、ないし秩序を実現する方法である。この規律づけメカニズムについて、どのような方式が効果的かつ効率的かを考えることは無意味ではない。なぜなら、規律づけメカニズムのあり方は、資本市場の品格と競争力に影響を及ぼし、中長期的には有意な差をもたらすと考えられるからである。現に世界の資本市場を見渡すと、それぞれに特徴のある規律づけの仕組みを有していることに気づく。

　規律づけメカニズムの違いが直ちに資本市場の優劣につながるかは別として、各国・各法域で規律づけの手法に多少の差異が存在しているのが現実である。また同一の市場で、時間の経過とともに規制の哲学や手法が変遷していることも認められる。つまり規律づけメカニズムは、その現状を固定的なものと捉えるべきではない。そのような選択の幅が存在している中で、プリンシプル・ベースという方式を追加することの有用性を提示するのが本書のねらいであり、この方式の採用が資本市場にどのような付加価値をもたらすかを検討するのが、第2章と第3章の内容である。

規制哲学のヴァリエーション

　上述のように、資本市場の信頼性と競争力を実現するためのメカニズムについては、各国・各法域によって、異なる哲学に基づき異なる手法が採用されていることに気づく。また同一の市場においても異なるアプローチが並存していることがある。これは、世界の各国・各法域にはそれぞれ異なる歴史

を持つ資本市場や金融商品取引所が存在して、それぞれに異なる特徴や性格を持った社会インフラとなっており、底流に異なる規制哲学が存在しているためである。これは、ある意味で自然なこととも言える。

　各国・各法域でそれぞれに特徴のある規制哲学について、詳細に語ることは筆者の能力を超えている。ここではその違いをもたらしている主要な軸として、以下の三つの項目に着眼しておきたい。

　第一は、中央集権的な規律づけか、分権的な規律づけかの違いである。一方で、単一の強力な規制当局を置き、そこを中核として市場全体を監視・監督するような枠組みが考えられる。他方で、当局はそのような全権掌握型の強力なものとはせず、自主規制機関を含む複数の規制主体が連携して分担協力する枠組みが考えられる。さらには多数の市場参加者に、法令遵守や規範尊重を広く委ねる方式も考えられる。現実には、集権的か分権的かについては多くの市場が両者の中間に位置しており、この対比は程度問題とも言える。

　証券市場に求められる上場審査・上場管理・売買審査・考査等の規制業務[4]を例にとれば、英国では当局であるFCA（Financial Conduct Authority）がすべてを一手に担い、取引所は株式会社として収益事業に専念する、という役割分担になっている。アジアの多くの取引所では、それらを自主規制業務として各取引所が市場運営業務と併せ一体的に行なっている。米国では、FINRA（Financial Industry Regulatory Authority）という取引所外の自主規制機関が売買審査の一部及び考査に当たる業務を行ない、それら以外の売買審査・上場審査・上場管理に当たる業務を各取引所が行なうというのが基本的な形である。（わが国については後述する。）

　第二は、自国市場の繁栄を優先させるか、市場の公共性を重視するかの違いである。一方で、自国市場の規模拡大と収益力強化を最優先させ、そのために高い利便性と緩めの規制を組み合わせる方向が考えられる。他方で、市場の透明性と公正性に重点を置き、少数株主の保護を含めた投資家保護に十

---

[4] ▶ 業務の名称・区分は日本取引所自主規制法人の例による。上場審査は新規上場を認めるかどうかの審査、上場管理は上場会社の規則違反に関する調査等、売買審査は取引所市場での不公正取引に係る審査、考査は証券会社の業務の適正性に係る調査等である（第4章第4節も参照）。これらは日本ではすべて取引所の自主規制業務として行なわれている。

分配慮する規制体系も一般的である。ここでも現実には、多くの市場が両方の要請を意識しており、どちらにより近いかという差異かもしれない。

　ただし、時間の経過とともに、両方の要請の間で揺れ動く姿も見受けられ、2010年代央には二つの象徴的な事例があった。一つ目は中国の巨大企業アリババ[5]の上場をめぐる出来事である。同社は創業者経営陣へ強い議決権を付与していた（経営陣の持つ株式1単位に複数の議決権を認めていた）が、香港取引所及び規制当局が投資者保護を重視し議決権の平等を求める姿勢を貫いたことから、同社は香港上場を断念しニューヨーク上場を選択した。超大型上場を逃した香港取引所は、その後に検討を重ね、2018年2月に複数議決権（議決権種類株）の上場を認める制度改正を行なった[6]。二つ目はサウジ・アラムコ[7]の上場計画をめぐる動きである。計画が公表されて以降、この超大型上場を誘致すべく、ニューヨーク、ロンドン、香港、東京の取引所が熾烈な誘致合戦を繰り広げていた中で、2018年7月に、英国FCAが、発行体が国有企業である場合にガバナンスや開示について緩和された基準が適用される上場制度改正を行なった。これに対しては、ガバナンスを重視する英国の伝統に反するとして、機関投資家を中心に批判の声も上がった。

　第三は、ルール・ベースの規制か、プリンシプル・ベースの規制かという違いである。一方で、法令により詳細なルールを定め、それによる監視・監督を行ない個別事案に当てはめて合法・非合法を判断していく方式が広く用いられている。他方で、多くの市場参加者にとって共通の規範意識に基づき、あるべき行動原則等をプリンシプルとして共有した上で、それに基づき適否を判断していく枠組みが考えられる。

　世界最大の資本市場を擁する米国は、典型的にルール・ベースの規制を採用していると言える。世界中から多様な価値観の人々が流入しビジネスに参画している米国資本市場においては、実現する利益の多寡が成功・失敗の分

---

[5] ▶ 中国浙江省に本社を置く、電子商取引プラットフォームの運営事業等を行なう会社。
[6] ▶ 同年7月に議決権種類株の第1号案件として小米科技（中国北京市に本社を置く総合家電メーカー）が上場した。
[7] ▶ サウジアラビアの国有石油会社。

かりやすい目安であり、人々の活動もそこに向けられている傾向が強い。そのような環境では、誰にでも適用される明解なルールの存在が必須であり、行為者の価値観を超えて客観的な事実に即した適法・違法の判断が必要になる。このことを考えると、米国におけるルール・ベースの採用は理解しやすい。対照的に英国では、プリンシプル・ベースの規制が広く採用されている。プリンシプルが強制力を持った規範として位置づけられ、罰則適用の根拠としても用いられている。伝統的に英国では、有識者ないし同業者の間における規範意識の共有が一般的であったし、現在でもコーポレートガバナンス・コードの例のように規範を重視するカルチャーがある。（ただし2011年に発覚したLIBOR〈ロンドン銀行間取引金利〉等の不正操作問題のように、ロンドン市場の国際化に伴い近年これが揺らいできている印象もある。）

わが国の位置取り

　白地に考えてみれば、規制哲学の選択肢は意外に広いとも言える。しかし実は、そこには国境を越えて共有されている価値があり、その共通価値から極端に逸脱した市場の設計・運営は持続可能性が乏しい。ただし、その範囲においても、それなりの選択の余地が存在しているのも確かであろう。

　わが国の規制体系は、筆者の見るところ、上述のいずれの軸においても、どちらか一方に偏らず中庸の道を選択しているように思われる。あるいは、対極にある両方の良いところを取り出して組み合わせる方式となっている部分もあるかもしれない。

　第一の軸に関しては、わが国では中核となる単一の規制当局（すなわち金融庁）が存在し、それをサポートする主要な自主規制機関（取引所、業界団体など）が存在している。資本市場全体を視野に入れつつ、制度を設計し、法令を執行し、一貫性ある形で市場を統括する上で、信頼できる単一の当局の存在は極めて重要であろう。他方、行政資源の制約という現実に適応するとともに、マーケットに近い実務感覚を駆使して実態に即した効果的な規律づけを進める上で、自主規制機関の役割は大きい。当局と自主規制機関との効果的な連携を前提とすれば、この枠組みは肯定的な現実主義と言えよう。

　第二の軸に関しては、上述の香港やロンドンの事例に鑑みても、資本市場

は国境を越えた熾烈な市場間競争に直面しているという現実がある。市場の透明性・公正性や投資者の保護といった公共的な要請と、上場会社の時価総額や日々の取引量といった量的拡大の要請とがぶつかり合うようなケースにおいては、両者に折り合いを付けるのは容易ではないかもしれない。ただし、透明性・公正性と投資者保護を高い水準で保持することが中長期的に持続可能な市場の繁栄をもたらす、というシナリオが理想であることについては、わが国で広い賛同がある。

　第三の軸に関しては、現状のわが国の市場規制は、ルール・ベースを基本としつつ、近年は強制力を伴わない一連のプリンシプルが付加されて構成されている。いわばルール・ベースとプリンシプル・ベースを併用し、相互補完的に用いることによって、実効性と効率性を高めていこうとする途上にあると言える。

　本書の立場は、以上のようなわが国の位置取りを概ね是としつつ、そのような現実を前提としてより良い規律づけのメカニズムを探る、というものである。

質の高い規律づけメカニズム

　さて望ましい規律づけメカニズムを考える際には、まず、動かしがたい現実を押さえておくことがプラグマティックである。上述の第一の対立軸にも関わるが、資本市場の規律づけを考える際に認識しておくべき前提は、資本市場は多様な市場参加者と多様な市場仲介者とによって構成され、多様な主体の行動が有機的に組み合わされて機能を発揮し成果を出している、という事実である。つまりそこでの規律は、各々の市場参加者や各々の市場仲介者が、それぞれに規範意識と遵法精神を持ち、自らを律することがなくては実現しない。すなわち、分権的な規律を広く活用すべきことが宿命づけられていると言える。この点については、第3章第1節・第2節で詳述する。

　また資本市場の規律は、短期的・一時的に実現して時間の経過とともに劣化していくようなものでは、実効性を期待できない。規律が広く定着し時間の経過とともにさらに進化していくような持続可能性が重要であり、それが市場の品格と競争力をもたらすことになる。この持続可能性のためにも、当

第1章
資本市場に求められる資質

図表1-10 資本市場の持続的発展と規律づけ

- 金融商品の品質と品揃え
- 取引の公正性
- 情報開示の信頼性
- 執行実務の信頼性と利用者にとっての利便性
- 金融サービス業の誠実さと活力
- 市場メカニズムに裏打ちされた価格発見機能

- 資本市場の品格
- 資本市場の競争力
- 持続的発展

持続的な機能の発揮

質の高い規律づけメカニズム

- 遵法精神や規範意識の共有
- 合理的な動機づけ
- 規制の透明性と予見可能性
- 規制の実効性と公平性
- 市場メカニズムを通じた明解な因果関係　など

局の権限に依拠した中央集権的な規律づけだけに依存するのではなく、市場関係者の間で広く共有され続ける規範意識が重要であり、それに支えられた分権的規律の役割が大きいと言える。

　このような現実認識を前提として質の高い規律づけメカニズムを展望した場合、上述した規制哲学のヴァリエーションの中で何処に位置取りするにせよ、規律づけの質を判定する評価軸として、筆者は以下の5項目が重要と考えている。すなわち、

　①遵法精神や規範意識の共有の程度
　②合理的な動機づけ（インセンティブ構造）の存否
　③規制の透明性と予見可能性
　④規制の実効性と公平性
　⑤市場メカニズムを通じた因果関係の明解さ

である。このうち①と②は、プリンシプル・ベースの手法とも関わりの深いものである。また③と④は、当局や自主規制機関に一般的に求められる標準

43

的要請でもある。さらに⑤は、行政等のリソースの制約に適応しつつ規制の効率性と持続性を支えるものとなる。

　第3章への橋渡しとして、予備的に理想像の骨格を描けば、遵法精神・規範意識の共有（①）と合理的な動機づけ（②）を市場参加者・市場仲介者における共通の基盤とし、それを市場メカニズムによる価格変動等を通じた明解な因果関係（⑤）がサポートする中で、それらが当局等による規制の透明性と予見可能性（③）及び規制の実効性と公平性（④）とも相俟って、全体としての質の高い規律づけメカニズムが実現される、と展望するビジョンである。

　図表1-10は、ここまでの議論を含め、本章のエッセンスを要約している。

第1章の参考文献

佐藤隆文「資本市場の品格とプリンシプル」『季刊会計基準』第50号（財務会計基準機構、2015年9月）

日本証券経済研究所『図説 日本の証券市場 2018年版』（2018年）

第2章

ルールとプリンシプル

　本章では、資本市場を念頭に置きつつ、ルールとの対比を中心にプリンシプルの持つ特性と潜在力について考える。

　近年、法令ではないが、ものごとのあるべき姿や人々の取るべき行動を記述する「コード」「原則」「プリンシプル」といったものが広がっている。それらは、法令のような強制力は持たないが、一定の規範性を有している。資本市場の世界では、すでにコーポレートガバナンス・コード、スチュワードシップ・コードやESG投資の考え方[1]、などが存在している。スポーツにおけるフェア・プレイ精神や、日常生活における地球環境や気候変動への配慮なども類似している。

　プリンシプルは、元々は人々の行動を規律づける心構えや精神であり、広くはフェア・プレイや環境配慮といった理念・規範も含むものであろう。本書で取り上げているプリンシプルも、このような広い意味での理念・規範の一部であり、それらのうちの資本市場に関わる部分を取り出して議論しているということである。

　したがって本書で用いるプリンシプルの語は、「金融サービス業におけるプリンシプル」や日本取引所自主規制法人が策定した三つのプリンシプルのように明示的に「プリンシプル」と銘打ったものの他に、「コード」「原則」と名付けられた規範集をも包含している。すなわち、上の「コーポレートガバナンス・コード」「スチュワードシップ・コード」や、「監査法人の組織的

---

1 ► 機関投資家の投資方針に関し、ビジネスの遂行において環境（environment）、社会（social）、ガバナンス（governance）に配慮している企業を優先的に投資対象として選別したり、それらへの配慮に欠ける企業を投資対象から除外したりする考え方。プリンシプルの潜在力を考える第5節で、もう少し詳しく紹介する。

な運営に関する原則」「顧客本位の業務運営に関する原則」などである（いずれも第4章参照）。

　まず第1節で、ルールとプリンシプルの相互関係について、両者をともに強制力を持った規定として捉えた場合と、そうではないソフト・ローとしてプリンシプルを位置づけた場合とを区別しつつ、両者が並存可能か二者択一かを考える。続いて第2節で、わが国における両者の位置づけを確認し、わが国では形式として法令から独立したプリンシプルが、ルールと並存できる環境になっていることを述べる。続く第3節と第4節で、規制の実効性・効率性の視点から両者の特性と長所・短所を比較対照し、両者の組合わせによる効果的な使われ方を展望する。最後に第5節で、プリンシプルの潜在力をイメージするためのエピソードを紹介する。

第1節　ルールかプリンシプルか

言葉の意味

　本書におけるルール及びプリンシプルの語義は、概ね以下のとおりである。必ずしも確定的な定義というものではないし、また世の中で定着している意味から少しずれる部分もあるかもしれないが、本書において資本市場の規律づけを議論する上で前提となる概念である。

　ルール（rules）とは、ある法域で強制力を持って執行される法令等において明定された規則であって、対象となる行為や事象が具体的に定められており、それらが適法か違法かの判断を行なう拠り所となるものである。ルールの典型は法令であるが、資本市場では証券取引所や自主規制機関の規則の多くもこれに当てはまる。適用対象となる事実にルールが該当するか否かを判断する際、またある行為がルールに適合しているか否かを判断する際に、裁量の余地は相対的に小さい。

　プリンシプル（principles）は、社会あるいは種々の事業分野において共通に抱かれている抽象的・潜在的な規範意識に、具体的・明示的な内容や表現が付与され、それが関係者の間で広く共有されることを通じ、各主体にと

りその行動や業務遂行の指針となっていく行為規範や行動原則である。資本市場では、上述のとおり「コード」や「原則」という呼称で定められていることもある。法的強制力を伴わない場合が多いが、理論的には、強制的な規範として罰則を伴う法執行の根拠となることも考えられる。必ずしも一般的ではないものの、現にそのような使い方をしている英国のような法域もある。

プリンシプルは、法令をはじめとするルールの背景にある基本精神や法目的を多少具体化して表現しているもの、と捉えることもできる。資本市場を例にとれば、法令等に明記されている「市場秩序の維持」「市場の公正性」「投資者の保護」「公正な価格形成」などの理念は、これらがそのまま大きなプリンシプルと言えなくもない。しかし典型的には、これらの理念から導かれる、分野ごとの行為規範や行動指針などがプリンシプルである。

プリンシプルの個別事実への該当性やプリンシプルの遵守度を判断する際には、そこに当事者ないし規制当局による解釈や判断が介在することが多いため、当事者が行動する段階ないし当局が判断する段階における裁量の余地はルールより大きい。

プリンシプルに強制力を持たせる場合

ルールとプリンシプルを対比するときに、プリンシプルを強制力を持った規定として用いるか、直接的な罰則の適用等を想定しないソフト・ローと位置づけるか、の区別は重要である。そのいずれかによって、ルールとプリンシプルの相互関係に差が出てくるからである。

まず、強制力のある法執行を前提としたハード・ローとしてプリンシプルを位置づける場合の議論を見てみよう。ハーヴァード大学のKaplow教授は、"Rules versus Standards：An Economic Analysis"という論文で、法の執行を前提とした議論、すなわちルールとプリンシプルをともに、法として明示され、違反に対する処罰の根拠となる規定と位置づける前提での議論を展開している[2]。この中で、ルール・ベースとプリンシプル・ベースの区別は、

---

[2] ► Louis Kaplow, Rules versus Standards：An Economic Analysis, *Duke Law Journal* Vol. 42：557 (1992). 本論文の参照は、学習院大学の神田秀樹教授（東京大学名誉教授）からご示唆いただいた。

ルールやプリンシプルの具体的内容を確定させ意味づける作業が、適用対象となる個々の行為の事前になされるか事後になされるかの違いであるとし、そのように区別される二つがルールとプリンシプルであるとしている。なお、この論文で教授は principles ではなく standards という用語を用いているが、我々のここでの議論の文脈では principles とほぼ同義と捉えて差し支えないであろう。

その上で教授は、ルールとプリンシプルの特性について大要、以下のように述べている。局面を、ルールないしプリンシプルが制定・公布される局面（第1段階）、行為者がそれらに対する自らの理解・解釈・予想に基づきどう行動するかを決める局面（第2段階）、そして法執行者ないし司法がその行為に法を適用する局面（第3段階）の三つに分けてみる。この場合、ルールは第1段階の負担が重くなる一方、第2段階・第3段階での負担は相対的に軽くなる。プリンシプルは第1段階の負担は相対的に軽い一方、第2段階で裁量の余地が大きく、そのため第3段階での負担が重い。ルール・ベースでは、規定の具体的内容を制定者が事前に決定しておかなければならないからであり、プリンシプル・ベースでは、法の意味や解釈を行為者が自ら判断・予測し、さらに法の個別事案への適用を法執行当局が自ら判断しなければならないからである。

同教授の指摘するもう一つの論点は、法の適用対象となる事象が生起する頻度である。頻繁に起きる問題に対してはルールの制定が効果的であるが、めったに起きないレアケースまですべてカバーするようなルールを設計するのは非効率である、とする。特殊な条件の下で例外的に生起するようなケースについては、行為者の裁量は大きく法執行当局の負担は重くなるものの、プリンシプルによることが望ましい、ということになる。

ルールとプリンシプルのメリット・デメリットを考える際には、事前規制か事後判定かという区別も重要な視点となる。ルールは事前規制なので、実際に生起する問題に対しルール適用の有無が明瞭であり違反抑止効果も大きいが、カバレッジが狭すぎて規制されるべき行為が見逃されてしまうリスク、また逆に過大なカバレッジとなって規制外とすべき行為や「微罪」に当たるケースまで厳しく処罰してしまうリスクがある。プリンシプルは規範に基づ

く事後判定であり、違法・適法の判断が実態に即して行なわれるため、そのような問題は生じにくいが、実際の行動基準の解釈は行為者の裁量に委ねられる部分が大きく、違法・適法を判断する法執行当局の負担も重くなり、法的安定性も低くなる可能性がある。

ルールとプリンシプルは並存可能か
　上述の議論は、ルールとプリンシプルの関係について重要な示唆を含んでいる。それは両者が、同時には並存できない排他的なものなのか、それとも並存可能であり相互に補完的なものなのか、という設問である。この点について、筆者は以下のように整理することができると考えている。
　強制力を伴う規定の制定やその執行という世界を前提にすると、ルールとプリンシプルはお互いに排他的な性格が強くなる。同一の分野を対象とする規制にルールとプリンシプルが混在していては、法執行当局も規制を受ける側も、どちらを根拠に判断し行動すればよいか戸惑うだろう。例えば自動車の運転について、制限速度を時速100キロとするルールと、安全運転の義務づけというプリンシプルが同列の強制的法規として並存していては、どちらを優先させるべきかについて混乱が頻発するだろう。例えば、時速120キロを出して捕まった運転者が、「危ないノロノロ運転をしていた他の車を速やかに追い抜くために一時的にスピードを出しただけで、むしろ安全運転に努めたものだ」と反論するようなケースをどう考えるか。捕まえた警察官の側にも、捕まった運転者の側にも、それぞれ理由がある。
　同一の事象に対しルールとプリンシプルが同じレベルで並存している場合には、このような混乱が生じる。したがって、法執行を前提とし、それらを法適用の根拠条文とする場合には、ルールにするかプリンシプルにするかの二者択一が必要となる。しかし実は二者択一も容易ではない。現実には、ルール一辺倒により、時速105キロの「微罪」を無差別に捕まえる杓子定規な警察官が出てくるかもしれないし、プリンシプル一辺倒では、時速170キロの違反者に「安全には十分気をつけた」と主張され取り逃がしてしまうかもしれないからである。
　ルールとプリンシプルがともに強制力を持った規定として並存している場

合に生じうる混乱、またどちらか一方のみに限定した場合に生じうる問題を例示した。ここから考えてみると、両者に同じ次元の強制力を持たせる前提で、両者を並存させるのは好ましくないし現実的でもない、ということになる。二者択一の場合も、一方に偏った運用は実務的な問題を惹き起こす。特にプリンシプルだけに依拠した場合には、法執行当局に常に高い見識と判断力が求められるため、当局に負担が集中するとともに、予見可能性という面でも危うさをはらんでいるということになる。

二者択一の弊害緩和策

　厳格な二者択一が抱える問題を緩和する方策も、多少は考えられる。禁止行為を取り締まる法令では、違反事例を列挙し明示した上で、例えば「その他これらに準ずる悪質な事例」というようにバスケット条項（包括条項）を付しておく手法が用いられる。これは、限定列挙された事例に共通する悪質性を根源的な特性として位置づけ、列挙されていない悪質事例をプリンシプルによって補足しようとする工夫と言える。

　また、法律には冒頭に目的規定が設けられるのが一般的であり、これをプリンシプルの一種と位置づけることも可能かもしれない。このプリンシプルを上位概念、禁止条項等のルールを下位規定と整理し、両方からアプローチする手も考えられる。ただし、目的規定は法律の制定理由や運用全般にわたる精神を述べているものであるので、具体的な条文の根拠なく目的規定のみで不利益処分を課することは困難であろう。

　いずれにせよ、ルールを個別事案への直接の適用根拠、プリンシプルをルールの適用を判断する際の道しるべ（上位規定）と位置づけ、両方に配慮した判断をすれば、両者の間の相克はある程度軽減されるだろう。しかしこの発想は、すでに両者を同じレベルで並存すべきものとは見ていないことになる。したがって、ここでのとりあえずの結論は、ルールとプリンシプルに同じ次元で同等の効力を持たせることは非現実的だが、一方が他方を補完しうるような関係において並存することは可能なケースも考えられる、ということになろう。

第2章
ルールとプリンシプル

第2節　わが国における位置づけ

ルールとプリンシプルの位置関係

　わが国におけるルールとプリンシプルの位置関係は、やや大雑把ではあるが、以下のように要約できよう。すなわち、わが国の法令は基本的にルール・ベースで制定されており、プリンシプル的な規範は、法令の目的規定や行為規制のバスケット条項に登場するのみで、法令違反を咎める根拠となるような明文規定としては採用されていない。法令はルール・ベースを基本とし、同一の法令に、ルールとプリンシプルを同等の強制力を持つものとしては混在させていない。つまり、ルールとプリンシプルを同一の次元では捉えておらず、同じ土俵で二者択一を迫るような使われ方を想定していない。したがって、同一の事象に対して、ルールを適用すべきかプリンシプルを適用すべきか、といった深刻な緊張関係は生じにくい。

　金融商品取引法（金商法）における行為規制は広範にわたるが、**図表2-1**の例示のように、いずれもルール・ベースで定められている。契約締結前・契約締結時等の書面交付義務、虚偽告知・断定的判断の提供による勧誘の禁止、損失補てん等の禁止、顧客資産の分別管理義務、アームズ・レングス・

図表2-1　金融商品取引法における行為規制
　　　　（義務規定及び禁止規定）の例

【金融商品取引業者等に対する規制】
（例）契約締結前・契約締結時等の書面交付義務（37条の3、37条の4）
　　　虚偽告知・断定的判断の提供による勧誘の禁止（38条）
　　　損失補てん等の禁止（39条）
　　　顧客資産の分別管理義務（43条の2）
　　　アームズ・レングス・ルール（44条の3）

【不特定多数の市場参加者に対する規制】
（例）風説の流布・偽計等の禁止（158条）
　　　相場操縦行為の禁止（159条）
　　　インサイダー取引の禁止（166条）

ルール、風説の流布・偽計等の禁止、相場操縦行為の禁止、インサイダー取引の禁止などである。他方、金融分野の主要な業法や当局の監督指針には、プリンシプル的な規定が登場することも珍しくない。金商法を例にとれば、投資者の保護、金融商品の公正な取引、公正な価格形成、金融商品取引業者・金融商品取引所の適切な業務運営、などである。**図表 2-2** にはそのような例を挙げているが、いずれも法律の目的規定や行政対応の基本精神を述べたものである。

　法律の目的規定でプリンシプル的な規範が記述されている場合、その基本精神に則ったルール・ベースの個別規定が設けられているのが通例である。**図表 2-3** は、そのような対応関係を、金商法、銀行法、保険業法、を例にとって紹介しているものである。また、バスケット条項が罰則適用の根拠となるのも、直接適用できる個別規定が見当たらない事案で、かつ特異で悪質性の強いケースである場合が多い。したがって、前節で紹介したような、法執行を前提とし単独で処罰の根拠ともなるプリンシプルは殆ど存在せず、これをめぐる問題は深刻なものとはなりにくい。

　ただし、ここで改めて確認しておきたいのは、ルールには、背景にそれが実現しようとする社会共通の利益が存在していることである。例えば、わが国の資本市場を律する諸規則も、取引の公正性、資本市場の機能発揮、公正な価格形成、投資者の保護、といった社会的な価値が意識されている。これらは、金商法の目的規定にも明示されている。したがってルールとプリンシプルは、それらが実現しようとする公益の内容において大きなズレはないと捉えてよいだろう。端的に言えば、プリンシプルを重視する手法は、各市場参加者がそれぞれに、ルールの存在理由ともなっている上位概念としての社会的利益を、より直接的・明示的に意識して行動するよう働きかけ誘導していく、という意味合いになる。

法令から独立したプリンシプル

　以上のようにプリンシプルは、法令と密接に関係し、法令の中に反映されている部分も多い。他方プリンシプルは、これを実定法の中に閉じ込めて考える必要はなく、法令の外でこれを策定し存在させることも可能である。

第2章 ルールとプリンシプル

図表 2-2 プリンシプル的な規定の例

	金融商品取引業	銀行業	保険業
目的規定	・投資者の保護 ・金融商品の公正な取引、公正な価格形成 ・金融商品取引業者及び金融商品取引所の適切な運営等 （以上、金商法1条）	・信用秩序の維持、預金者等の保護、金融の円滑 ・銀行の業務の健全かつ適切な運営 （以上、銀行法1条1項）	・保険契約者等の保護 ・保険業を行なう者の業務の健全かつ適切な運営及び保険募集の公正 （以上、保険業法1条）
行政処分	・金融商品取引業者の業務の運営又は財産の状況に関し、公益又は投資者保護を確保 （金商法51条）	・銀行の業務若しくは財産の状況に照らし、業務の健全かつ適切な運営を確保 （銀行法26条）	・保険会社の業務若しくは財産の状況に照らし、業務の健全かつ適切な運営を確保 （保険業法132条）
実効的な経営管理	・法令等遵守態勢の整備等に努め、投資者保護に欠けることのないよう経営を行なうこと （金融商品取引業者等向けの総合的な監督指針Ⅲ-1）	・経営に対する規律づけが有効に機能し、適切な経営管理（ガバナンス）が行なわれること （主要行等向けの総合的な監督指針Ⅲ-1-1）	・経営に対する規律づけが有効に機能し、適切な経営管理（ガバナンス）が行なわれること （保険会社向けの総合的な監督指針Ⅱ-1-1）
財務の健全性維持	・資本金の額又は出資の総額が、公益又は投資者保護のため必要な水準に満たない者（登録の拒否基準） （金商法29条の4第1項）	・銀行の業務を健全かつ効率的に遂行するに足りる財産的基礎を有し、当該業務に係る収支の見込みが良好であること（免許の基準） （銀行法4条2項）	・保険会社の業務を健全かつ効率的に遂行するに足りる財産的基礎を有し、当該業務に係る収支の見込みが良好であること（免許の基準） （保険業法5条1項）

（出所）2007年9月12日佐藤隆文金融庁長官「金融規制の質的向上：ルール準拠とプリンシプル準拠」講演資料に一部加筆

　実際、近年わが国で策定されているプリンシプルは、その形式において法令の外で策定されている。その際プリンシプルは、法令の運用における基本精神となることもあるし、法令を分野的に補完することもあるし、法令とは別に独立した規範としてその効果をもたらすよう設計されることもある。

図表 2-3　各業法におけるルールとプリンシプル

	ルールの例	背後にあるプリンシプル
金融商品取引業（金商法）	・風説の流布、偽計の禁止 ・相場操縦行為の禁止 ・インサイダー取引の禁止	金融商品等の公正取引・公正な価格の形成
	・アームズ・レングス・ルール ・損失補てん等の禁止	業務の適切性
銀行業（銀行法）	・自己資本比率規制・早期是正措置 ・大口融資規制	財務の健全性
	・虚偽の告知の禁止 ・断定的判断の提供、誤解させるおそれのあることを告げる行為の禁止	業務の適切性
保険業（保険業法）	・ソルベンシー・マージン比率規制・早期是正措置 ・責任準備金の積立	財務の健全性
	・虚偽の告知、重要事項を告げない行為の禁止 ・事業方法書や約款に定めた重要事項に違反する行為の禁止	業務の適切性

（出所）2007年9月12日佐藤隆文金融庁長官「金融規制の質的向上：ルール準拠とプリンシプル準拠」講演資料に一部加筆

　本章の冒頭で述べたプリンシプルの語義、すなわち人々を律する規範という広い意味で用いるものを「広義のプリンシプル」と呼べば、法令の外で策定され強制法規としては用いないわが国の多くのプリンシプルは、これをいわば「狭義のプリンシプル」と呼ぶことができよう。「広義のプリンシプル」には、この「狭義のプリンシプル」に加え、わが国の法令における目的規定やバスケット条項が、さらには強制力を持った規定として用いられる英国式のプリンシプル[3]も含まれることになる。「狭義のプリンシプル」は、その内容において、法令の目的規定等と概念的にオーバーラップする部分があるものの、形式においては、法令から独立し法令の外の規範集として策定され

ている。

　わが国において、このようなプリンシプル・ベースの手法の活用が、明示的に方針として示されたのは 2007 年である。同年に金融庁が「ベター・レギュレーション」という形で、金融行政の質的向上を目指すイニシアティブを打ち出したことに始まる[4]。その第 1 の柱として提示された「ルール・ベースとプリンシプル・ベースの最適な組合せ」という方針は、今述べたプリンシプルの位置づけを前提に、ルールとプリンシプルを組み合わせることにより、効果的に規制目的を達成しようとする試みであった。現状、わが国における（個別）プリンシプルは、そのような発想の中で位置づけられている。どちらか一方の排他的選択ではなく、両者を併用し相互補完的に使うことによって、実態に即した行政対応を目指すものである。

　いずれにせよ、2007 年のベター・レギュレーションによって、プリンシプルは実定法から離れて一定の独立性ある規範としての地位を獲得した。これを受け翌 2008 年には、金融庁と金融業界との間で「金融サービス業におけるプリンシプル」が合意・策定された[5]。これによりプリンシプルは、形式上も法令の外の世界に存在する規範集として歩み出したことになる。わが国におけるルールとプリンシプルの関係は、この時期に以上のような変化を遂げたと捉えることができる。そして数年経過の後ではあるが、2014 年のスチュワードシップ・コード策定を端緒としてプリンシプル・ベースの手法がより広く活用されていくこととなる。

---

[3] ▶ 英国の金融規制においてはプリンシプル（Principles for Businesses）への違反が行政処分の根拠として用いられている。例えば、2011 年に発覚した LIBOR 等の不正操作問題において、FCA はドイツ銀行等によるプリンシプル違反を認定して制裁金を賦課した（ドイツ銀行に対する 2 億ポンド超の制裁金に関するプレスリリースは以下のウェブサイト参照。https://www.fca.org.uk/publication/final-notices/deutsche-bank-ag-2015.pdf）。
[4] ▶ 詳細は金融庁ウェブサイト「金融規制の質的向上（ベター・レギュレーション）トップページ」（https://www.fsa.go.jp/policy/br-pillar4.html）。また、佐藤隆文『金融行政の座標軸』（2010 年・東洋経済新報社）第 3 章も参照。
[5] ▶ 「金融サービス業におけるプリンシプル」については第 4 章第 2 節を参照。

第3節 ルールとプリンシプルの特性

以上のようなプリンシプルの立ち位置を前提に、ルールとプリンシプルを組み合わせた規律づけのあり方について、いくつかの視点から考察しておこう[6]。まずは、両アプローチの特性の比較である。

プリンシプル・ベースのアプローチ

わが国において、プリンシプル・ベースのアプローチとは、プリンシプルで提示される行動原則等を明示的に意識し、それに沿って行動することが社会及び自己の利益につながるという動機づけを武器に、各主体の自己規律に直接的に訴えることにより、全体としての規律づけメカニズムが有機的に働き、規律の実効性・効率性が高まることをねらった手法である。ここで「自己規律」とは、各主体が自らの規範意識によって行動を律することを指し、後述する「当局による規律づけ」及び「市場による規律づけ」と区別している。

このアプローチは、公共の利益への敬意ないしものごとの望ましい姿を共有することを通じて、各主体の行動がそこに向かい分権的に誘導されていく仕組み、とも表現できる。そのプロセスにおいては、中核的な規範への同調は求められるものの、最終目標に至る道筋や経路には一定の多様性が容認されている。少し異なる視点からは、ルールに基づく最低限の基準(ミニマム・スタンダード)をクリアした上で、それを超えるベスト・プラクティスを目指し付加価値を付けること、と解釈することもできる。

資本市場に当てはめてみれば、プリンシプルは直接的な強制力を持つものではないが、その存在が折に触れて言及されれば、時間の経過とともに資本市場全体の規範意識が高まり、それらが市場慣行等に反映されるようになる。こうしてプリンシプルは、実効性のある分権的な規律として定着し、持続的な効果を発揮するようになると期待できる。

---

[6] ▶ 本節は部分的に、前掲『金融行政の座標軸』第3章第4節の記述に基づいている。

ルールとプリンシプルの対比

　このようなプリンシプル・ベースの働き方を前提として、改めてルールとプリンシプルが持つそれぞれの特性を吟味してみよう。無駄の少ない効果的な規律づけメカニズムを実現するという目的に照らして、それぞれの長所と短所を比較してみる作業である。評価の軸としてつぎの八つを設定してみた。すなわち①規制の一貫性、②規制の透明性・予見可能性、③規制の実効性、④規制のカバレッジ、⑤規制当局のリソースの制約、⑥形式と実質の乖離の問題、⑦活力と節度の両立、そして⑧環境変化に対応できる柔軟性、という視点である。以下、順次見ていこう。

　第一に、規制の一貫性という視点から。ルールは、不特定多数の行為者に等しく適用される明文の共通規則であり、ルール適合・不適合の判断も相対的に容易なので、（信頼できる執行当局の下では）一貫性は確保しやすいと言える。他方プリンシプルは、社会に共通の価値を示すが、その解釈や遵守度合いの評価は行為者各自が行ない、評価や判断にバラツキが発生しうるため、規制レベルの統一感が損なわれるリスクは相対的に高いと言える。なお、時系列での一貫性という視点からは、第四の視点でも述べているように、プリンシプルの方が、ルールより長くその有用性を保持できる傾向にある。

　第二に、規制の透明性・予見可能性の視点から。これは規制を受ける側にとっても重要な資質（望ましさ）である。ルールは明文の共通規則であり、規定ぶりが明瞭であれば個別事案への適用についても予見しやすい。他方プリンシプルは、個別事案への適用には解釈と判断の要素が大きく介在するため、また事後判断となることも多いため、予め結末を予測することは相対的に難しい。しかし強制力を持った規定ではないため、問題の深刻さはその分軽減される。

　第三に、規制の実効性の視点から。ルールは、明文の共通規則として周知されていれば行為者の行動を律する効果は大きく、また監視・監督・措置が効果的に行なわれれば実効性はさらに高まる。他方プリンシプルは、その遵守を強制する直接的な手段は少なく、その効果発現までに時間を要する。また、そもそも規範意識のない者には効果が及ばない。プリンシプルに強制力を持たせる場合にはこの対比は当てはまらないが、上述のように日本ではプ

リンシプルをそのように位置づけてはいない。

第四に、規制のカバレッジの視点から。ルールは、特定の時点の状況を前提に例えば立法府・行政府等の手続きを経て定められ頻繁な変更は行なわれないので、想定していなかった新しい商品や新しい取引手法が登場したときに、ルールの欠落している領域（スキマ）が生じかねない。またそれを避けようとして広範なカバレッジを設定すれば、過剰規制のリスクも生じうる。他方プリンシプルは、広く共通の行動規範を提供するものであり、法令等に直接の該当条項がない場合にも判断の指針を提供できるため、ルールが想定していなかったケースにも応用が可能である。このため、周到に策定されたプリンシプルは時代の変化にも適応が可能で、頻繁な改定の必要がない。

第五に、規制当局のリソースの制約という視点から。ルールは、監視・監督・措置が効果的に行なわれれば実効性は高いが、網羅性を持って監視や監督を行なうには当局等のリソースの制約を乗り越えなくてはならない。プリンシプルは、それが効果的に周知され広く共有されれば、自己規律や市場規律が働くため、さらにはルールのスキマを補完する潜在力も持つため、当局だけに依存しない形で規制の実効性が期待できる。

第六に、形式と実質の乖離の問題、あるいは真の規制目的の実現という視点から。ルールは、それだけに頼ると、外形標準だけに依存した機械的な判断をもたらす。また、表面的なルール遵守（明らかに違法とは言えない行為の組合わせ）で行なわれる実質的な不公正取引に、正当化の装いを与えてしまうリスクもある。他方プリンシプルは、形式的なルール適合の評価とは別に、法目的ないし規範に即した実質の評価を行なうため、真の公正性等の追求が可能である。

第七に、活力と節度の両立という視点から。これは第1章で述べた資本市場が備えるべき資質の一つでもある。ルールに偏った規制は、ときに画一的な形式を押しつけることにつながり、市場の活力を削ぐ可能性がある。他方、プリンシプルに偏った規制は、規範意識の低い市場参加者がなりふり構わず疑わしい行為に走ることを許し、市場の節度と信頼性を失わせる可能性がある。ルールとプリンシプルを併用することにより、望ましいバランスを展望することが肝要といえよう。

第八に、同様に資本市場の資質としての、環境変化に対応できる柔軟性の視点から。市場構造の変化、実体経済の変動、政治的な変革、地政学リスクの顕在化などの環境変化に対して、その影響を吸収しつつしなやかに適応できるためには、市場インフラの強靱性に加えて規制フレームワークの信頼性が重要となろう。ここには技術進歩に対する開放性や、システムダウン・テロ・自然災害等への危機対応能力も含めて考えるべきかもしれない。いずれにせよ、これらの問題に対処していく上でのベースラインとして、規制フレームワークの信頼性は重要である。ここでもルールとプリンシプルを組み合わせることにより、変化に対応できる強靱性と変化を受容できる柔軟性とを兼ね備えたフレームワークを展望しうるのではないか。

それぞれの長所と短所
　それぞれの持つ特性から明らかなように、ルールとプリンシプルは、ともに長所と短所を併せ持っている。上述の第一から第三の視点ではルールの長所とプリンシプルの短所が、また第四から第六の視点ではプリンシプルの長所とルールの短所が浮かび上がった。また第七と第八の視点からは、両者を協働させることにより望ましい枠組みを展望できる可能性を示唆した。これらを表にしてみたのが、**図表 2-4** である。実は、両者を相互補完的に組み合わせることによって、人々の行動が社会的に望ましい方向へ誘導され、規制の実効性と効率性が高まることを目指す「ベター・レギュレーション」の発想には、その基礎に、このようなルールとプリンシプルの持つ長所と短所についての現実的な認識がある。

第4節　ルールとプリンシプルの使い分け

　つぎに、以上のようなルールとプリンシプルそれぞれが持つ強みと弱みを踏まえ、主として資本市場を念頭に、両者がどのような場面でより大きな力を発揮するかを概観しておこう。

図表 2-4 ルールとプリンシプルの長所（○）・短所（▲）

<視点>	ルール	プリンシプル
① 一貫性	○ 適合・不適合の判断における一貫性の確保	▲ 解釈や遵守度合いの評価は各自が行なうため、評価・判断にはバラツキが発生
② 透明性・予見可能性	○ 規制全体の透明性・予見可能性の土台	▲ 個別事案への適用には解釈と判断が伴い、かつ、事後判断となることも多い
③ 実効性	○ 監視・監督・措置による実効性確保	▲ プリンシプル遵守の強制力はない（規範意識のない者には効果がない）
④ カバレッジ	▲ ルールのスキマの発生（新商品や新しい取引手法の登場）	○ 該当条項がない場合の判断指針を提供するなど、ルールが想定していなかったケースにも応用可能 ○ プリンシプルの周知を通じたカバレッジの広がり（ルールのスキマを補完）
⑤ 当局のリソース	▲ 違法行為の監視・監督・措置の網羅性の問題（リソースの制約）	○ 規範意識浸透の努力は必要だが、執行負担は相対的に軽い
⑥ 形式と実質	▲ 形式的なルール遵守の組合わせが実質的な不公正取引に正当化の装いを与えるリスク	○ 法目的等に即した実質の評価による真の公正性等の追求
⑦ 活力と節度	双方を組み合わせることで、形式化・画一化による活力の喪失や規範意識の低さによる節度・信頼性の低下を回避	
⑧ 環境変化への柔軟性	双方を組み合わせることで、変化に耐えられる強靱性と変化を受容できる柔軟性を兼ね備えうる	

ルールが有効な分野

　ルール・ベースが有効な分野は、端的に、不特定多数の市場参加者に対して共通の規則を適用するような分野である。そこでは行為規制が中心的な課題であり、関係当局において、個別事案が、事前に定められたルール上の禁止行為に該当しているか否か等を判断することになる。規制上の不利益処分

が講じられる場合には、ルール該当性に係る判断が客観的であることが特に重要であり、ここで過度の裁量的判断を行なえば、恣意的との批判を招く。明確なルールの存在は、事前的には不公正な取引や不適切な業務運営を抑止する効果を持ち、事後的には規制対応の納得感と再発防止に向けた規範性を高める。

ただし上述のように、ルール・ベースの弱点として、新しい商品・サービスや取引手法が登場した際に、それを事前にカバーできていなかったという事態が生じやすいことがある。そもそも、現実のすべての経済事象や取引形態を事前に法令等で完全にカバーするのは不可能であるし、さらに、時間の経過とともに陳腐化したルールを現実世界にキャッチアップさせるのには多少の時間を要する、という問題もある。このようなルールのスキマが深刻化しないよう、市場の実態を的確にモニターし、規制のカバレッジを適時にアップデートしていく作業が求められる。

また、ひとつひとつの行為に分解するとルール違反には該当しないが、取引を全体として見ると、悪質性の高い不正であったり利用者保護に悖るスキームであったりするケースがある。このような場合には、当該取引を一連のものとして捉え、ルール上はグレーゾーン行為の組合わせで構成される行為に対し、プリンシプルから光を当てて悪質性の評価を行ない、ルールに定められたバスケット条項（包括条項）なども活用して所要の対応を工夫する必要性もある。

プリンシプルが有効な分野

プリンシプル・ベースが有効な分野は、典型的には、企業や金融機関等にリスク管理を含む適切なガバナンスの確立、法令遵守や顧客保護・投資者保護のための態勢の整備、などを促し問題の是正を求める場合である。このような分野では、評価が定性的となるケースが多く、どの水準なら合格でどの水準なら不合格と予め設定しておくことは極めて難しい。しかし、定性的ではあっても望ましい姿を示すことは可能であり、あるべき姿にどの程度近いかを評価するための視点を提供することもできる。またこの分野では、企業や金融機関が自ら意識を持って努力することが不可欠であり、規制する側も

そうした自助努力を尊重する必要がある。プリンシプルには、そのような自助努力によって目指されるべき方向と目標をはっきり示すという役割がある。

プリンシプルを具体的な事案に当てはめる場合には、関連する既存ルールの組合わせを検討したり、実施上のガイドラインを設定したり、といった工夫が必要になるケースも考えられる。

また、プリンシプルが効果を持つためには、規制する側と規制される側とで規範意識が共有されていることが前提となる。ただし仮に規制される側の意識が低い場合であっても、広く社会で共有されている規範が、世論の高まり等を通じたプレッシャーやインセンティブとなれば、ある程度の効果は期待できるであろう。しかし、規範意識の乏しい市場参加者やモラルに欠けた業者を、プリンシプルだけで律することは不可能に近いだろう。この場合には、悪質性の判断はプリンシプルで行ない、ペナルティの適用はルールの組合わせで工夫する必要があろう。

ルールとプリンシプルの合わせ技

上述した既存の法令の成立ちを見ても、ルールとプリンシプルが双方組み合わされて機能を発揮するであろうことは察しがつく。プリンシプルはルールの存在によってその実効性を具現し、ルールはプリンシプルの存在によってその正当性を獲得するからである。例えば金商法では、目的規定にある「公正な取引」や「公正な価格形成」がプリンシプルであり、風説の流布や偽計の禁止、相場操縦的行為の禁止、インサイダー取引の禁止など行為規制の具体的な条文が、プリンシプルを具体化するルールである、と整理することができよう。

規制の実務においても両者の組合わせが、実質の意味での公平性を確保し、規制の質を高めることに貢献する。例えば、形式的には法令違反に該当するが、行為の意図性は乏しく、単発的な出来事で、関係者の被害も軽微であるといったケースがある。他方、明解に法令違反に該当するための要件は揃わないが、グレーゾーンの行為を組み合わせて全体としては悪質な事案となっており、関係者の被害も深刻であるケースもある。このような現実において、ルールのみに依拠して判断すれば、実質の意味での公平性・公正性が

結果として損なわれることもある。他方、プリンシプルに偏った判断を行なえば、法的安定性や制度の信頼性が損なわれ、規制の予見可能性や透明性も減じられる。このような問題意識を抱きながら同一の事案にルールとプリンシプルの双方から光を当てることは、規制の質を高める上で重要なプロセスであろう。

第5節　プリンシプルの潜在力

　プリンシプル・ベースは即効性のある手法ではないが、その定着度合いに応じて、徐々にしかし着実にその効果を発揮していくと期待される手法である。その潜在力をイメージする材料として、以下のエピソードを紹介し、期待を述べておきたい。

エピソード・その1
　相応しい例えかどうか自信はないが、以下のような話を寄稿したことがある[7]。ドイツの街では、信号が赤なら車が来なくても横断歩道は渡らない。イタリアの街では、車が来なければ信号が赤でも横断歩道を渡る。ともに抗しがたい魅力を持つ両国だが、生活習慣の面では対照的な傾向も際立つ。ルール遵守への姿勢などはその好例であろう。人口当たりの交通事故発生率や死亡率を見ると両国に大差はないので、イタリアではルール遵守に代わる「個々人の柔軟な状況判断」とでも呼びうるある種の才覚が働いているとも推測できる。
　これを、先述の「自己規律」と結び付けられるかどうかは分からないが、イタリアで、事故を避ける、命を守るというプリンシプルが働いていることは確実であり、プリンシプルの潜在力を示唆しているとも言える。

---

[7] ▶ 佐藤隆文「資本市場とプリンシプル」『金融財政事情』第65巻第42号（3095号）（金融財政事情研究会、2014年11月10日）

エピソード・その2

　もう少し資本市場に近い話として、やはり既往の寄稿で、プリンシプルの可能性を示唆する事例を紹介したことがある[8]。事件は2005年のことである。ある上場会社の株式について「61万円で1株売り」の顧客注文を、証券会社が「1円で61万株売り」と東証に取次いだため、同社株式に他の証券会社からの買い注文が殺到した。約定した売買により、買い手には合わせておそらく数百億円規模の利益が転がり込み、誤発注した証券会社には見合いの損失が発生した。これに対し、与謝野馨金融担当大臣（当時）が記者会見で「美しくない」と表現した。労せずして巨額の利益が多くの証券会社に帰属したことを評しての発言である。これをきっかけに、自己売買部門で巨額の利益を手にした大手証券会社の多くが、自主的にその返納を申し出た。その受け皿として証券界に公益目的の基金も設けられた。

　当時金融庁監督局に在職していた筆者にとり印象的だったのは、第一に、大臣発言の絶妙さ、第二に、数字となって表れた各社トレーディング部門の動物的瞬発力の差異、そして第三に、全額返納・一部返納・返納なし、など各社の対応が区々(まちまち)であったことである。

　この出来事はプリンシプルの潜在力を物語っている。ルール遵守を超えて、ビジネスの世界でも「美しい」と「美しくない」の区別が潜在的に意識されており、それに沿って各社は趣旨に賛同し（あるいは賛同せず）、各社の経営判断によって対応したのである。つまりここでは、「美しくない」ことはしない、というプリンシプルが作用したのであり、資本市場の重要なプレイヤーであるブローカー・ディーラー各社の「自己規律」が発揮される形で、それが行動に結びついたのである。

　本件におけるプリンシプルの働き方も示唆に富む。第一に、共通の規範意識が潜在していれば、それに「気づき」を与えそれを顕在化させる何らかの契機により、プリンシプル・ベースのアプローチは相当の実効性を発揮することである。第二に、返納をしない証券会社もあり返納額にも多寡があった

---

[8] ► 佐藤隆文「美しくない」『金融財政事情』第66巻第42号（3142号）（金融財政事情研究会、2015年11月9日）

という事実が、プリンシプルの働き方にはバラツキが不可避であることを物語っている。プリンシプルはルールによる強制ではないので、具体的な対応のし方に各社で差が出るのは自然なことである。

エピソード・その3

本章冒頭で言及したESG投資の考え方も、プリンシプルの潜在力を物語っている。この考え方は、国際連合のような国際機関がコミットしていることもあり、責任ある機関投資家の間ではグローバルに共有される投資方針となりつつある。

ESG投資は、投資判断において、環境（environment）、社会（social）、ガバナンス（governance）に配慮している企業を選別し優先的に投資しようとする潮流である。2006年に国際連合が、投資家は「責任投資原則」（PRI：Principles for Responsible Investment）に沿って行動すべきであると提唱したのが始まりとされ、欧米の機関投資家を中心に広まり、現在では日本を含め世界の多くの機関投資家がこの原則に署名している。ESGの観点からの評価が高い企業を優先的に投資対象に組み入れるポジティブ・スクリーニングのみならず、反社会的な企業活動を行なったり環境破壊に関与したりしている企業を投資対象から外すネガティブ・スクリーニングもある。

強制力のある明文の法令等ではないが、その影響力は以下のように実質を伴う。大気汚染・水質汚濁をもたらす工場の操業、二酸化炭素排出量の大きな製造工程などは環境破壊につながる企業活動として糾弾され、大規模にそのような活動を行なっている企業は投資対象から外される。当該企業はレピュテーションの悪化とともに製品の販売が低迷し、株価が下落し、資金調達上も不利となる可能性がある。海外工場等における製造過程で児童労働を行なわせている企業も、人権侵害につながる行為として社会的な非難を浴び、当該製品の販売低迷や業績悪化、そして企業イメージの悪化や株価下落に直面するかもしれない。ガバナンス（企業統治）が劣後している企業は、そもそも企業価値の向上に向けた経営としての意欲に信頼を得られず、そのような評価が定着してしまえば、投資が敬遠されてやはり株価が低迷するだろう。

以上のような因果関係が企業の間で意識されるようになれば、環境に配慮

した企業活動、人権・社会問題への意識向上と実践、企業価値向上に向けた実効的な経営、などが促されることとなる。先進的な企業が自主的に行なう非財務分野の開示や、問題事例を報道するマス・メディアの活動なども、それらを後押しする。

ESG 投資の考え方は、これをプリンシプルの一種と捉えることが可能であろう。直接の強制力を持たないにもかかわらず、国境を越え広く共有された規範として、その影響力は相当に大きい。

確信犯には無力か

これらエピソードに登場する話は、結果においてある程度のバラツキが許容される世界とも言えるが、バラツキを許容したくないケースもある。すでに述べたように、見かけ上は合法的な取引を組み合わせつつトータルとしては資本市場の理念に反するといったスキームが、時折登場する。また時間の経過とともにルールの間にスキマが生じ、直接に律するべき基準が存在しない分野で、疑わしい商品が登場し疑わしい取引が行なわれることもある。さらに、これらの事案における当事者は、法令にも十分な知識を持ち、市場理念に反することも承知の上で疑わしい取引に参画するプレイヤーであることも珍しくない。

一般論として、このような「確信犯」に対してはルールの厳格な適用が基本となるし、まずはルールの中のバスケット条項が探索されるだろう。しかしそれも見つからない場合、すなわちルールでカバーしきれない事案に対して、残るのはプリンシプル・ベースでの対応ということになる。しかしプリンシプルには強制力がないため、このような事案を直接律するのは容易でない。どのような方策が考えられるだろうか。

筆者が考えるのは、いわば周囲からの「兵糧攻め」である。一般的に、複雑なスキームや法令のスキマを突く取引を実行するためには、取引相手への合理的な（ないし合理的に見える）説明、法律専門家や会計専門家のサポート、情報開示上の対応、などが必要になる。ここで弁護士や公認会計士はプロフェッショナルな専門家として、規範意識に基づいたアドバイスを提供することが可能である。また情報開示を通じて当該取引や当該商品は、アナリ

ストや機関投資家からも市場での評価を受けることになる。洞察力のあるマス・メディアが問題点を整理し報道すれば、市場での規律づけはさらに強まる。これらの多様な市場参加者・市場関係者に資本市場の基本理念が浸透していれば、プリンシプルが多様なルートで作用する可能性がある。したがって、短期的にはともかく中長期的には、確信犯に対してもプリンシプルは決して無力とは言えないであろう。

第2章の参考文献

Louis Kaplow, Rules versus Standards：An Economic Analysis, *Duke Law Journal* Vol. 42：557（1992）

金融庁ウェブサイト「金融規制の質的向上（ベター・レギュレーション）トップページ」https://www.fsa.go.jp/policy/br-pillar4.html

佐藤隆文『金融行政の座標軸』（東洋経済新報社、2010年）第3章

佐藤隆文「資本市場とプリンシプル」『金融財政事情』第65巻第42号（3095号）（金融財政事情研究会、2014年11月10日）

佐藤隆文「美しくない」『金融財政事情』第66巻第42号（3142号）（金融財政事情研究会、2015年11月9日）

第**3**章

資本市場の規律づけメカニズム

　本章ではまず、資本市場は多様な市場参加者の協働によってその機能が発揮される場であり、そこでは中央集権的ではなく分権的な規律づけの仕組みが現実的であり効果的であることを述べる（第1節及び第2節）。続いて、そこには当局規律、市場規律、自己規律という三つの規律づけチャネルを認めることができ、ルールとプリンシプルと情報開示という三大栄養素が活用されながら規律づけチャネルが効果的に働く、というビジョンを提示する（第3節及び第4節）。その上で、ルールと情報開示を基礎とする伝統的な規律づけにプリンシプルが付加されることの意義を考え、さらにプリンシプルの実効性について検討する（第5節及び第6節）。

第1節　資本市場におけるプレイヤーの多様性

市場参加主体の多様性

　資本市場の運行には幅広い多様な主体が参画している。上場株式市場を例にとって、市場参加者の広がりを確認するとともに、各主体に期待されている役割を書き出してみたのが**図表3-1**である。資本市場の運行が分業によって成立ち、多様な役割が多様な主体によって担われていることが納得できよう。

　金融商品の需要サイドには、個人投資家と機関投資家がいる。個人投資家は多様な価値観とそれぞれのニーズに基づいて投資判断を行ない、機関投資家は、fiduciary duty（受託者責任）をベースに投資先企業の分析や合理的な投資判断を行ない、企業との建設的対話に努める。投資者の判断をサポー

図表 3-1　資本市場の運行に参画する主体の多様性

》　主な資本市場参加者と期待される役割

	参加主体	主な業務	期待される主な役割
金融商品の需要サイド	個人投資家	投資活動	多様な価値観とニーズに基づく投資判断
	機関投資家	顧客資産の運用	fiduciary duty、投資先企業との建設的対話
	証券アナリスト	投資情報の提供	的確な分析と情報生産
仲介機能	市場仲介者（証券会社）	顧客注文の受託、取次	確実な業務執行、適法な投資勧誘、顧客資産の管理
	取引所	売買注文の処理 自主規制 相場情報等の提供 指数算出 開示インフラの運営等	売買注文のマッチング、秩序だった市場運営、市場の透明性・公正性の維持等
	清算・決済機関	約定した取引の清算・決済	迅速確実な業務執行
独立プロフェッション	公認会計士・監査法人	財務報告等の外部監査	財務情報等の妥当性の確認
	弁護士・法律事務所	企業法務の助言等	顧客ニーズと法令や規範との整合性の確認
金融商品の供給サイド	上場会社	株式上場 情報開示 財務報告の作成と提供	持続的な企業価値の向上、適時適切な情報開示、企業行動規範の遵守等
	引受証券会社・投資銀行等	新規上場のサポート 公募・売出しの引受 M&Aの仲介等	新規上場への助言、ファイナンスの助言、引受、上場会社への適切なアドバイス

トするため、個別業種や個別企業の分析を行ない、投資情報の提供を行なう証券アナリストの情報生産も重要である。

　金融商品の供給サイドには、最も重要なプレイヤーとして株式の発行体である上場会社がいる。上場会社は、法令や規範の遵守を徹底しながら持続的

な企業価値の向上に努め、その実績を財務報告などの形で定期的に株主等に情報開示する。また、新規上場のサポートを行ない、株式の公募・売出し等を引受けるなどの役割を果たす証券会社や投資銀行の存在も不可欠である。

　需要サイドと供給サイドを仲介しマッチングさせる市場仲介機能も資本市場には不可欠である。まず、顧客注文を受託し、取引所に取次ぎ、顧客口座の管理を行なう証券会社には、確実な業務執行、適切な投資勧誘と顧客資産の管理などが求められる。売買注文のマッチング、不公正取引の監視、相場情報の提供と指数算出、開示インフラの運営等を担う取引所には、安定した業務遂行、秩序だった市場運営、市場の透明性・公正性の維持などの役割が付与されている。成約した取引の清算・決済を担う清算・決済機関にも、迅速で確実な業務遂行が求められる。

　広義の仲介機能には、会計監査を中心とする外部監査や弁護士等による法的助言も含まれる。公認会計士・監査法人による外部監査は、上場会社の財務報告等の妥当性を担保する拠り所であり、投資者の合理的な投資判断を支える。企業法務の助言等を行なう弁護士・法律事務所にも、適法性の確認など様々な局面で質の高いアドバイスが期待されており、そこには顧客のニーズと法令等との整合性を確認する作業が含まれよう。

相互依存関係

　以上のように資本市場では、独立した主体としてそれぞれユニークなポジションを占める多様な市場参加者が、それぞれ市場の運行のために不可欠な役割を担っている。そして各主体の行なうこれらの仕事が有機的に組み合わされ適切に連接されて、資本市場全体としての機能が発揮されている構図が浮かび上がる。したがって、これら市場参加者のどこかで起きたオペレーション・ミスや参加者間の行き違い等は、市場全体への悪影響となって広がっていく蓋然性がある。市場の中核を占める取引所や清算・決済機関はもちろんのこと、市場仲介を担う証券会社や独立プロフェッションである監査法人でのミスや事故、さらには個別の投資者や個別の発行体における問題も、程度の差こそあれ、その悪影響が市場全体に拡散しかねない。資本市場のパフォーマンス向上を考える際には、上述の市場参加主体の多様性と、このよう

な相互依存関係とを念頭に置く必要がある。

第2節 分権的な規律づけ

中央集権的規律と分権的規律

　ルールとプリンシプルの特性を第2章で探ったが、つぎの課題はルールとプリンシプルが規律づけメカニズムに具体的にどのように貢献するのかの考察である。その前提として、まず中央集権的規律と分権的規律の区別について触れておきたい。便宜上ここでの議論は、資本市場の規律を前提にして進める。

　中央集権的規律とは、端的には、市場を規制・監督する単一の当局が存在し、市場での出来事や市場仲介者等に関する情報がすべてそこに集約され、そこで統一的な判断や指令が出されることによって、市場の規律が維持されるといった姿である。他方、分権的規律とは、当局や自主規制機関などの規制主体が分野ごとに存在し、市場参加者も規制主体も専門分野が分かれている状況の中で、一定の独立性を持った参加主体（投資者、上場会社、市場仲介者、取引所、会計専門家、法律専門家など）によって、各々の持ち場に即した規範意識が発揮されることを通じて市場の規律が実現する姿である。

　資本市場では、発行体である上場会社、不特定多数の個人投資家、最終受益者のために運用を行なう機関投資家、売買注文のマッチングを行なう証券取引所、顧客注文を取引所に仲介する証券会社、上場会社の財務報告等の監査を行なう監査法人、法律上のアドバイスを行なう法律専門家、などの多種多様な市場参加者が活動している。またこれら多様な市場参加者のすべてを、統一的に規制・監督する単一の当局が存在しているわけではない。異なる当局が異なる業種・職種を規制・監督している分野もあり、その密度にも濃淡の差がある。しかも、これらの市場参加者には、そもそも当局の規制対象ではない行為主体や専門職種も含まれる。規制の根拠となる法令が、業種・職種により異なっている場合も多い。

　また、免許業種と登録・届出業種という差異もある。銀行業・保険業など

主要な免許業種は、当局にとって監督対象者が特定可能であり、その数も限定されているため、継続的な監視や監督を行ないやすい。これに対し、証券業・資産運用業などの登録・届出業種は、参入が容易で退出もしばしば起き、多数の業者が存在して活動している。資本市場における市場仲介者は、殆どがこのような登録・届出業種に属する。

資本市場と分権的規律

　資本市場は、このように市場参加者が多数かつ多様であり、その多くは事前の特定が困難であるため、一元化された継続的な監視や監督は困難であることが宿命づけられている。すなわち資本市場では、中央集権的な規律づけは現実に難しいだけでなく、その構造からしても必ずしも相応しくなく、むしろ分権的な規律づけが現実的であり効果的であると言えよう。この点は、第1章第3節でも述べたとおりである。

　そのような現実を前提として、資本市場における望ましい規律づけメカニズムを展望してみると、つぎのような分権的規律の姿を描ける。すなわち、投資者、上場会社、市場仲介者、取引所、会計専門家、法律専門家などの市場参加者において、法令を含む合理的な制度と動機づけ（インセンティブ）を背景に、各々の持ち場に即した規範意識と遵法精神が作用し、それらに基づく行動や任務遂行の集積が、市場全体としての規律をもたらし、その機能を持続的に発揮するメカニズムである。

横断的な規範の重要性

　そこでは、明文のルールと、その前提でもある共通の規範（プリンシプル）が周知され、それらを軸として効果的なインセンティブ構造が働くことが前提となる。すなわち、共通の価値観によって、それぞれ独立した多様かつ多数の市場参加者を束ね、そこに横断的な動機づけを浸透・定着させるメカニズムの存在が重要である。ここで、多くの業種・業態や職種にまたがる一貫した規範が存在することの重要性が浮び上がる。

　そのニーズを満たすものとして、プリンシプルは重要な役割を果たしうる潜在力を持っている。なぜなら、業種ごとの業法や専門職種を規制する法律

と異なり、プリンシプルには適用対象を限定する明示的な制約がないものが多いからである。いずれにせよ、上述のような資本市場における分権的規律の形は、完成形には程遠いにせよ、存在（Sein）すなわち現実に働いているメカニズムであると同時に、当為（Sollen）すなわちあるべき望ましい姿を描いてもいる。

第3節　三つの規律づけチャネル

三つの規律づけエンジン

　分権的規律というコンセプトを手がかりに、資本市場で規律づけが働く様子を観察してみると、そこには規律をもたらす力として三つのエンジンが働いていることが分かる。すなわち、第一に規制当局のアクション、第二に市場メカニズム、そして第三に各市場参加者が保持する遵法精神・規範意識である。規制当局は、法令・ルールを制定し、その施行（エンフォースメント）を担う。市場メカニズムを通じた因果応報は、市場参加者に実効性ある動機づけをもたらす。さらに、市場参加者自身が持つ遵法精神と規範意識が、各々の行動を自ら律する。これら三つのエンジンが効果を及ぼすルートを規律づけチャネルと呼び、第一のルートを当局規律、第二のルートを市場規律、そして第三のルートを自己規律と名付けておこう。

　結論を先取り的に要約すれば、これら三つのエンジンが、ルールとプリンシプルと情報開示という三つの栄養素を取り込んで、それぞれの規律づけチャネルを活性化させ、それらの相乗効果として資本市場全体の規律を成立させる、という姿を展望するものである。

分権的規律の具体的な働き方

　繰り返しになるが、資本市場は、多様な市場参加者によって提供される多様な機能が有機的に組み合わされて、その円滑な運行が支えられている。そのような構造の下で、資本市場における分権的規律が具体的にどのようなメカニズムによって実現されるのかをもう少し詳しく見ていこう。筆者が描く

第3章 資本市場の規律づけメカニズム

そのメカニズムは、以下のようなものである。これは、事実の観察から導かれた描写であると同時に、望ましい姿を構想するビジョンでもある。

まず、資本市場ではつぎの3種類の規律づけの力が、同時にバランスよく作用する必要がある。すなわち、

① 当局や自主規制機関による規律づけ（当局規律）
② 市場による規律づけ（市場規律）
③ 各市場参加者自身による規律づけ（自己規律）

である。当局の権威による規律づけだけに依存するのではなく、市場による評価と淘汰だけに任せるのでもなく、また市場参加者の規範意識だけに頼むのでもない、三者の相互補完的な作用に期待するものである。そして、これらの力がそれぞれ効果的に作用するためには、以下の3種類の道具が効果的に使われることが不可欠である。すなわち、(1) ルール、(2) プリンシプル、そして (3) 情報開示、である。これらを分権的規律の基本栄養素ないし三大栄養素と呼んでもよいだろう。

図表 3-2 資本市場における分権的規律のイメージ

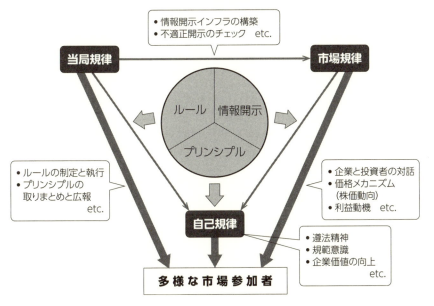

これら三つの栄養素を活用して、三つの規律づけチャネルが作用する姿を、図式的にイメージしたものが**図表 3-2** である。以下、三つのチャネルごとに見ていこう。

当局による規律づけ（当局規律）
　ここで言う当局には自主規制機関を含めるべきであろう（以下では両者を合わせて「当局等」という）。当局等[1]の役割は、多岐にわたる。ここに述べる三つの規律づけチャネルの一つを直接担っていることがまずある。さらに加えて、より大きな基本的使命として、資本市場における分権的な規律が作用するための制度を設計し、環境を整えるという任務を負っている。
　第一は、ルールの制定とその施行（エンフォースメント）である。制定されるルールは、公共の利益に根ざして資本市場のニーズに適ったものであり、時代の要請に応えるものであり、大多数の市場参加者に受け入れられるものである必要がある。このため当局等は、市場の実態を正確に把握し、明瞭で実効性のあるルールの策定に努めなければならない。つぎに、制定されたルールは現実社会に確実かつ公平に適用される必要がある。そのために当局等による監視と監督は欠かせない。不公正取引や不適切事案が、確実に探知され特定されて、是正されたり処罰されたりすることによって、ルールの実効性が担保される。例えば、上場会社による不正会計や不適切な企業行動に対するチェック、インサイダー取引や相場操縦等の不公正取引に対するチェックが日常的に実施され、必要な場合にはそれらへの処罰ないし公表等の措置が講じられている。このことが将来に向けて、ルール違反に対する抑止力にもなっている。
　第二は、プリンシプルの取りまとめとその普及である。プリンシプルは、人々が抱く潜在的・抽象的な規範意識に具体的な表現を付与して、より明示的に共有してもらう仕組みであるので、資本市場の実態についてのタイムリーで的を射た洞察に基づき、現実にフィットする規範を抽出し適切に構成す

---

[1] ▶ わが国の資本市場に関しては、狭義の「当局」として金融庁があり、主な「自主規制機関」として金融商品取引所、日本証券業協会、日本公認会計士協会などが挙げられる。

るという作業が必要になる。人々に共有してもらうことがねらいであるので、取りまとめ段階においても（パブリック・コメント等の手続きも活用し）外部の意見を的確に反映させる必要があろう。取りまとめ後には、プリンシプルを、その趣旨とともに効果的に普及させ浸透させる必要がある。プリンシプルが浸透すれば、遵法精神や規範意識が広く市場で共有され、市場参加者の行動が社会的に望ましい方向へ誘導されていくと期待される。規範意識の浸透とルールのエンフォースメントとは、事前予防と事後対処という関係にもあり、いわば車の両輪である。

　第三は、情報開示制度の確実な機能発揮を支える仕事である。上述のように、開示制度の設計・設定とともに開示インフラの運用は当局等が直接担っているが、これらに加え、開示規制違反の探知・特定と処罰も当局等の重要な任務である。これによって開示制度の信頼性が保たれ、そのことが開示者ないし発行体の説明責任を問える環境をもたらす。

　以上のように、当局等による規律づけは、資本市場における分権的規律を機能させる上で中核的な役割を担っている。

市場による規律づけ（市場規律）

　当局等による規律づけには、いくつか留意点がある。第一に、ルールのエンフォースメントは個別事案ごとの対処が中心となること、第二に、すべての問題事案を網羅的にカバーするには行政リソース等の制約があること、第三に、当局等への過度な依存は（潜在的に）過剰規制のリスクをはらむこと、である。

　これらを念頭に置くと、市場による規律づけが有する以下のようなメリットが浮かんでくる。第一に、情報開示の信頼性が高ければ、市場規律のカバレッジは広い。第二に、市場メカニズムの働きで規律づけが作用するので、大きな追加的リソースは不要である。また第三に、市場メカニズムの作用には時間的連続性があり、途切れがない。

　例えば、法令違反を犯したり、社会規範に背馳（はいち）する企業行動を取ったり、虚偽の情報開示を行なったりした上場会社は、市場メカニズムを通じて、レピュテーションの毀損、業績の悪化、株価の下落、ファイナンスの困難化、

などに直面する。上場会社の経営者は常時、こういった事態を回避するよう努める強いインセンティブを抱くことになる。このような因果関係が多様な市場参加者の評価や判断の集積を通じて確実に作用することが、市場による規律づけのコアである。

　このような市場メカニズムによる因果応報は、ルールとプリンシプルと情報開示とが明確に存在し的確に機能することによって、より明快に働くことになる。ルールの制定とその周知、個別事案へのルール適用とその公表は、当事者の行動を動機づけるとともに、市場による評価のための材料を提供する。プリンシプルの存在とその浸透は、当該分野での規範意識の共有を通じて、市場参加者の行動を方向づける。プリンシプルの充足状況について開示がなされれば、市場での評価に追加的な付加価値をもたらすだろう。さらに、ルールとプリンシプルを評価基準として上述の因果関係を顕在化させ、当事者の判断と行動を可能にさせるのが情報開示である。

　以上のような形で市場による規律づけが機能するための大前提は、改めて、適時適切な情報開示が履行され、公正な価格形成が実現していることである。すなわち、市場規律が働く上で開示制度は中核的な役割を果たしている。そのためにも、当局や自主規制機関による開示制度の整備とメンテナンスが重要であることも付言しておきたい。

市場参加者自身による規律づけ（自己規律）

　そもそも経済活動全般が活力を持ってかつ整然と行なわれるためには、そこに参加する各経済主体自身による自己規律の発揮が、基礎的な前提であろう。分権的規律の三つ目のチャネルは、各々の行為者自身が自らを律することに期待するものである。

　ここで自己規律とは、各経済主体が自ら抱いている規範意識や遵法精神によって自らを律することである。本来は、当局規律や市場規律に先行するものとも捉えられるが、それらの働きかけを受けることを通じて、より具体的な規範意識や行動基準に進化し、現実に機能を発揮する。規範意識や遵法精神は、各主体が直感的にないしは学習の結果として抱くものであるが、元々は潜在的・抽象的であったものが、ルールやプリンシプルとの出会いによっ

て、行動の目安として顕在化し具体化する。なお、ここで議論している経済主体は、個人が前提とされることも多いが、むしろ法人企業や職業集団を念頭に置いて理解する方が妥当な場合も多い。

　自己規律が効果的に作用するためには、規範意識や遵法精神を尊重して行動することが自らの利益につながるという因果関係が、説得力ある形で存在していることが重要である。あるいは規範意識や遵法精神を軽視して行動すれば自らに不利益が及ぶ、という予想や認識でもよい。

　公共の利益に対する常識的な水準の意識を持つ大多数の人々を前提にすれば、目には見えないが、現実社会では相当程度の自己規律がすでに働いていると考えるべきだろう。それを働かせている要素は何か、その働き方をより確かなものに強化していく要素は何か。この設問への答えとして、本書ではルールとプリンシプルと情報開示とを提示している。

自己規律と三大栄養素

　時代のニーズに沿った適切なルールの制定とその周知、そして確実なエンフォースメント、さらにはその公表によって、人々の遵法精神は高まり、ルール違反への抑止力は高まるだろう。その前提として、エンフォースメントが一貫性と透明性をもって公平に実施されていることが重要である。そのため、個別事案の処理に際しても当局等は、可能な範囲で情報の開示を行ない、説明責任の履行に努めることが期待されている。

　社会の実態に即したプリンシプルの取りまとめと公表、効果的な普及活動による社会への浸透によって、人々の規範意識はより具体的で実務的なものに変容していく。この結果、個々の行為が社会的に好ましいものか否かの評価が、人々の判断の前段階に組み込まれ、その集積が好ましくない行動を社会的に抑止する方向で作用するだろう。さらには、この社会的に好ましいことへの評価プロセスが、最低限の法令遵守を超えてベスト・プラクティスを追求しようとする誘因にもなるだろう。他方、プリンシプルの浸透度合いを正確に把握することは容易でない。大きな不祥事が起きて、事後にプリンシプルが尊重されていなかったことが判明するといったケースも多い。浸透度合いのサーベイを行ない、その結果を公表するなどして、意識の遅れている

当事者に注意喚起を続ける努力も必要であろう。

　以上の考察から、情報開示も自己規律を支える不可欠の要素であることは自然に理解される。さらに情報開示は、プリンシプルの働きを強める上で決定的に重要な役割を担っている。それは、プリンシプルの充足度合いに関する自己評価の開示という枠組みにおいてである。各経済主体（典型的には上場会社）が、自らがプリンシプルを充足しているか否かを自己評価し、その結果を定期的に開示する仕組みである。

　例えばわが国では、スチュワードシップ・コードやコーポレートガバナンス・コードにおいてコンプライ・オア・エクスプレイン（comply or explain）の枠組みが採用されている。コードの各項目に沿って、実施していると自己評価した場合はその旨、実施していないと自己評価した場合には実施しない理由等を記載し、その結果を開示する制度である。わが国ではプリンシプルは強制力を持たないので、各経済主体が定期的にその充足状況について自ら検証することを求めることを通じて、自主的な改善等の努力を促す制度となっている。また充足状況の開示を通じて、一定の市場規律が働くことも期待しているものと言えよう。プリンシプルの実効性を高めるための賢い仕組みであり、情報開示とプリンシプルのコラボレーションと捉えることもできる。この仕組みの実効性についてはまた後述する。

　さて自己規律の議論では、社会には規範意識の希薄な人々や集団が一定数存在するという現実を無視してはならないだろう。その存在を前提にしたときの規律づけは、二つのチャネルで実現することになろう。一つは、当局等による厳格なルール適用であり、問題事案に係る処理結果の公表である。そしてこれらによる類似事案への抑止力の発揮である。もう一つは、公共の利益に反する行為を目論む経済主体に対し、手続き上必要な専門サービスを提供する弁護士、公認会計士などの専門職業集団が、ルールやプリンシプルを踏まえて助言を行ない、不公正取引の断念や公共の利益を害さないスキームへの変更に誘導していく流れである。ここでは、これら専門家の規範意識が状況を左右する。このようなケースでは、プリンシプルが、行為者である経済主体のみならず、助言者たる専門家にも浸透していることの重要性が高まる。

第3章 資本市場の規律づけメカニズム

第4節 規律を実現する三大栄養素

情報開示について

　ルールとプリンシプルと情報開示という三つの栄養素のうち前二者については第2章で詳述したが、情報開示については、ここで若干補足しておきたい。情報開示は、資本市場の透明性を実現し、市場メカニズムを維持する上で必須のインフラストラクチャである。

　上場株式を例にとれば、上場会社は業績を定期的に財務報告の形で取りまとめ、それを株主に報告するとともに市場に開示する。その報告内容が会計基準に照らして公正・妥当であることについては、有価証券報告書等の開示前に監査法人による外部監査が実施され、一定の信頼性が付与される。投資者はそのように開示された開示情報に基づき合理的な投資判断を行ない、売買注文の集積が当該企業の株価を形成する。決算情報に限らず開示内容が虚偽である場合には、法令や取引所規則に基づき当局等によってペナルティが課されるとともに、市場における評価も低下する。このような不適正開示は、開示情報を利用する市場関係者を裏切る行為となる。また、有価証券報告書や四半期報告書の提出遅延に対しても、上場廃止等となる場合がある。これらの制度が定められているのは、情報開示が、すなわち企業が自社の業績等を実態に即してタイムリーかつ正確に発信し、その情報が迅速かつ公平に利用可能になることが、資本市場の運行の根幹をなしているからである。EDINETやTDnetといった開示インフラがそれぞれ金融庁と東証によって提供され運用されているのも、情報開示の基礎インフラとしての重要性ゆえである。

　情報開示は、重要な情報がその利用者の間で迅速かつ公平に共有されることで透明性を高めるという効果だけでなく、開示を行なう主体に自らを律するインセンティブを付与する。例えば、上場会社が財務情報の開示を行なう際には、それが適切な内部統制の下で作成され、正確に事実を反映しており、会計基準に照らして妥当な会計処理であることについて、明確に説明する責任を負うことになる。この説明責任（accountability）が、情報を開示

する側において、開示資料の作成過程での緊張感をもたらすことになる。つまり情報開示に伴う説明責任が、自己規律を高めるのである。

三大栄養素の働き

　先に、分権的規律の働き方を三つの規律づけチャネルに沿って描写したが、同じことを三大栄養素の側から簡単に確認しておこう。

　ルールは、当局等による規律づけの重要な武器であり、市場規律においては経済主体の合理的な行動の土俵を設定してその枠組みを構成し、自己規律における遵法精神の具体的な拠り所となる。

　プリンシプルは、その取りまとめと普及を担う当局等にとって、規範意識の浸透が当局等による規律づけの執行面での負担を軽減する関係にある。市場規律においては、プリンシプルは各経済主体の行動を社会的に望ましい方向へ誘引する。自己規律においては、プリンシプルは市場参加者自身の規範意識や遵法精神を実質のあるものに変化させ社会的広がりを持たせる。

　情報開示は、当局等によるルール制定や執行の妥当性・信頼性を市場に発信するプラットフォームであり、政策効果や市場のパフォーマンスをモニターするチャネルにもなる。市場規律においては、情報開示は市場参加者の合理的行動を通じて市場メカニズムが働くための大前提である。自己規律においては、情報開示が各主体の望ましい自主的行動が社会的に認知される枠組みを提供する。

　以上のように、ルールとプリンシプルと情報開示の三大栄養素はいずれも、当局規律、市場規律、自己規律という三つの規律づけチャネルそれぞれにおいて重要な役割を担っている。すなわち、資本市場における分権的な規律づけを実効性あるものにする上で、不可欠な構成要素となっている。

第5節　プリンシプルで何が変わるのか

　さて、上述した分権的規律づけのビジョンはどこが新しいのだろうか。一言で言えば、「ルール」と「情報開示」を中核とする伝統的な市場規制に、

第3章 資本市場の規律づけメカニズム

「プリンシプル」という援軍を送り込むという点である。そして、援軍として送り込まれる「プリンシプル」の有用性を明示的に位置づけていることである。

「ルール」+「情報開示」の世界

　伝統的に資本市場の規律づけはルール・ベースが基本であった。この基本は今後も維持されるだろう。すでに述べたように、多様かつ多数の市場参加者を律するには、誰にでも適用される共通のルールと、ルール違反への公平なペナルティの適用とで構成される体系が必須であるからである。また、ルールには多くの行為規制も含まれるが、排除すべき行為は具体的に規定されなければ混乱が生じる。市場参加者も、規範意識の強い者から弱い者まで様々な主体で構成されているという現実があり、規範意識の薄い者に対してはルールで対応するしかない。

　もちろん情報開示も、伝統的な規律づけに欠けてはならないものであったし、今後もそうあり続ける。例えば、有価証券の発行体によるタイムリーで真実を表した正確な情報開示は、合理的な投資判断の基礎であり、情報への公平なアクセスを含めて、市場の透明性を担保するものである。情報の非対称性は市場取引の随所で潜在的に存在するが、それを是正するメカニズムが存在することは、資本市場の信頼性の証しでもある。虚偽開示に対するペナルティが定められていることも、情報開示の重要性を示している。

　このように、情報開示の信頼性を前提としつつ、それとの組合わせで明解なルールが存在している制度的枠組みが、極めて重要であることに議論の余地はない。しかしルールのみに依拠した規制には第2章で紹介した弱点があり、その弱点を補完するとともに、全体としての規律づけの効率を高めるというニーズが意識されたわけである。

「プリンシプル」が付加された世界

　そのためにプリンシプルを併用していこう、というのが上述のビジョンである。プリンシプルの活用を明示的に取り込むことで、当局規律、市場規律、自己規律のそれぞれの働き方に、以下のようなプラスアルファの効果が生じ

る。

　第一に当局規律に関しては、まず当局等にプリンシプルの策定や周知という新しい仕事が加わる。しかしその効果として、市場参加者と当局等との間で分野ごとの規範を共有できるようになる。また規範意識の浸透により法令遵守の機運が高まり、ルール・ベースの規制の実効性も高まる。さらにプリンシプルは開示のあり方に言及することも多いため、開示制度の守備範囲が広がり、開示情報への需要が強まって開示制度の信頼性が高まることも期待できる。

　第二に市場規律に関しては、プリンシプルがその対象分野に関する適時適切な情報開示を促すケースも多いため、開示情報の内容が充実し、市場参加者の意識が高まる。またプリンシプルで掲げられた具体的な原則や規範が新しい評価軸を提供することになるため、それらの充足状況についての開示が加われば、市場による評価はより実効的なものになる。すなわち適法性の確認だけでなく、レピュテーションや定性的要因を含め、「望ましさ」を基準とした市場メカニズムが働くことになる。

　第三に自己規律に関しては、抽象的であった人々の規範意識が、プリンシプルの登場により分野ごとの具体的なものに変容し、より実務的に作用するようになる。また、「適法か違法か」というルール適合性の基準だけでなく、実態に即した「望ましいか望ましくないか」という評価基準が働くようになる。また投資判断を行なう投資者サイドにおいても、プリンシプルの対象である企業の市場行動や業務遂行を評価する際に、評価基準がより実質的なものに進化する。

　これらの期待される効果を、ルールと情報開示を中核とする従来の枠組みと対比しつつ、プリンシプルが付加された新しい枠組みにおける三つの規律づけチャネルごとに整理してみたのが、**図表 3-3** である。

分権的規律におけるプリンシプル

　「プリンシプル」の参画は今述べたような変化をもたらすとして、改めてプリンシプルは資本市場の規律づけに上手くフィットするだろうか。この設問に対する答えは、ルールとプリンシプルは、情報開示というインフラを介し

図表 3-3 プリンシプルが参画することの効果

規律づけチャネル	従来の枠組みでの作用 （ルール + 情報開示）	新しい枠組みで付加される作用 （ルール + 情報開示 + プリンシプル）	プリンシプル参画による付加価値
当局規律	・法令・ルールの制定と周知 ・違法行為の探知・特定・処罰 ・開示インフラの運用と開示ルールの執行（開示情報への公平なアクセス） ・開示義務違反の探知・特定・処罰	・プリンシプルの策定と周知を通じた規範意識の強化 ・プリンシプルの充足状況についての開示制度（comply or explain）の設定	・市場参加者と当局で規範を共有できる ・規範意識が浸透し、これが法令遵守の機運も高めてルール・ベース規制の実効性も高まる ・開示制度の守備範囲が広がり、開示情報への需要が高まって開示制度が充実する
市場規律	・適時適切で真実の情報開示 ・投資者の合理的な投資判断 ・公正・効率的な価格形成 ・市場メカニズムによる因果応報	・開示を求めるプリンシプルの存在 ・開示情報の充実（プリンシプルの各規範に沿った評価などの付加） ・適法性に加え「望ましさ」の基準による市場評価	・情報開示の重要性に対する意識が高まる ・プリンシプルの充足状況についての情報開示で、市場評価がより実効的なものになる ・レピュテーションや定性的要因を含め「望ましさ」を基準とした市場メカニズムが働く
自己規律	・遵法精神に基づく行動 ・ルール違反は自らの不利になるとの因果関係の認識 ・ルール違反の結末の認識	・分野ごとの具体的な「望ましさ」の基準を提供 ・「適法か否か」だけでなく「望ましいか否か」の意識を喚起	・実態に即した「望ましさ」の評価基準が働く ・抽象的だった人々の規範意識が、分野ごとにより具体的で実務的なものに進化する ・投資者など市場行動を評価する側でも、評価基準が多様化・高度化する

て役割分担しながら分権的規律に貢献する、と要約できよう。ルールとの協働によって、またルールと相互補完的に働くという意味において、プリンシプルは資本市場にフィットし、大きな役割を果たすし、現に果たしていると

言える。

　分権的規律においては、市場参加者一人一人の規範意識が不可欠である。そして、それが広く市場で共有されることによって、望ましい行動が周囲の肯定的評価を伴って促進され、その動きがさらに広がるという好循環が生み出される。プリンシプルは、市場参加者の抽象的・潜在的な規範感覚に具体的・明示的な表現を与え、それらを社会共通の規範として共有するよう促すものであるので、まさにこの好循環を通じて「自己規律」の実現と定着に貢献する。

　また市場においては、各市場参加者の合理的行動の集積が、価格メカニズムを通じて当事者に因果応報をもたらす。この因果応報に依拠している「市場規律」においても、プリンシプルは、市場参加者の合理的行動を支える判断の基準を補強し、その内容の収斂に貢献すると捉えることができる。

　このようにプリンシプルは、分権的規律づけのチャネルのうち特に「自己規律」と「市場規律」とに働きかけることを通じて、広く影響を及ぼす。プリンシプルが存在せずルールと情報開示のみに依存した規律づけでは、当局等によるルールの執行の負担は重くなり、自己規律に基づく自主的・持続的な努力に多くを期待できないため、全体としての規律づけの効率は低下すると考えられる。

第6節　プリンシプルの実効性

　以上のように、分権的規律の中でプリンシプルの果たす役割は大きい。さて、分権的規律の三大栄養素のうちルールと情報開示は、資本市場を律する要素として以前より認識され活用されてきた。法令の制定・改正や開示インフラの整備も行なわれてきた。この二つに基づいて、これまでも現在も、例えば不公正取引が探知され特定されて罰則が適用されてきたし、上場会社の虚偽開示が解明されて是正され処罰されている。

　他方プリンシプルは、わが国では比較的新しい規律づけ手法であり、現在も発展途上にある。そこで、それがどのように実効的な規律づけに寄与する

のか、またどのような工夫をすればその実効性が高まるのかについて、ここで若干の考察を試みたい[2]。

コンプライ・オア・エクスプレイン

　策定ないし合意されたプリンシプルについて、対象となる当事者にその遵守や尊重を促す仕組みとして、最も標準的な手法がコンプライ・オア・エクスプレイン（comply or explain）という仕組みである。プリンシプルで示された規範項目について、当事者が「遵守するか、そうでなければ説明するか」を選択する仕組みである。一律に遵守を強要するのではなく、当事者に遵守するか否かの選択の自由を与えつつ、遵守しない場合にはその理由を明らかにすることを求めるスキームである。またその選択の結果と理由の説明を、各当事者において開示することが求められる。

　この手法は、各当事者の自主的な判断を尊重するとともに、当事者自身の状況に即して自らの頭で考えることを促し、規範の意義と利益を深く理解してもらうことをねらっているとも言える。同時に、すべての当事者がすべての規範項目に一律に従うことが、個別当事者にとっても、社会的にも最良の結果をもたらすとは限らない可能性を意識したスキームになっている。各当事者を取り巻く環境条件が様々であり、一般的には好ましい対応が、個別の条件の下では実行困難であったり、かえって好ましくない結果をもたらしたりするかもしれないことに配慮しているとも言える。

　上述した分権的規律のメカニズムの文脈で考えてみると、この「遵守か説明か」のスキームは、情報開示を前提に、「自己規律」と「市場規律」の協働的作用によってプリンシプルの実効性を高めることをねらっているものとも言える。各当事者は、規範項目に適合するかしないかを判断する過程で、その意味を考えるので、規範への理解が深まり意識が高まることになる。このプロセスを通じて多様な当事者の間で規範意識が共有され、収斂していくことになる。つまり「自己規律」を高める場を提供しているのである。また

---

[2] ▶ この問題設定は、池田唯一「コード・原則の策定を通じた市場規律の確保」（青山学院大学大学院会計プロフェッション研究学会『会計プロフェッション』第13号、2018年3月）の問題意識と軌を一にしており、本節の記述の一部はこれを参考としている。

各当事者の判断結果は、情報開示を通じて市場に晒されるため、それ自体が各当事者に緊張感をもたらすとともに、開示内容に対する市場での評価を通じて当事者への規律づけ効果が生じる。つまり「市場規律」が作用する場を形成している。

　わが国においては、資本市場における重要な規範として、コーポレートガバナンス・コード（2015年策定・18年改訂）とスチュワードシップ・コード（2014年策定・17年改訂）が定められている。両コードはいずれもプリンシプル・ベースである。また、実効性を高めるための仕組みとしてコンプライ・オア・エクスプレインの手法が用いられる点も共通している。前者についてはすべての上場会社が、取引所へ提出する「コーポレート・ガバナンスに関する報告書」（以下、CG報告書）という形で、各社の対応を開示し表明する制度になっている。

　実はこの際、「すべての項目でcomplyしているのがガバナンス優良企業だ」とか、「explainよりcomplyの方が優れている」とか、といった誤解や先入観が蔓延することのないよう祈りたい。またexplainのし方も金太郎飴のような紋切型ではなく、各社がそれぞれの状況に即してベストの選択をしていることを雄弁に語るのが望ましい。なぜなら両コードの趣旨は、原則への形式的・表面的な適合ではなく、各経営者が自ら深く考え選択することだからである。中核的な規範への共鳴を求めつつも、最終目標に至る道筋には一定の多様性を認めるのがプリンシプルである。

　なお、わが国資本市場における重要な規範としては、上記二つのコードに加えて、「監査法人の組織的な運営に関する原則」（監査法人のガバナンス・コード）（2017年）と「顧客本位の業務運営に関する原則」（2017年）が存在している。この二つもコンプライ・オア・エクスプレイン方式を採用している。さらに後者は、原則に適合している場合でも対応方針や取組み状況の公表を求めており、さらに進んだコンプライ・アンド・エクスプレイン（comply and explain）とも呼べるようなスキームになっている。

プリンシプルと情報開示

　お気づきのようにコンプライ・オア・エクスプレインによる規律づけの仕

組みは、情報開示が大前提となっている。プリンシプルへの適合状況を適用対象の当事者が自ら評価し、その結果を公にすることが義務づけられているのである。しかし実は情報開示は、コンプライ・オア・エクスプレイン方式を採用しているものに限らず、より広範な分野でプリンシプルの実効性を高めるため重要な役割を担うことができる。上で述べたように、情報開示は、一方で自己評価を行なう当事者に緊張感を与え、他方で市場での評価を経て価格メカニズムが働くことにより、規範尊重のインセンティブを付与する。

　この効果は、開示内容がコンプライ・オア・エクスプレインの方式によらず、定性的な記述を中心とした方式になっている場合でも同様であろう。もし開示が制度的に義務づけられていれば、その効果はより確実なものになる。しかしそうでない場合においても、例えば、ある当事者が自主的な開示を行ない、そのベスト・プラクティスが連鎖していくような場合には、同様の効果が期待できよう。

　制度的に開示が義務づけられているケースとしては、有価証券報告書における経営方針の記述（management commentary[3]を含む）やリスク情報の開示などがある。また義務となっていないケースとしては、統合報告書（integrated reporting）における経営戦略等への言及やESGへのコミットメントなどが思い浮かぶ。

　日本取引所自主規制法人が策定した三つのプリンシプル、すなわち「エクイティ・ファイナンスのプリンシプル」（第5章参照）、「不祥事対応のプリンシプル」（第6章参照）、「不祥事予防のプリンシプル」（第7章参照）は、いずれも、コンプライ・オア・エクスプレインの方式を採用しておらず、また遵守状況についての定期的な開示も義務づけていない。

　ただし、「エクイティ・ファイナンスのプリンシプル」に関しては、上場会社がエクイティ・ファイナンスを行なう際には有価証券届出書の提出と適時開示が原則義務づけられ、プリンシプルと共通する観点での説明が相応に求められることになるため、イベント発生時における開示は担保されていると言える。

---

[3] ► 財務諸表の読者に、より広い財務関連情報を（数字だけでなく）言葉で述べるもの。

また、上場会社の不祥事が発覚した場合には一般的に、どのような事実解明と原因究明を行ない、どのような再発防止策を講じたかを発表することになる。損失の発生を伴うなど、上場規則に基づく適時開示が求められるケースに該当することも多い。いずれにせよ、開示の段階で「不祥事対応のプリンシプル」の遵守状況は結果的に明らかとなる。当事者たる企業が自主的に遵守状況を明かすケースもあるし、それを避けるケースもあるが、ここでもイベント発生時における開示はある程度は行なわれることになる[4]。
　三つ目の「不祥事予防のプリンシプル」は、前の二つと異なり、イベント対応型でなく定期的な報告にも馴染む内容と言える。このプリンシプルについては、決定に先立って行なわれたパブリック・コメントの手続きにおいて、「コンプライ・オア・エクスプレインの方式を取るのか」との趣旨の質問が寄せられた。実はこのプリンシプルは、コンプライ・オア・エクスプレインの手法を採用するコーポレートガバナンス・コードとも内容面の接点が多く、その意味からも重要なポイントであった。今回は、開示のあり方を含め将来における検討課題であると位置づけられたが、実効性向上の有力な選択肢として念頭に置いておくべきであろう。

実効的なモニタリング

　情報開示が大きな効果を持つためには、開示された情報を用いる側の読者において、的確な分析・評価を行ない積極的なアクションを起こすことが重要となる。これにより開示者は規範遵守への強いインセンティブを与えられる。このような活動を開示者に対するモニタリングと呼べば、実はプリンシプルごとにモニタリングを担うべき中核的な主体が存在する。
　コーポレートガバナンス・コードについては、投資先の上場会社が公表したCG報告書をよく吟味し、当該企業のパフォーマンス向上に向けて建設的な対話を行なうことが、機関投資家に期待されている。その機関投資家を律するスチュワードシップ・コードでは、運用を委託している年金基金等のア

---

[4] ▶ 事実解明等のために第三者委員会が設置される場合には、その報告書が公表されることも多い。また当該報告書の質を評価する任意組織の「第三者委員会報告書格付け委員会」も存在する（第6章第4節参照）。

第3章 資本市場の規律づけメカニズム

セット・オーナーが、運用を受託している機関投資家のスチュワードシップ活動をモニタリングすることが求められている。

「監査法人のガバナンス・コード」では、上場会社の監査役や監査委員が、監査報告書の作成や監査人の選任議案を決定する過程で、監査法人に対するモニタリングの役割を担うことになると想定される[5]。本来は、外部監査を経て提出された有価証券報告書の読者である投資者が監査の質をチェックする立場にあるとも言えるが、平時においては難しい作業であろう。ただ、少なくとも、事後的に不正会計等が発覚した場合には、投資者も監査人のパフォーマンスに問題がなかったかどうかを吟味すべき立場に立つと言える。また監査法人に対しては、金融庁の公認会計士・監査審査会が最終的な目付け役として存在しており、虚偽記載等が発覚した場合にはその任務はさらに重要性を帯びる。

「顧客本位の業務運営に関する原則」が律するのは、個人・法人に金融サービスを提供する金融事業者であるので、本来的には顧客である個人・法人によるモニタリングが期待されている。金融事業者には、顧客本位の業務運営を実現するための明確な方針を策定・公表し、その取組み状況を公表することが求められており、それを顧客である個人・法人が吟味することになる。しかし、例えばリテール顧客一人一人がその作業を行なって様々な金融事業者を評価することは現実的ではないとも言えるので、例えば「顧客本位度」を評価する専門家やシンクタンクの存在が重要になるだろう。最終的には、このプリンシプルを策定した金融庁自身がモニタリングを行なえば、その効果は大であろう。

ここまで述べたようなモニタリング活動においては、開示内容の質の吟味も重要である。例えば、CG報告書において、開示者である上場会社がcomplyと記載している項目については、通常どのようにcomplyしているか、どの程度complyしているかの説明はない。実態は玉石混交であると考えら

---

[5] ► コーポレートガバナンス・コード補充原則3-2①においては、監査役会の行なうべき対応として「外部会計監査人候補を適切に選定し外部会計監査人を適切に評価するための基準の策定」が挙げられている。監査役会が当該基準の策定・運用をするに当たり、監査法人のガバナンス・コードはモニタリングの重要な視点を提供することとなる。

れ、高い自己規律をもって判断をしている場合もあれば、自社に甘い判断となっている場合も含まれるであろう。少なくとも明らかな虚偽の報告は是正されるべきことが当然であるが、そうでない場合におけるこのバラツキは課題として残る。その意味では、将来的に、項目によってコンプライ・アンド・エクスプレイン（遵守している場合にもその遵守状況を具体的に説明する）の方式を適用することも、可能性として排除すべきではないだろう。

ベスト・プラクティスの連鎖

　さてコンプライ・オア・エクスプレインのスキームを伴わず、かつ制度的な情報開示も組み込まれていないプリンシプルについては、その実効性を高めるためにどのような工夫が考えられるだろうか。本書の後半で取り上げる「エクイティ・ファイナンスのプリンシプル」「上場会社における不祥事対応のプリンシプル」「上場会社における不祥事予防のプリンシプル」などは、そのような例である。

　一つの方策は、自己規律の作用に期待することである。ガバナンスに対する意識の高い上場会社の中には、株主・投資者とのコミュニケーションを重視する視点から、義務的な開示を超えて積極的な情報発信に努める企業も多く存在する。例えば、「上場会社における不祥事予防のプリンシプル」については、不祥事を予防するために日頃から行なっている取組みを会社のアニュアル・レポート等で公表する、といった対応も考えられる[6]。このような積極的な情報開示の取組みが知られるようになれば、それが肯定的に評価されて他の会社もそれに倣うという連鎖が起き、当該プリンシプルへの関心が広がっていく可能性は十分にあるだろう。

　対照的に、不祥事を起こした上場会社の事後対応が杜撰である場合に、「不祥事対応のプリンシプル」を全く参照していなかった、といった事実が謝罪会見等で明らかにされるようになれば、これを「他山の石」として学ぶ企業も出てくるかもしれない。

---

[6] ▶ 具体的な事例については第7章第4節を参照のこと。

規範意識の共有とレピュテーション

　プリンシプルが実効性を持つか否かはまず、そこに盛り込まれた規範や原則が関係者の間で真摯に共有されているか否かによる。その上で、適用対象となっている当事者における規範や原則の遵守状況が、ある程度客観的に判定できることも重要である。その判定結果によって、自らの行動やステークホルダーの行動が影響を受け、自らの利益ないし不利益につながるという因果関係の存在も大きな要素であろう。規範の遵守状況の優劣がマス・メディアの報道等を通じて、広く世の中に知れわたり、レピュテーション（評判）が形成されるという流れも、それを後押しする。

　第2章第5節で紹介したESG投資の考え方は、これを一つのプリンシプルと捉えることができれば、プリンシプル一般の実効性を考える上で示唆に富む。国際連合という一定の権威を持った機関のイニシアティブによって、責任ある機関投資家の間で国境を越えて広く規範の共有が進んだ。環境破壊や人権侵害の有無など、その遵守状況が比較的判定しやすい規範項目で構成されていることもあり、判定結果は投資判断という具体的なアクションに盛り込みやすい。また判定結果が報道されることを通じて、投資対象企業のレピュテーションに影響が及ぶため、対象企業を規範遵守に方向づける説得力はさらに高まる。

　ESG投資の例から学べば、以下のポイントがプリンシプルの実効性を高めることになる。第一に、社会において尊重されるべき共通の価値を抽出し、それを理解可能かつメッセージ性の高い規範集として編纂すること。第二に、規範への適合状況の評価や判定が行なわれ関係者に周知されること。第三に、その評価や判定がステークホルダーの具体的行動や適用対象主体のレピュテーションに結びつくこと。そして第四に、それらの因果関係が、規範の適用対象となっている主体に明確に意識されること、である。

当局等によるインセンティブ付与

　プリンシプルの活用を促す方策として、当局の対応や自主規制機関の措置の実施によってインセンティブを付与することも考えられる。行政処分等を下す際に、処分対象者がプリンシプルの実践に努めていたか否かを、措置内

容に反映させることを予め宣言しておく、といった手法も一つである。
　わが国のプリンシプルは法的強制力を持つ規範ではないので、対象者において仮に規範への充足度が低い場合であっても、法令・規則上の根拠なしに不利益処分等が行なわれることはない。その上で、むしろ、プリンシプルに沿った自主的な取組みの実績が、処分内容・措置内容を検討する際の「軽減事由」として考慮される、という因果関係が明らかにされていれば、プリンシプルを活用する動機づけにつながるだろう。
　第4章で紹介する「金融上の行政処分について」（2007年3月金融庁策定）は、「金融サービス業におけるプリンシプル」の策定・合意に合わせて2008年4月に改訂され、そのような考慮事項が明示的に織り込まれた。「金融上の行政処分について」では、まず基本原則として「法令に照らして、利用者保護や市場の公正性確保に重大な問題が発生しているという事実が客観的に確認されれば、厳正かつ適切な処分を行っている」ことを確認した上で、処分内容の判断に際しての考慮事項として「軽減事由」を明記している。すなわち、「行政による対応に先行して、金融機関自身が自主的に利用者保護のために所要の対応に取り組んでいる、といった軽減事由があるか。特に、金融機関が、行政当局と共有されたプリンシプルに基づき、自主的な対応を的確に行っている場合は、軽減事由として考慮するものとする。」と記述してインセンティブの付与を行なっている。
　一方、日本取引所自主規制法人策定の「エクイティ・ファイナンスのプリンシプル」（第5章）や「不祥事対応のプリンシプル」（第6章）においては、プリンシプル本体にも上場規則にもそのような明示的な記述はない。取引所による上場や不利益措置等の審査はあくまで上場規則に基づいて行なわれる。ただし、現実の審査業務においては、プリンシプルの充足状況が結果的に判断に影響を及ぼしているとも言える。例えば、上場会社がライツ・オファリング[7]による増資を計画した場合には、ライツの上場を認めるか否かの審査プロセスにおいて、投資者保護や株主間平等などのプリンシプル項目[8]の充足度がチェックされる。また開示違反等の不祥事を起こした上場会社に対し

---

[7] ► 第5章第1節を参照。

て上場管理上の措置等を検討するプロセスにおいても、不祥事の原因究明や再発防止など、プリンシプルに沿った対応が自主的かつ適切に行なわれているか否かがチェックされる。こういった実務上のオペレーションは、上場規則（審査基準）の理念とプリンシプルの趣旨が基本的に一致していることからすれば、当然のこととも言える。この点も含めて、プリンシプルの活用によりベスト・プラクティスを目指すことが、結果として（いわばミニマム・スタンダードでもある）上場規則の要請を満たすことにつながるケースがある、ということはもっと広く知られてよいはずである。

パブリック・コメントのプロセス

　プリンシプルの実効性を高める上で、パブリック・コメントのプロセスも重要な意味を持つことに触れておきたい。これは、内容を確定する前にプリンシプルの草案を公開し、広く一般の意見を募る手続きである。策定者は、寄せられた意見を吟味した上で、あるものはプリンシプルの内容に反映させ、あるものは将来に向けた課題として認識し、あるものは理由を付して原案を維持する判断をする。これら策定者の判断も、通常は最終案の確定とともに公表される。

　このプロセスは、策定者の側で気づいていなかった論点を補えることもあり、より良いプリンシプルを策定する上で建設的である。また策定者の側に一定の緊張感ももたらし、より深い思考を促す。

　加えてさらに重要なのは、このプロセスが、出来上がったプリンシプルの実効性を高めることである。策定の途上でいわば公開の意見交換が行なわれることは、市場関係者の注目を惹き、当該テーマが重要なイッシューとなっていることについて周知が図られる効果がある。また直接の対象と想定される関係者に加えその他の市場関係者が広く策定過程に関与することは、彼らの当事者意識を高めることにつながり、その後の実務にプリンシプルが活用される蓋然性が高まる。日本取引所自主規制法人が策定した三つのプリンシプルについては、パブリック・コメントの手続きで弁護士、公認会計士など

---

8 ▶ これらは、その内容において上場基準にある「公益又は投資者保護」とも重なる部分もある。

多くの市場関係者から真摯な意見が寄せられ、上述の手順が踏まれた。これらの方々のプロフェッショナルな職務遂行の中で、当事者意識が発揮され上述の効果が生じることが期待される。

第3章の参考文献
　池田唯一「コード・原則の策定を通じた市場規律の確保」青山学院大学大学院会計プロフェッション研究学会『会計プロフェッション』第13号（2018年3月）

第4章

プリンシプル方式の広がり

　プリンシプル・ベースの規律づけは、これまで概念としてあまり馴染みがなかった面もあるが、全く新しい特異なアプローチというわけではない。プリンシプル・ベース（ないしはプリンシプル準拠）という括りで捉えれば、現にわが国においてもその採用は着実に広がりつつある。そのことを実感するため本章では、わが国において進行しているプリンシプル策定の一連の動きを、その実績とともに振り返る（第1節〜第4節）。また、策定されたプリンシプルの相互関係や役割分担を資本市場における規律づけという視点から整理し、それらが大きなネットワークを形成しているとの見方を提示する（第5節）。

第1節　プリンシプルの黎明期

　プリンシプルという概念を明示的には意識していなかったものの、それと同様の効果を有する規範の取りまとめや制度化は、金融分野ではすでに2000年代央からその事例が出始めていた。

金融上の行政処分の考え方

　行政処分の妥当性と公平性は、処分を下す当局が常に配意し保持すべき前提であり、それが崩れれば行政への信頼を失いかねない。この基本認識に立って金融庁は2007年3月に、「金融上の行政処分について」を定め公表した[1]。金融行政が透明かつ公正であるべきことを大前提とし、利用者保護と市場の公正性確保のため必要なルールの整備と適切な運用に努めることを宣

言するとともに、行政処分の公正性・透明性の確保のため基本方針として以下を掲げている。

すなわち第一に、検査監督上の着眼点や行政処分に関する事務の流れを予め指針やガイドラインで定め周知すること、またノーアクションレター制度[2]により新規事業等の不確実性除去に協力することなど、透明性の確保に努めること。第二に、行政処分に当たっては、聴聞又は弁明の機会の付与を行なうなど、デュープロセスを遵守すること。第三に、非公表とすべき合理的な理由がある場合を除き、実施した行政処分については事実関係や根拠法令を含め公表するなど、透明性を確保し予測可能性を高めること。さらに、過去の処分事例等を勘案し、個別事例の間で公平性を欠くことがないようチェックする態勢にも言及している。

行政処分の内容や軽重の吟味に関しては、（1）当該行為の重大性・悪質性、（2）当該行為の背景となった経営管理態勢及び業務運営態勢の適切性、（3）軽減事由、の三つの着眼点ないし確認項目を示している。

（1）に関してはさらに、①公益侵害の程度、②利用者被害の程度、③行為自体の悪質性、④当該行為が行なわれた期間や反復性、⑤故意性の有無、⑥組織性の有無、⑦隠蔽の有無、⑧反社会的勢力との関与の有無、などの検証項目を具体的に明らかにしている。

同様に（2）に関しては、①代表取締役や取締役会の法令等遵守に関する認識や取組みの十分性、②内部監査部門の体制と機能発揮の十分性、③コンプライアンス部門やリスク管理部門の体制と機能発揮の十分性、④業務担当者の法令等遵守に関する認識の十分性と社内教育の状況、という検証項目を示している。

さらに（3）の軽減事由として、行政対応に先行して自主的な改善努力を行なっているか、特に行政当局と共有されたプリンシプルに沿った自主的な対応を的確に行なっているか、という着眼点を明示している。最後の点は2008年4月の改訂で追加されたものであり、第3章末尾のプリンシプルの

---

[1] ► https://www.fsa.go.jp/common/law/guide/syobun.html
[2] ► 新しい事業や特定の行為が法令に抵触するかどうかを、事前に所管官庁に問い合わせ確認する手続き。法令適用事前確認手続とも呼ばれる。

第4章
プリンシプル方式の広がり

実効性向上策の議論で言及した「金融サービス業のプリンシプル」(2008年4月)を念頭に置いている。当該プリンシプルの実効性を高めることを意識して挿入した記述である。

この「金融上の行政処分について」をプリンシプルと捉えることができるかについては議論の余地があるだろうが、プリンシプル的な要素を帯びていることは確かである。実現すべき目標と実務上の主要な着眼点を明示した上で、行動原則として定め公表しているからである。ただし、仮にこれをプリンシプルと捉えると、かなりユニークな使われ方と言うことができる。(以下の記述は、この「金融上の行政処分について」をプリンシプルと想定した上での議論である。)

第一は、規制当局が自らの行動を律するために規範を策定していることであり、その一義的な目標は、行政対応の公正性・透明性を確かなものとし、もって行政への信頼を高めることにあったことである。プリンシプルによって律せられる対象が策定者自身であり、策定者自身(当局)の信頼性向上を目的としていることは大きな特徴である。

第二に、プリンシプルによって律しようとしている行政対応は、規制対象業者の不適切行為に対する不利益処分や是正措置を講じるプロセスであるため、当局のアクションについて予見可能性を高める。規制を受ける側から見て行政対応の一貫性が担保され予見可能性が高まることは、行政への信頼を高めることにつながるのであり、このことも策定の意図に含まれていたと解するのが常識的であろう。

第三に、行政処分の内容や軽重の吟味を行なう際の着眼点が、ある程度具体的に公表されているため、それが規制対象である金融業のビジネス行動に間接的に影響を及ぼすことも確実であろう。悪質性の程度と処分内容がリンクすることが示されている上述の着眼点を読めば、公共の利益に著しく反するビジネスを、故意に、組織だって、かつ継続的に行なうような行動に対しては、強い抑止効果が及ぶだろう。つまりこのプリンシプルは、個別に直接の適用対象とはなっていない金融サービス業者に対しても、間接的にその行動を規律づけることになる。

「証券会社の市場仲介機能等に関する懇談会　論点整理」

　2006年6月に「証券会社の市場仲介機能等に関する懇談会　論点整理」が取りまとめられた[3]。これは、金融庁が同年3月に発足させた「証券会社の市場仲介機能等に関する懇談会」（座長：岩原紳作東京大学教授〈当時〉）が、3カ月の議論を経て論点整理として公表したものである。当時、証券会社による大規模誤発注、新興市場でのベンチャー企業の上場をめぐる問題、MSCB（株式への転換価格が変動する転換社債）をめぐる問題などが相次いだのを受け、この懇談会は、証券会社の業務運営について業界共通の横断的な問題が潜在していないかとの問題意識の下、設けられたものである。

　証券会社は、営利企業たるプレイヤーとして証券市場に参画するが、同時に市場仲介者としての重要な機能を担っており、そこには高い公共性が付随している。証券会社は、投資者が有価証券に投資する際に、売買の注文を取引所に取り次いだり、投資者の有価証券や資金の管理を行なったりしている。また企業（発行体）が有価証券を発行して資金調達をする際に、投資者との間に入って、発行される有価証券の引受けや販売を行なっている。このように証券会社は、投資者と有価証券の発行者とを仲介する公共的な役割を担っており、したがって市場プレイヤーとしての業務もその公共性とマッチした高い規律の下で健全に執行される必要がある[4]。この論点整理は、そのような市場仲介機能に着目し、証券界の実情に即して問題点を抽出し、改善の方向性を示したものである。

　具体的には、業務オペレーションの信頼性の向上（誤発注の防止体制の整備等）、発行体に対するチェック機能の発揮（新興企業上場や増資に関する審査体制の強化等）、投資者による不公正取引に対するチェック機能の発揮（売買審査機能の強化等）、市場プレイヤーとしての自己規律の維持（倫理規定の整備等）、といった点が重点的に検討されている[5]。

　この「論点整理」を受けて、自主規制機関としての日本証券業協会は、関係各団体との協議や連携を行なうとともに、分野ごとに自主規制ルールの設

---

[3] ► https://www.fsa.go.jp/singi/mdth_kon/20060630.html
[4] ► 市場仲介者としての証券会社の重要性については第3章第1節も参照。

第4章 プリンシプル方式の広がり

定やインフラ整備などに取り組み、論点整理の翌々年2008年4月に「証券会社の市場仲介機能等の充実・強化及び適切な発揮に向けた本協会の対応状況」を公表して、取組み状況をまとめている。MSCB の取扱いのルール化や有価証券の引受け等に関するルール改正など、重要な成果もここに含まれている。

この「論点整理」はその実質において、プリンシプルの性格を備えていた。ある業界に共通の横断的な問題が顕在化した状況で、そこでの基本問題を抽出し、それらに適用されるべき規範を確認して、具体的な解決を方向づける役割を担ったからである。

この事例は、つぎのような特徴も持っている。第一に、行政当局がプリンシプル・ベースで改善の方向を明示したことを受けて、それを具体化するため、よりビジネスの現場に近い自主規制機関が実務的な自主規制ルールを策定して実施に移したことである。すなわち行政当局と自主規制機関の連携と協働の好事例と言える。第二に、実務上のルールは曖昧さを最小化するためルール・ベースであるが、個々のルールを方向づけ、位置づけているより高位の規範が存在し、それに沿ってルールが策定されていることである。すなわち、ルールとプリンシプルの組合わせにより政策目的を実現しているケースと捉えることができる。

---

5 ▶ 各論点と個別の課題については、つぎのとおり。
(1) 市場仲介者としてのオペレーションの信頼性の向上…①誤発注の再発防止、②信用取引の担保掛目、③システム管理のあり方、④BCP(業務継続計画)への取組み
(2) 発行体に対する証券会社のチェック機能の発揮…①引受け等の審査の強化(新興企業の上場主幹事業務における質の向上と審査項目の拡充、第三者割当増資や MSCB を含む私募 CB 等に係る投資者保護に留意した商品設計・商品説明・情報開示、引受け等の審査体制の強化など)、②適切な発行条件の設定(仮条件設定やブックビルディングについての具体的基準の設定)、③引受人と監査人の協調・連携など
(3) 投資家に対する証券会社のチェック機能の発揮…①相場操縦に対するチェックの実効性向上、②インサイダー取引の防止に向けた基盤の整備や手続きの明確化、③顧客の本人確認と原始委託者の把握、④顧客による不公正取引防止のための内部管理態勢、⑤大量保有報告制度の実効性向上など
(4) 市場プレイヤーとしての証券会社の自己規律の維持…①倫理規定の整備、②社内規則や内部管理態勢の構築

内部統制報告制度

　この制度は、2006年6月に成立した金商法によって導入され、2008年4月以降に開始する事業年度から適用された。背景には、ディスクロージャーをめぐる不祥事が相次ぎ、上場会社の財務報告への信頼性が揺らいだことがある[6]。有価証券報告書等の適正性を確かならしめるため、財務報告に関する内部統制について、経営者がその有効性を評価し、その評価を公認会計士・監査法人の監査の対象とした上で、「内部統制報告書」の形で提出することを義務づけている[7]。

　内部統制報告制度も、プリンシプル的な要素を含んでいる。各企業が内部統制を整備し運用する指針として「内部統制基準」と「内部統制実施基準」が定められているが、実は各経営者に委ねられている部分も大きい。各上場会社が、自社の事業内容、事業規模、リスクを評価し、自社を取り巻く事業環境も加味して、自社の組織に適した内部統制を構築し運用することが求められているのであり、形式的に一律の対応を求めるものではない。経営者が自らの頭で考え、最良の結果を出すよう創意工夫することが含意されている。制度の目的は、内部統制上の重要な欠陥を早期に発見して是正することであり、重要な業務の重要なリスクに光を当て、経営資源の制約と問題の優先順位も踏まえた効果的な対応が期待されている、とも言えよう。内部統制の評価結果が低くても、それだけで直ちに上場廃止や罰則適用には至らない仕組みにもなっている。

　制度自体は法令に直接根拠を持ち、定期的な開示と監査人の監査も義務づけられ、虚偽記載に対する罰則も規定されているため、本制度はルール・ベースに近い性格も併せ持つ。他方、各上場会社における運用と評価は、その自助努力に委ねられている部分が大きく、また制度の着実な運用が自社の経営管理と業務執行に寄与することも事実である。要するに、望ましい方向へ

---

6 ► エンロン、ワールドコムなどの巨額粉飾事件が起きた米国では、2002年にサーベンス・オクスリー法（通称SOX法）が成立し、財務報告に係る内部統制について経営者による評価と公認会計士等による監査が義務づけられた。
7 ► 内部統制の評価等については金商法第24条の4の4、内部統制監査については金商法第193条の2第2項を参照。

の各社の創意工夫を促すという意味で、本制度がプリンシプル的な側面を持つと言えるのである。

第2節 明示的なプリンシプルの登場

ベター・レギュレーション

　2007年夏に金融庁は、「ベター・レギュレーション」の取組みをスタートさせ、その柱の一つとして「ルール・ベースの監督とプリンシプル・ベースの監督の最適な組合せ」という考え方を打ち出した[8]。

　当時、公式にはルール準拠を中心として行なわれてきた金融行政について、ルール一本やりの手法ではカバーしきれないケースや効果的でないケースについての問題意識も高まっていた。つまりルール準拠の弱点である。第2章で述べたように、ルールとプリンシプルは、それぞれ長所と短所を持っている。そこで、両者を上手く組み合わせることにより、金融行政の実効性と効率性を高められる道がないか、という趣旨でスタートした。ルール準拠からプリンシプル準拠へシフトするということではなく、（役割分担や同時利用を含め）両者を相互補完的に活用することがベター・レギュレーションのねらいである。

　実は、広い意味でプリンシプルに該当すると思われる原則や規範は、既存の法令やガイドラインのあちこちに散りばめられている。例えば、金融サービスの利用者の保護、金融機関における業務運営の適切性と財務の健全性の維持、市場における公正な取引と公正な価格形成、などである。金融業における経営管理、リスク管理、法令遵守等についての記述もある。しかし、これらがこのように散在しているままでは、メッセージ性に欠けるとともに、それだけで実効的な規範性を有するものとはなりにくい。

　そこで、これらの原則に潜在的に意識されていた規範も加えて、分野ごとにより具体的な行動規範として抽出することによって、社会的な広がりを持

---

8 ▶ ベター・レギュレーションについては、第2章第2節も参照。

たせ共通の準則とすることが考えられた。これがプリンシプルである。実はプリンシプルにも、大原則から実施上の運用指針のようなものまで、ある程度の階層がある。ビジネスの現場に近いところで起きる問題に対し、実務的課題を整理し方向づけしていく仕事は、当局のみならず自主規制機関にとっても重要な役回りとなる。このことも当時から意識されていた。

金融サービス業におけるプリンシプル

その一環として 2008 年 4 月に金融業界と金融庁との間で合意された 14 項目が、「金融サービス業におけるプリンシプル」である[9]。具体的には、
- (1) 金融業の社会的役割の重要性とその責任を履行するための基本的心構えを述べた原則 1
- (2) 市場の透明性・公正性・効率性を高めるための市場参加者や市場仲介者の行動を方向づける原則 2 と原則 9
- (3) 金融サービスの利用者の保護を確かなものとするための原則 3〜原則 7
- (4) 金融機関の経営管理態勢の構築とガバナンス機能の発揮を謳っている原則 8
- (5) 金融機関の財務の健全性と適切なリスク管理の実践を掲げる原則 11 と原則 12
- (6) 反社会的勢力等への対応や大規模自然災害等の際の危機対応等を述べた原則 10 と原則 13
- (7) 規制当局との双方向の対話等を謳った原則 14

で構成されている。プリンシプル本体については、**図表 4-1** をご覧いただきたい。

このプリンシプルは、金融サービスの提供者が、利用者のニーズにマッチした良質な商品・サービスを提供できるよう、ビジネス環境・規制環境を改善していく努力、と捉えることもできる。その効果として、

①利用者にとっては、あらかじめ金融サービス提供者に期待できる行動や

---

[9] ► https://www.fsa.go.jp/news/19/20080418-2.html （巻末の資料 1 に掲載）

図表 4-1 金融サービス業におけるプリンシプル

1. 創意工夫をこらした自主的な取組みにより、利用者利便の向上や社会において期待されている役割を果たす。

2. 市場に参加するにあたっては、市場全体の機能を向上させ、透明性・公正性を確保するよう行動する。

3. 利用者の合理的な期待に応えるよう必要な注意を払い、誠実かつ職業的な注意深さをもって業務を行う。

4. 利用者の経済合理的な判断を可能とする情報やアドバイスをタイムリーに、かつ明確・公平に提供するよう注意を払う。

5. 利用者等からの相談や問い合わせに対し真摯に対応し、必要な情報の提供、アドバイス等を行うとともに金融知識の普及に努める。

6. 自身・グループと利用者の間、また、利用者とその他の利用者の間等の利益相反による弊害を防止する。

7. 利用者の資産について、その責任に応じて適切な管理を行う。

8. 財務の健全性、業務の適切性等を確保するため、必要な人員配置を含め、適切な経営管理態勢を構築し、実効的なガバナンス機能を発揮する。

9. 市場規律の発揮と経営の透明性を高めることの重要性に鑑み、適切な情報開示を行う。

10. 反社会的勢力との関係を遮断するなど金融犯罪等に利用されない態勢を構築する。

11. 自身のリスク特性を踏まえた健全な財務基盤を維持する。

12. 業務の規模・特性、リスクプロファイルに見合った適切なリスク管理を行う。

13. 市場で果たしている役割等に応じ、大規模災害その他不測の事態における対応策を確立する。

14. 当局の合理的な要請に対し誠実かつ正確な情報を提供する。また、当局との双方向の対話を含め意思疎通の円滑を図る。

(出所) 金融庁「金融サービス業におけるプリンシプル」(2008年4月18日)

期待すべき金融商品等の品質を理解することが容易になる
②金融サービス提供者にとっては、自己規律の拠り所が明確となり、環境変化に応じた機動的な判断が可能となって、ルールの解釈やベスト・プラクティスの拠り所となる
③規制当局にとっては、ルールの解釈や運用において実態に即した的確な行政対応が促され、金融業におけるイノベーションや活発な競争を妨げない規制環境を整備できる

などが期待された。

グローバル金融危機の影響

　2007年夏に金融庁がベター・レギュレーションの取組みを打ち出した頃、すでに米国等ではいわゆるサブプライム・ローン問題が徐々に顕在化しつつあった。時間の経過とともに証券化商品やCDS（クレジット・デフォルト・スワップ）が市場に広範に行き渡っている実態が認識されるとともに、市場価格の急変も手伝って問題が深刻さを増し、それらが象徴的に顕在化したのが2008年9月のリーマン・ショックであった。世界の規制当局は危機管理モードへのシフトを余儀なくされ、わが国の産業界もグローバル危機の余波を受けたことから、金融庁の行政リソースも危機対応の業務に多くを割かれることになった。

　このような状況の下で、2008年4月に策定された「金融サービス業のプリンシプル」については、策定後の周知・普及や効果の測定といったフォローアップが十分に行なわれなかったと言ってよいだろう。世の中の関心も、金融サービスの質の向上より、企業活動の継続や業績の改善、そして金融商品の市場価格の回復といったところに向いていった。この結果このプリンシプルは、金融規制当局では重要な着眼点として意識され続けたとしても、金融業界で真剣に参照され広範に共有される規範となったかどうかは疑わしい。プリンシプルの実効性を評価し測定する本格的な試みも行なわれなかった。

　しかしこうした経過の中で、2014年2月に日本版スチュワードシップ・コードが策定され、より本格的なプリンシプル準拠のスキームとして導入されたことは、このプリンシプル第1号の精神が混乱期を経てなお生き続けて

いた証しと受け止めてもよいかもしれない。

第3節　プリンシプル準拠の本格化

　わが国におけるプリンシプルの策定と運用は、スチュワードシップ・コードを皮切りに2014～18年の数年間に大きな進展を遂げた。この間に合わせて7本のプリンシプルが策定され、プリンシプル準拠の方式が定着に向けて前進した。その動きを実感するため、本節では金融庁が策定を主導した4本のプリンシプル（うち1本には東証も策定に参画）について概要を紹介し、つぎの第4節では日本取引所自主規制法人が策定した3本を紹介する。

スチュワードシップ・コード
　『「責任ある機関投資家」の諸原則《日本版スチュワードシップ・コード》～投資と対話を通じて企業の持続的成長を促すために～』が、2014年2月に金融庁を事務局とする有識者検討会において取りまとめられた。このコードは、機関投資家が「スチュワードシップ責任」を果たすに当たり有用と考えられる諸原則を定めている。ここで「スチュワードシップ責任」とは、機関投資家が、投資先企業やその事業環境等に関する深い理解に基づく建設的な「目的を持った対話」などを通じて、当該企業の企業価値の向上や持続的成長を促すことにより、「顧客・受益者」にとっての中長期的な投資リターンの拡大を図る責任である。

　本コードには七つの原則が掲げられている。すなわち、
　①スチュワードシップ責任を果たすための方針の策定と公表
　②利益相反の管理方針の策定と公表
　③投資先企業の状況の的確な把握
　④「目的を持った対話」を通じた認識の共有と問題の改善
　⑤議決権行使の方針と行使結果の公表についての方針の保有
　⑥スチュワードシップ責任の履行状況についての顧客・受益者への報告
　⑦投資先企業等に関する深い理解と適切な対話・判断のために必要となる

実力の保持を機関投資家に求めている。

なお本コードは 2017 年 5 月に改訂され、年金基金等アセットオーナーの役割の明確化、運用機関におけるガバナンス・利益相反管理の強化、個別の投資先企業・議案ごとの議決権行使結果の公表、などが追加的に掲げられることになった。上記七つの原則には変更がなく、これらの修正点はその下の指針で示されているため、改訂後のコードは七つの原則と 30 の指針で構成されている[10]。

コーポレートガバナンス・コード

続いて『コーポレートガバナンス・コード～会社の持続的な成長と中長期的な企業価値の向上のために～』が、2015 年 3 月に金融庁と東証を共同事務局とする有識者会議において取りまとめられ、同年 6 月に東証の上場規則に組み込まれた[11]。ここでコーポレート・ガバナンスとは、会社が、株主をはじめ顧客・従業員・地域社会等のステークホルダーの立場を踏まえた上で、持続可能な企業価値の向上のため、透明・公正かつ迅速・果断な意思決定を行なうための仕組み、を意味する。このコードは、実効的なコーポレート・ガバナンスの実現に資する主要な原則を取りまとめたものである。これらの原則は、各上場会社において持続的な成長と中長期的な企業価値向上のための自律的な対応を促し、当該会社、投資者、ひいては経済全体の発展にも寄与する、と位置付けられている。

なお本コードは 2018 年 6 月に改訂され、1）資本コストの把握を通じた果断な経営判断、戦略的・計画的な投資等、2）CEO の選任・解任手続きの強化、3）政策保有株式の縮減方針等についての開示内容の充実、4）企業年金によるアセットオーナーとしての機能発揮、などが盛り込まれた。

本コードは、5 つの基本原則と、31（改訂前は 30）の原則、そして 42（改

---

10 ▶ https://www.fsa.go.jp/singi/stewardship/index.html （巻末の資料 2 に掲載）
11 ▶ コーポレートガバナンス・コードは、名古屋証券取引所・札幌証券取引所・福岡証券取引所においてもそれぞれ規則化されている。なお、これ以降本書において取引所規則について触れる場合は、東証の規則を念頭に置いている。

訂前は 38）の補充原則で構成されており、基本原則としては、
　①株主の権利・平等性の確保
　②株主以外のステークホルダーとの適切な協働
　③適切な情報開示と透明性の確保
　④取締役会等の責務
　⑤株主との対話
を掲げている[12]。

車の両輪

　ここで、両コードに共通の特徴として、会社の持続的な成長と中長期的な企業価値の向上を目指している点が挙げられる。コーポレートガバナンス・コードは、会社の自律的な対応を通じて、またスチュワードシップ・コードは、受託者責任を意識した機関投資家による建設的な対話を通じて、その共通目標の実現に向けた努力を促す仕組みであり、両者が「車の両輪」と言われる所以である。

プリンシプルとしての両コード

　両コードはともにプリンシプル・ベースの枠組みを採用している。このことは、両コードで明示されており、以下にコーポレートガバナンス・コードの説明を引用しよう。
「プリンシプル・ベース・アプローチは、スチュワードシップ・コードにおいて既に採用されているものであるが、その意義は、一見、抽象的で大摑みな原則（プリンシプル）について、関係者がその趣旨・精神を確認し、互いに共有した上で、各自、自らの活動が、形式的な文言・記載ではなく、その趣旨・精神に照らして真に適切か否かを判断することにある。このため、本コードで使用されている用語についても、法令のように厳格な定義を置くのではなく、まずは株主等のステークホルダーに対する説明責任を負うそれぞれの会社が、本コードの趣旨・精神に照らして、適切に解釈することが想定

---

[12] ▶ https://www.jpx.co.jp/equities/listing/cg/index.html（巻末の資料 3 に掲載）

されている。」

　また両コードは、その実効性を高めるための仕組みとして、第3章で述べたコンプライ・オア・エクスプレイン（遵守するか、そうでなければ説明するか）の手法を採用している点においても、共通している。同様にコーポレートガバナンス・コードの該当箇所を引用しよう。

「本コードは、法令とは異なり法的拘束力を有する規範ではなく、その実施に当たっては、いわゆる『コンプライ・オア・エクスプレイン』（原則を実施するか、実施しない場合には、その理由を説明するか）の手法を採用している。すなわち、本コードの各原則の中に、自らの個別事情に照らして実施することが適切でないと考える原則があれば、それを『実施しない理由』を十分に説明することにより、一部の原則を実施しないことも想定している。」

　なお、両コードは、コードの採用（コンプライ・オア・エクスプレインの実施）が強制か否かという点において違いがある。コーポレートガバナンス・コードは、取引所の上場規則によって上場会社には（上述の意味での）採用が義務づけられているのに対し、スチュワードシップ・コードは、機関投資家においてコードを採用するか否かが任意となっている。ただし現実には、国内の大手運用機関はその殆どが採用を表明済みである。

　コンプライ・オア・エクスプレインの状況の公表は、上場会社では取引所に提出するCG報告書において、機関投資家では各社のHP等で「スチュワードシップ報告書」のような形で、いずれも最低年1回行なわれる。各原則等の充足状況について定期的な開示が求められ、それがコンプライ・オア・エクスプレインの方式で行なわれるという特徴は、両コードが本格的なプリンシプルとして捉えられる所以である。この二つのコードの導入により、わが国もプリンシプル・ベースの手法が本格的に活用される局面に入った、と評価することができよう。

監査法人のガバナンス・コード

　2010年代央から上場会社における会計不正等の事案が目立つようになり、外部監査の信頼性に対する疑念が生じた。その中で、監査の品質を低下させる要因の一つとして、監査法人の規模が大きくなり組織が複雑化する中でそ

れに見合った経営管理が構築されていないこと、が指摘された。この問題への対応の一つとして2017年3月に策定されたのが、「監査法人の組織的な運営に関する原則」（監査法人のガバナンス・コード）である[13]。

　五つの原則と22の指針で構成されており、原則では以下の5点が掲げられている。
　①監査法人はその公益的な役割を果たすため、自由闊達な議論等を通じて十分な能力を発揮すべきこと
　②実効的な組織運営を行なうために経営機関が適切に機能を発揮すべきこと
　③経営機関への監督・評価機能を確保し、そこに外部の第三者の知見を活用すべきこと
　④監査法人内・外との積極的な意見交換を行ない、監査品質の向上の取組みに資する人材育成、人事管理・評価を行なうべきこと
　⑤監査法人の取組みについて、外部への説明や積極的な意見交換を行なうなど透明性を確保すべきこと

　主として大手監査法人が念頭に置かれている内容と言える。また、原則の適用はプリンシプル・ベースであり、コンプライ・オア・エクスプレインの手法が用いられる。

顧客本位の業務運営に関する原則

　金融事業者が対価を得て金融サービスを提供する際に、顧客の利益を最大化するよう行動すべきことは当然であるが、往々にして、事業者自身の営業上の利益を最大化するために顧客利益を犠牲にするような行動も見受けられる。個人顧客への投資信託の販売に関し、自社に支払われる手数料を稼ぐため銘柄の不必要な買い替え（乗換え）を強く勧めるといった営業が広がり、結果的に顧客が損害を被るケースなどが散見された。このような問題も踏まえ、国民の安定的な資産形成を促すという目的に沿って、2017年3月に策

---

[13] ► https://www.fsa.go.jp/news/28/sonota/20170331_auditfirmgovernancecoad.html（巻末の資料4に掲載）

定されたのが、「顧客本位の業務運営に関する原則」である[14]。

これが、いわゆるフィデューシャリー・デューティ（受託者責任）[15]に関するプリンシプルである。このプリンシプルは、上述の「金融サービス業におけるプリンシプル」（2008年4月）について、顧客に対する金融事業者のフィデューシャリー・デューティに焦点を当て、関連する規範を再確認し、やや詳細に抽出して実務指針化したもの、と捉えることも可能であろう。そこでは、各金融事業者がより良い顧客サービスを自ら創意工夫し、ベスト・プラクティスを目指すことが強く意識されている。本原則は七つの原則と12の注釈とで構成されている。

七つの原則は、金融事業者に対し、概ね以下のような対応を求めている。
①顧客本位を実現するための明確な方針を策定・公表し、その取組み状況を定期的に公表する
②高度の専門性と職業倫理を保持し、誠実・公正な業務を行い、顧客の最善の利益を図る。またこれらが企業文化として定着するよう努める
③顧客との間の利益相反を適切に管理し、その具体的対応方針を予め策定する
④顧客が負担する手数料等を、どのサービスの対価かも含め、顧客に分かりやすく情報提供する
⑤顧客との情報の非対称性の存在を踏まえ、金融商品・サービスの販売・推奨等に係る重要情報を分かりやすく提供する
⑥顧客の資産状況、取引経験、知識及び取引目的・ニーズを把握し、それらに相応しい営業を行う
⑦上記①〜⑥の実現に資するよう報酬・業績評価体系や研修制度等、適切な動機づけの枠組みやガバナンス体制を整備する

また本原則においては、特に形式ではなく実質において顧客本位が実現す

---

[14] ► https://www.fsa.go.jp/policy/kokyakuhoni/kokyakuhoni.html（巻末の資料5に掲載）
[15] ► 受託者（fiduciary）が委託者ないし受益者に対して負っている責務（duty）。なお本「原則」の注記では、より広く「他者の信認に応えるべく一定の任務を遂行する者が負うべき幅広い様々な役割・責任」と捉える動きが紹介されている。金融事業者で言えば、利益相反を適切に管理し、説明責任を的確に履行するなどしつつ、顧客の利益の最大化を目指して業務を遂行すべきこと。

ることを重視してプリンシプル・ベースの方式が採用されている。この原則の特徴として、顧客本位を実現するための方針を策定・公表することに加え、その取組み状況を公表することが求められている、という点がある。その意味では、この原則を採択した事業者にとっては、コンプライ・アンド・エクスプレイン（comply and explain）の方式が適用されていると言うこともできよう。

第4節　自主規制機関によるプリンシプルの策定

自主規制機関がプリンシプルを策定する意義

　日本取引所自主規制法人は、資本市場における自主規制機関として、取引所市場の公正性・透明性を確保すべき任務を負っている。そして、㈱日本取引所グループ（JPX）にあって、東証と大阪取引所の開設する市場の自主規制業務を一手に担う立場にある[16]。具体的には、両取引所の上場審査、上場管理、売買審査、考査の各業務、そして各種違反行為等を未然防止するための活動を担っている。上場審査は、両市場への上場を希望する企業等の適格性を審査する業務、上場管理は、上場会社の情報開示や企業行動が上場規則に違反していないかを審査する業務、売買審査は、市場における相場操縦やインサイダー取引等の不公正取引を監視・審査する業務、そして考査は、取引所に注文を仲介する証券会社の業務の適正性を確保するための業務である。さらに、未然防止活動は、不公正取引や不適切な企業行動等の未然防止のため、セミナーの実施、研修講師の派遣、Eラーニング・コンテンツ作成等の業務を行なうものである。㈱日本取引所グループの組織については**図表4-2**を参照されたい。

　このような自主規制機関がプリンシプルを策定する意義は、以下の点にある。

　①取引所市場の現場に近いところに位置し、日々の動きを観察できる立場

---

16 ▶ 金商法上の自主規制機関と位置づけられている。（金商法第85条第1項）

図表4-2 日本取引所グループ（JPX）について

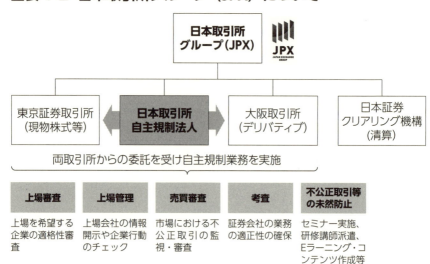

(注) 2019年3月末時点

にあるため、対処すべき具体的な課題を抽出し認識しやすい
②問題に対処するための具体的な処方箋を、実務的なガイドライン等の形で提案しやすい
③法律による場合は、立法府での審議やそもそも法律事項か否かの検討等が必要になる。政省令による場合もこれに準ずる手続きが必要となる。これに比べると自主規制機関はより機動的に動くことができ、認識された問題への比較的迅速な対応が可能となる
④プリンシプルの実効性を高める上で、上場審査や上場管理など取引所の日常業務とのシナジー効果を得やすい
⑤当局が策定するプリンシプルとの相互補完の関係になることもあり、相乗効果を発揮できる

現に㈱日本取引所グループでは、東証が前述のとおりコーポレートガバナンス・コードの策定に参画しているほか、日本取引所自主規制法人が、これまでに下記の三つのプリンシプルを策定している。これら三つについては、その内容を第5章～第7章でそれぞれ個別に詳述するが、続く第5節の議

論のため、ここでも概要を紹介しておきたい。

エクイティ・ファイナンスのプリンシプル
「エクイティ・ファイナンスのプリンシプル」は、2014年10月に、日本取引所自主規制法人において策定された（巻末の資料6に掲載）。背景には、株主や投資者の利益を損ないかねないエクイティ・ファイナンスの事例が散見されていたことがある。特に2013年に急増したノンコミットメント型のライツ・オファリング[17]で望ましくない事例が多く認められた。また、第三者割当増資や公募増資においても問題含みのケースがあった。

このプリンシプルは、上場会社がエクイティ・ファイナンスを実施する際に心得ておくべき項目を4本の柱に集約している。すなわち、資本調達を実施する際には、①企業価値の向上に資する、②既存株主の利益を不当に損なわない、③市場の公正性・信頼性への疑いを生じさせない、④適時・適切な情報開示により透明性を確保する、という規範への適合状況を慎重に確認すべきであることを述べている。これらは、単なる抽象的な理念ではなく、現実世界で市場関係者の判断の拠り所となりうるものである。現に、取引所における上場管理や上場審査の実務においては、個別事案が四つの規範をどの程度充足しているかについて必要な確認を行なっている。

上場会社における不祥事対応のプリンシプル
「上場会社における不祥事対応のプリンシプル」は、2016年2月に、日本取引所自主規制法人において策定された（巻末の資料7に掲載）。背景として、当時、上場会社で不祥事が顕在化した際の事後対応において、原因究明が不十分で再発防止策も実効性に乏しいケース、調査体制に客観性や中立性が備わっていないケース、情報開示が不足しているケースなど、企業価値の再生につながらず、かえって事態を深刻化させかねない事例が観察されたことがある。上場会社の不祥事は企業価値の毀損をもたらし、さらに資本市場全体の信頼にも影響が及びうるため、上場会社はパブリック・カンパニーと

---

[17] ▶ 第5章の図表5-1、ないし同章第2節の「ルール・ベースでの制度改善」の項を参照。

しての自覚を持ち、確かな自浄作用を発揮することが必要である。

そのためのガイドラインとして、企業価値再生に向けた行動の中核となる共通の要素を提示したのが、このプリンシプルである。①不祥事の根本的な原因の解明、②第三者委員会を設置する場合における独立性・中立性・専門性の確保、③実効性の高い再発防止策の策定と迅速な実行、④迅速かつ的確な情報開示、の4項目で構成されている。

上場会社における不祥事予防のプリンシプル

「上場会社における不祥事予防のプリンシプル」は、2018年3月に、日本取引所自主規制法人において策定された（巻末の資料8に掲載）。背景として、会計不正のみならず、製品の性能偽装やデータ偽装、建築物件の欠陥などの不祥事が相次ぎ、上場会社の不祥事がもはやまれな事象でなくなったことがある。不祥事が頻発する資本市場は、コーポレート・ガバナンスが機能していない市場とみなされ、わが国資本市場全体の信頼性にも関わる。そこで上場会社において不祥事を予防する取組みが実効性を持って進められ、企業価値の毀損を防ぐことをねらいにこのプリンシプルが策定された。

本プリンシプルでは、不祥事の未然予防に実効性を持たせるため、六つの原則を示している。すなわち、①実を伴った実態把握、②使命感に裏付けられた職責の全う、③双方向のコミュニケーション、④不正の芽の察知と機敏な対処、⑤グループ全体を貫く経営管理、⑥サプライチェーンを展望した責任感、である。これらの取組みを一過性のものでなく、継続的にサイクルとして回し定着させていくことが重要と説いている。

第5節　プリンシプルのネットワーク

プリンシプル準拠アプローチの広がり

これまで述べてきたとおり、2008年に「金融サービス業におけるプリンシプル」でスタートしたプリンシプル準拠のアプローチは、リーマン・ショックを主因とする数年間の停滞を挟みつつも、手法としての基本コンセプト

は命脈を保ち、近年は後続が相次いで開花している。

　先陣を切った2014年の「スチュワードシップ・コード」に続き、翌2015年には「コーポレートガバナンス・コード」が策定されて、上場会社におけるパフォーマンスの向上と企業価値の成長を促し、株主との関係を律する二つの重要なプリンシプルが出揃った。同様に上場会社を対象とするものとしては、両コードと並走するように、「エクイティ・ファイナンスのプリンシプル」が2014年に、また「不祥事対応のプリンシプル」が2016年に、いずれも日本取引所自主規制法人によって策定された。

　その後、プリンシプルの対象は金融サービス業の業務運営のあり方や監査業務の質の問題に広がっていき、2017年の「顧客本位の業務運営に関する原則」及び「監査法人のガバナンス・コード」と続いた。さらに2018年には、上記「不祥事対応のプリンシプル」と対をなす「不祥事予防のプリンシプル」が策定された。

　以上のように、プリンシプル準拠のアプローチは、2018年までの数年間の期間に重要な進展を見せており、明示的にプリンシプルとして存在するものは、2018年末の時点で合わせて8本に及んでいる。それらを時系列で整理し、策定者と対象者・対象業種を併せ記したのが**図表4-3**である。これらのうち金融庁が主導したものが4本、金融庁と東証の協働によるものが1本、日本取引所自主規制法人が策定したものが3本となっている。この結果、㈱日本取引所グループ（JPX）は計4本のプリンシプル策定に関与していることになる。また、分野別には、上場会社を対象とするものが4本、主に機関投資家を対象とするものが1本、金融サービス業を対象とするものが2本、監査法人を対象とするものが1本、という内訳になっている。

プリンシプルの分業体制

　さてこのように歴史を振り返り現状を鳥瞰すると、プリンシプルの広がりを感得できるが、実はこれらプリンシプルはそれぞれがバラバラに存在するのではなく、相互に関連していることにも気づく。特に、資本市場における規律づけという舞台設定で眺めると、この相互連関は鮮明になる。このことは重要なポイントで、筆者はこれを「プリンシプルのネットワーク」と名付

図表 4-3　プリンシプル方式の広がり

番号	策定時期	策定者（金融庁*）	策定者（日本取引所グループ（JPX）**）	対象
1	2008年 4月	金融サービス業におけるプリンシプル		金融サービス業
2	2014年 2月	スチュワードシップ・コード		機関投資家
3	2014年10月		エクイティ・ファイナンスのプリンシプル	上場会社
4	2015年 3月	コーポレートガバナンス・コード		上場会社
5	2016年 2月		不祥事対応のプリンシプル	上場会社
6	2017年 3月	顧客本位の業務運営に関する原則		金融サービス業
7	2017年 3月	監査法人のガバナンス・コード		監査法人
8	2018年 3月		不祥事予防のプリンシプル	上場会社

*　「有識者会議」を正式の制定者としている場合で実質的な策定者が金融庁である場合を含む。
**　コーポレートガバナンス・コードは、実質的な検討を行なった有識者会議の事務局を金融庁と東京証券取引所が務め、最終的には東京証券取引所の規則として策定された。その他の3つのプリンシプル（3、5、8）は、日本取引所自主規制法人が策定した。

けている[18]。

　第3章でも述べたとおり、資本市場の運行は、有価証券の発行者（上場会社）と投資者のみならず、両者を結びつける市場仲介者、多数の市場インフラとその担い手、情報開示や法令・ルールの存在によって実現している。そ

---

[18] ▶ 第3章第6節でも言及した池田唯一論文（章末に再掲）は、インベストメント・チェーンに存在する企業、機関投資家、金融事業者、監査法人という四つの主体に向けて、四つのプリンシプルが策定されている姿を描いている。本書におけるネットワークという捉え方も同様の着想であり、多様なプリンシプルを資本市場の規律づけという文脈で、役割分担を含め位置づけてみたものである。

第**4**章
プリンシプル方式の広がり

れらが整然としかも持続的に機能するためには、広く市場をカバーする分権的な規律が重要であることも述べた。そのためには、多様な市場参加者、多様な市場仲介機能、多様な市場インフラを対象として、規律づけメカニズムが効果的に働く必要がある。

　ここで、担い手の多様性に応じて、規律づけをサポートするプリンシプルも役割分担し、各々の担い手に焦点を当てた相応しいプリンシプルがそれぞれに割り当てられることの有用性も理解されよう。2018年までに姿が見えてきたプリンシプルのネットワークは、そのような分業体制を敷きつつ資本市場を広くカバーする方向に向かっていると言えよう。

　プリンシプルの分業体制は、いわゆるインベストメント・チェーンの機能の高度化という目的意識にもマッチするものと言える。投資者の投資対象である企業（特に上場会社）は、経営の質とガバナンスを高め、収益力を強化してその成果を配当等の形で投資者に還元し、企業価値を中長期的に向上させる、という使命を帯びている。また受益者である資産保有者（アセット・オーナー）から資金の運用を受託し実際に投資活動を行なう機関投資家（アセット・マネージャー）は、最終受益者の利益の最大化という任務を負っている。さらに、そこで合理的な投資活動を支えるのが、企業による財務報告等の情報開示であり、それらの信頼性を裏付ける役割を担う外部監査もインベストメント・チェーンの重要な一角である。この一連の流れの中で、投資銀行業務として有価証券の発行体と市場の間を仲介し、また金融商品の販売や売買の取次ぎ等で投資者と市場の間を仲介するのが、証券会社等の金融サービス業であり、信頼できる業務執行を通じて資金の流れを円滑かつ秩序だったものに保つ責任を負っている。プリンシプルは、これらインベストメント・チェーンにおける各主体が、それぞれの任務を着実に遂行することができるよう働きかけるというメカニズムを構成している。

　ここで**図表 4-4** と**図表 4-5** を参照しながら、まずプリンシプルの対象分野ごとに、規律づけの内容とそれを担当するプリンシプルを概観しておこう。**図表 4-4** は、プリンシプルの対象ごとに、対象となっている各主体に期待される役割・責務を抜き出し、それをカバーするプリンシプルを対応させてみたものである。役割・責務に付したA～Gのアルファベットは、その責務

119

図表 4-4　プリンシプルの役割分担

対象	期待される役割・責務	対応するプリンシプル
上場会社	A　企業価値の維持・向上、株主の権利・平等の確保、情報開示と透明性、その他	コーポレートガバナンス・コード
	A　不祥事による企業価値毀損の防止	不祥事予防のプリンシプル
	A　不祥事からの企業価値の確かな回復	不祥事対応のプリンシプル
	E　株主利益に配慮したファイナンス	エクイティ・ファイナンスのプリンシプル
金融サービス業	G　的確な投資銀行サービス	金融サービス業におけるプリンシプル
	F　金融仲介、金融商品の販売、資産運用、助言等における顧客利益の実現と市場秩序の維持	顧客本位の業務運営に関する原則
機関投資家	B　投資先企業との建設的な対話と運用成績の向上	スチュワードシップ・コード
	C　委託者たる受益者の利益最大化	顧客本位の業務運営に関する原則
		金融サービス業におけるプリンシプル
監査法人	D　上場会社の財務報告等の信頼性確保 D'　信頼できる情報開示の基礎を提供	監査法人のガバナンス・コード

が**図表 4-5** でどこに位置づけられるかを示すためのものである。アルファベットの付いた矢印は、誰が誰に対し、どのような責務を負っているか、ないしどのようなアクションを起こすべきかの方向を示す趣旨であり、その責務の内容が**図表 4-4** の A～G で説明されている。このようにビジュアルに整理してみると、感覚的にも、わが国に現存する多様なプリンシプルが、実はインベストメント・チェーンに対してネットワークとして働いている、と

図表4-5 プリンシプルのネットワーク

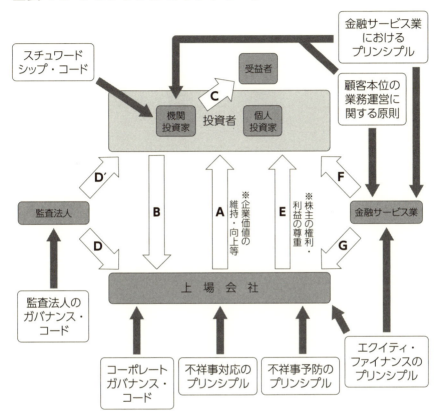

いう構図が理解されよう。

続いて、プリンシプルの対象となる主体ごとに、ネットワークの内容を見ていこう。つまり対象となっている主体ないし業態ごとに関連するプリンシプルを位置づけ、ネットワーク全体のカバレッジを展望してみようという意図である。

上場会社に向けて

第一に、上場会社である。上場会社は、株主をコアとする多様なステークホルダーとの良好な関係を維持しつつ、企業価値を中長期的に向上させるべ

き使命を帯びている。そのために経営管理の信頼度を高め、株主の権利を尊重するとともに株主間の公平に配意しなくてはならない。また公開企業として、正確な法定開示はもちろんのこと、より広く適時・適切な情報開示に努めて、会社としての経営の透明性を維持する必要もある。このような上場会社の広範な任務をカバーし対象としているのが「コーポレートガバナンス・コード」（2015年）である。実効性を担保するためのコンプライ・オア・エクスプレインのスキームも付随しており、重要かつ強力なプリンシプルとなっている。**図表4-5**では、上場会社が投資者に対して負っている責務として、[A]の矢印で示している。

　上場会社に対しては、日本取引所自主規制法人が策定した2本の不祥事関連プリンシプルも作用する。実際に不祥事が発生した際の的確な対応を方向づける「上場会社における不祥事対応のプリンシプル」（2016年）と、日頃から不祥事を予防するための実務的な着眼点を示した「上場会社における不祥事予防のプリンシプル」（2018年）である。不祥事の発生は、顧客や取引先からの信用の低下、業績の悪化、ファイナンスの困難化、株価の下落など、様々なチャネルから企業価値の毀損を招く。その局面で、事実関係の正確な把握、根本原因の究明、責任の所在の明確化、確実な再発防止策、市場と社会に対する必要十分な情報提供、などの対応が、迅速・的確に遂行されれば、企業価値の毀損の拡大を止め、毀損した企業価値の修復への道筋をつけることが可能となる。前者のプリンシプルはその道しるべである。後者のプリンシプルは、そもそも深刻な不祥事が起きないよう日頃から取り組むべき予防策の実務について、その心構えと着眼点を示したものである。予断を排した社内の実態把握、経営と現場のコミュニケーション、社内各部署等における役割の明確化と使命感、不祥事の芽を早期に摑み対処するオペレーション、などが盛り込まれている。いずれのプリンシプルも企業価値の修復ないし毀損防止を目指しており、**図表4-5**では[A]の矢印に深く関わる責務であり、この責務が実効的に果たされることをねらいとしている。

　日本取引所自主規制法人が策定したもう1本のプリンシプル、すなわち「エクイティ・ファイナンスのプリンシプル」（2014年）は、対象が上場会社と金融サービス業の双方にまたがる。上場会社が増資等を伴う資金調達を

行なう場合には、それが適切に計画された使途に充てられて企業価値の向上に資するかどうか、株主価値の大規模な希薄化などで既存株主の利益を不当に損なわないかどうか、反市場的勢力の関与など市場の公正性・信頼性への疑いを生じさせないかどうか、投資者への適時・適切な情報開示により透明性を確保できているかどうか、等について十分な説明ができなければならない。このような株主の利益に配慮したファイナンスの実現には、増資スキームの設定やアドバイスを含め投資銀行業務に携わる金融サービス業（証券会社）の役割も大きい。ここで金融サービス業者は、顧客たる上場会社に上質のサービスを提供するだけでなく、市場の透明性・公正性と投資者保護の視点も踏まえて行動することが期待されている。**図表 4-5** に示したとおり、このプリンシプルは上場会社と金融サービス業の双方を対象にしており、[E]と[G]の二つの矢印に対応する役割を適切に果たすべきことが念頭に置かれている。

金融サービス業に向けて

　対象主体の第二は、金融サービス業である。金融サービス業に対しては、今述べた「エクイティ・ファイナンスのプリンシプル」の他に、「金融サービス業におけるプリンシプル」（2008年）及び「顧客本位の業務運営に関する原則」（2017年）が存在している。

　前者は、利用者のニーズに対し誠実かつ的確に良質のサービスを提供し、市場における透明性・公正性に寄与するように行動し、適切な経営管理態勢の下でリスク管理と財務の健全性維持に努める等を通じ、社会の期待に応えることを求めており、幅広い金融業を念頭に置いた行動規範となっている。このうち資本市場に関わりの深い業務として、投資銀行サービス、金融商品の引受け・販売、資産運用、投資助言などが含まれ、このプリンシプルの原則2～7はそれらの業務のあるべき姿についての記述となっている。

　後者は、文字通り最善の顧客利益の実現を中心に据えた上で、誠実・公正な業務執行、利益相反の管理、手数料や商品・サービスに関する必要な情報の提供、顧客にふさわしいサービスの提供などを求めている。その実現のためにガバナンス体制の整備を求めていることも含め、前者のプリンシプルの

うち利用者保護・利用者利便にかかわる項目を括り出し、「顧客本位」の視点から改めて焦点を当てたものとも言える。

　これら二つのプリンシプルがねらいとしている分野は、**図表4-5**では主として[F]と[G]の矢印に含まれる。[F]は、金融仲介、金融商品の販売、資産運用、助言等における顧客利益の実現や市場秩序の維持、という責務を対象としている。また[G]は主として上場会社への投資銀行業務に着目している。なお「金融サービス業におけるプリンシプル」と「顧客本位の業務運営に関する原則」は、機関投資家もその対象としており、受益者たる資産保有者の利益の最大化は、資産運用の受託者たる機関投資家にとって中心的な使命である。この意味では資産運用者である機関投資家は、金融サービス業に含めて考えるべきでもある。**図表4-5**で[C]の矢印に含まれる役割は、「顧客本位の業務運営に関する原則」が特に重要な対象としているものでもある。

機関投資家に向けて

　対象主体の第三は、機関投資家である。機関投資家は、年金基金など資産保有者（アセット・オーナー）から資産の運用を受託して、委託者である資産保有者の利益を最善な形で実現する責務を負っている。効果的・効率的な運用を行ない、与えられた条件の下で顧客利益の最大化を図る仕事と言うこともできる。委託者である資産保有者は、機関投資家による投資活動の受益者であるが、その背後には、年金基金における多数の年金加入者のように最終受益者が存在している。このような立場に位置する機関投資家に対しては、「スチュワードシップ・コード」（2014年）及び上述の「金融サービス業におけるプリンシプル」ないし「顧客本位の業務運営に関する原則」が対応している。

　「スチュワードシップ・コード」は、機関投資家が「スチュワードシップ責任」を負っていることを強く意識している。すなわち、機関投資家は、投資対象を選定してポートフォリオを組成し、それを随時見直すということに止まらず、投資対象商品の発行体である会社の企業価値の向上や持続的成長を促す、という責務も負っているという考え方である。そしてそれは、投資先

企業やその事業環境等に関する深い理解に基づく建設的な意思疎通、すなわち「目的を持った対話」などを通じて行なうこととされている。「スチュワードシップ・コード」には、その実行のために整備すべき体制やとるべき行動の基本が列挙されている。**図表 4-5** では、[B] の矢印に含まれる責務が直接的な対象であるが、その背景には受益者（運用の委託者）のために最善を尽くすべき責務、すなわち [C] が存在している。

　機関投資家は、投資家という範疇で括られると同時に、それ自体が金融サービス業でもある。この側面に着目すれば、上述のように「金融サービス業におけるプリンシプル」と「顧客本位の業務運営に関する原則」が、機関投資家の行動を律すべき規範となることも自然に理解される。中でもフィデューシャリー・デューティは機関投資家の活動の大前提であり、「顧客本位の業務運営に関する原則」が特に強く意識されるべきことは当然であろう。すでに述べたように**図表 4-5** の [C] の矢印に含まれる役割が、直接的にこのプリンシプルの対象となる。

監査法人に向けて

　対象主体の第四は、監査法人である。外部監査人ないし監査法人の中心的な役割は、各上場会社が作成し開示する財務報告が真実であり会社の実態を反映していることについて、プロフェッショナルな視点から確認を行ない、当該報告に監査意見という形で信頼性を付与することである。併せて財務報告に係る内部統制の評価結果についても監査を行なう。投資者は、外部監査を経て開示された財務報告等を参照し、それを基礎として合理的な投資判断を行なうのであり、情報開示という資本市場の中核的なインフラが機能する上で、外部監査は不可欠な要素の一つとなっている。「監査法人の組織的な運営に関する原則」（監査法人のガバナンス・コード）（2017 年）は、主として大手監査法人における監査の品質の維持・向上を図るために必要となる心構えとして、自由闊達な議論による能力発揮、実効的なマネジメント、法人内外での意見交換、人材育成・人事管理の強化、透明性の確保などを謳っている。**図表 4-5** では、[D] の矢印で示されている役割を確実に履行するための規範と位置づけられる。

外部監査は、直接的には個別上場会社に対するサービスの提供という形を取るが、ここで投資者に向かう[D']の矢印を書き加えているのは、監査により信頼性の付与された財務報告等を、実際に参照し利用するのは投資者であるからである。外部監査は、個別上場会社の財務報告への信頼性を担保するのみならず、情報開示という資本市場のインフラの信頼性を支え、さらに開示情報を活用する投資者の投資判断の基礎を提供している。外部監査はこのような広がりを持ち、その担い手である監査法人の責任も重い。

ネットワークの今後

　以上、2018年末時点のわが国におけるプリンシプル準拠アプローチの現況を俯瞰し、それをネットワークとして描いてみた。もちろん、この試論とは別の捉え方もありうるだろう。また今後、新たに認識された問題に対し新しいプリンシプルが策定されていく可能性もあるため、本節で提示した見方を固定的に捉えるのではなく随時アップデートしていくことが妥当であろう。

第4章の参考文献

池田唯一「コード・原則の策定を通じた市場規律の確保」青山学院大学大学院会計プロフェッション研究学会『会計プロフェッション』第13号（2018年3月）

佐藤隆文『金融行政の座標軸』（東洋経済新報社、2010年）第3章

第5章

エクイティ・ファイナンスのプリンシプル

　本章では、日本取引所自主規制法人が2014年10月に策定した『エクイティ・ファイナンスのプリンシプル』(以下、本章で「本プリンシプル」という。)を紹介する[1]。まずエクイティ・ファイナンスを巡る制度と現実を大まかに振り返り(第1節)、そこでの問題に対処する上で、ルール・ベースでの改善策に加えプリンシプル・ベースでの対応を付加する趣旨を述べる[2](第2節)。続いて、本プリンシプルに掲げられた各原則の解説と事例紹介を行ない(第3節)、最後に、期待される本プリンシプルの使われ方等について述べる(第4節)。

第1節　問題の所在

エクイティ・ファイナンスについて

　エクイティ・ファイナンスとは、企業が新株や新株予約権の発行などによって、株主資本(エクイティ)の増加を伴う資金調達を行なうことを指す。借入れや社債の発行で債務を増やすことにより資金調達を行なうデット・ファイナンスと対比される。エクイティ・ファイナンスは、企業がその調達資金を活用して事業の成長を実現し、企業価値を向上させる上で、経営上の重

---

[1] ▶ 本章で紹介するプリンシプル本体と事例集については、https://www.jpx.co.jp/regulation/public/index.html の「エクイティ・ファイナンスへの対応」の項を参照。プリンシプル本体は巻末の資料6に掲載。
[2] ▶ 本プリンシプルが策定されて程なく、章末の参考文献に記載の谷川論文(10月)と大崎論文(11月)が発表されており、本章該当部分の記述はこれらも参考としている。

127

要な選択肢である。

　近時のエクイティ・ファイナンスの主な手法としては、公募増資、第三者割当増資、そしてライツ・オファリングの三つがある。公募増資では、株式の発行についてそれを引受証券会社が引受け、不特定多数の投資者を対象に募集する。第三者割当増資では、株式や新株予約権等を特定の第三者に割り当てる。またライツ・オファリング（ライツ・イッシュー）は、既存株主に新株予約権を無償で割り当て、その予約権につき証券取引所で売買する機会を付与した上で、予約権を割り当てられまたは取得した投資者がそれを行使することによって、株主資本が増加する仕組みである。

　エクイティ・ファイナンスは新株の発行を伴うので、必ず既存株主の権利の希薄化を生じさせる。この希薄化は、議決権の割合、配当の取り分、残余財産の取り分などの低下という形で具体化する。したがってエクイティ・ファイナンスは、既存株主が短期的に被るこのような不利益を補って余りあるだけの利益を中長期的にもたらすような形で行なわれることが目的とされるはずである。調達資金の有効活用によって企業価値の向上（ないし企業価値の下落防止）を実現することが必須命題とされるのは、このためである。この点は、すべてのエクイティ・ファイナンスについて共通の評価基準である。

現実の使われ方

　企業価値は、社会のニーズに沿った良質な財・サービスを提供することを通じて実現する収益力が、強靭さを保ち中長期的に成長していくことによって着実に向上する。したがって企業価値の向上のためには、中長期的な視野に裏付けられた経営力、実現される収益の持続可能性、株主利益の保護、他の重要なステークホルダー（顧客・取引先・従業員・債権者・地域コミュニティなど）との良好な関係の維持、などが重要となる。本プリンシプルにおいて、エクイティ・ファイナンスを経営上の重要な選択肢と位置づけているのは、そのような本来あるべき経営目標や企業行動の存在を前提とした上での議論である。

　しかしながら現実の世界では、すべてのエクイティ・ファイナンスが確実な企業価値の向上という文脈に沿ったものとなっているわけではない。業績

第5章
エクイティ・ファイナンスのプリンシプル

不振で赤字経営が続き自己資本が薄くなっている企業において、財務を立て直すためにエクイティ・ファイナンスが行なわれることも多い。これも経営上の重要な選択肢であるが、このようなファイナンスの実施に当たっては株主への説得力ある説明が不可欠である。例えば、不採算事業を整理するとともに競争力のあるコア事業を成長させて、現在の業績不振を覆していくための方策とタイム・スケジュールを示し、その間において債務超過を回避し、財務面からの倒産リスクを局限する、といった戦略の説明である。

これに対し時折、説得力に欠ける計画、ないし事後になって実現性のないエクイティ・ストーリーであったことが判明するケースも見受けられる。業績低迷が長く続き財務内容も悪化している中で、その原因分析も不十分なまま、苦し紛れに不確かな新規事業に進出するための資金調達を行なうようなケースである。このようなケースは、とりあえず債務超過を回避して上場廃止を免れようとする彌縫策のように映ることも多い。

さらに極端な場合として、事業実態を失った上場会社を不公正ファイナンスのプラットフォームとして悪用するケースもある。ビジネスの実態がなくガバナンスも失われている企業において、例えば、経営者と支配株主が結託し、現実味の乏しい事業をもっともらしく謳ってエクイティ・ファイナンスを実施し、結果において一般投資者から調達した資金が支配株主等へ還流するといったスキームが組まれる。あるいは、過大評価された不動産による現物出資等によって取得した新株式を流通市場で売却して不当な利益を実現する、といったケースもある。「ハコ企業」を悪用した典型的な不公正ファイナンスである。常習的にこうしたスキームを計画するアレンジャーやそれを実行する関係者は、しばしば「反市場的勢力」と呼ばれる。

以上のように、現実世界におけるエクイティ・ファイナンスは、その本来の目的に沿った標準的なものから、スキームの一部に疑問なしとしないもの、さらには市場の公正性を著しく損なうものまで、多様な事例が見受けられると指摘されてきた。資本市場のあり方を考える際には、このような現実を踏まえる必要がある。

図表5-1は、エクイティ・ファイナンスの3手法について、概要と指摘された問題点を簡単に要約したものである。

図表5-1 エクイティ・ファイナンスの3手法

	公募	第三者割当	ライツ・オファリング
概要・特徴	● 広く一般の投資者から募集して株式を割り当てる増資手法 ● 既存株主の権利が希薄化	● 特定の者に対して株式を割り当てる増資手法 ● 既存株主の権利が希薄化	● 既存株主に対して新株予約権を無償で割り当てる増資手法 ● 引受人が未行使分の払込みを保証するコミットメント型と、保証しないノンコミットメント型が存在 ● 既存株主の権利の希薄化に一定の配慮
指摘された問題点とルール・ベースの対応 ※2018年末時点まで	▲ 増資公表前の内部情報に基づくインサイダー取引 ⇒情報伝達・取引推奨行為に対する規制の導入（2014年4月・金融庁） ▲ 機関投資家によるインサイダー取引 ⇒他人の資金を運用する者によるインサイダー取引に係る課徴金額の引上げ（2014年4月・金融庁） ▲ 増資公表から価格決定までの間の空売り ⇒日本版レギュレーションMの導入（2011年12月・金融庁）	▲ 株主の権利の希薄化や経営者による株主選択というコーポレート・ガバナンス上の問題 ⇒大規模第三者割当に関する規制の導入（2009年8月・東証、2009年12月・金融庁、2014年6月・法務省） ▲ 不公正ファイナンス ⇒第三者割当に関する規制強化（2009年8月・東証、2009年12月・金融庁）	▲ 業績不振企業によるノンコミットメント型ライツ・オファリングの利用の増加 ⇒業績基準や合理性確認の仕組みの導入（2014年10月・東証）

情報の非対称性

　エクイティ・ファイナンスにおいては、発行体企業ないし引受証券会社等と、投資者ないし一般株主との間で、大きな情報格差がある。発行体は引受証券会社等とともに、ファイナンスの目的・規模・発行条件・資金使途等を

第5章
エクイティ・ファイナンスのプリンシプル

決める立場にあり、他方、増資に応じる投資者は開示される情報が頼りであって、発行体ほど詳細を知る立場にない。第三者割当増資において、割当を受けずに持分の希薄化を甘受する一般株主も同様である。ライツ・オファリングにおいて、割り当てられた新株予約権を売却するか否か、その権利を行使するか否かを判断する際にも、基本的に開示情報が判断の拠り所となる。

したがって、増資スキームが投資者保護の観点から妥当であることに加え、投資者の合理的な判断を支える情報開示の質が重要となる。適時・的確な情報開示によって情報の非対称性をできるだけ小さくすることにより、投資者によるスクリーニングが実効性を持ち市場規律が働く環境を整えることが肝要である。そのため情報開示の内容が真実であり的確であり充実していることは極めて重要である。特に上述の不公正ファイナンスに近いようなケースでは、美辞麗句を連ねた謳い文句だけの開示を許すのではなく、ネガティブなリスク要因も詳らかに開示させることにより、発行体ないしアレンジャーの真意を読み取れるものとなっていることが強く望まれる。

情報の非対称性の一環として、事前と事後の間の乖離の問題も意識しておく必要がある。ファイナンス実施前の段階における開示内容がそのとおり実現し、ファイナンス実施後の時点から振り返っても真実であった、と確認できることが重要である。すなわち異なる時点の間を通じた、時系列での一貫性である。

例えば調達資金の規模や使途が、ファイナンス実施前の開示と異なるものになることは好ましくない。市場環境の変化等により、やむを得ない事情で当初開示と異なるものになることは例外的にありうるものの、ファイナンスに応じた投資者の期待を裏切ることになるような事態は極力避けなければならない。そのような事態は、そもそも当初の開示が真実のものであったかについて疑義を生じさせる。資金使途を安易に変更したり、当初開示していなかったアクションを事後的に組み合わせたりして、ファイナンスの性格を変質させるようなケースは、上述の不公正ファイナンスに近いものとなっていく場合もある。発行体やその関係者が抱いていた当初の意図が、事後になって初めて明らかになるような事態もある。

一般的に、エクイティ・ファイナンスないしその実施プロセスに内在する

情報の非対称性は、時に不公正取引の誘因となりうる。例えば、引受主幹事を務める証券会社には、ファイナンス実施前に未公開の重要情報が集積するため、その管理が杜撰な場合はインサイダー取引を惹起しかねない。現に公募増資の事案において、主幹事証券会社の従業員が関与した大規模なインサイダー取引が発生して深刻な事件となり、厳しい処分を受ける事案があったことは記憶に新しい。

第2節 本プリンシプル策定の趣旨

このプリンシプルを策定した背景には、上述のような現実に対する問題意識がある。本プリンシプルはこれらの問題意識に由来しているが、ここでまず上述の諸問題に対して近年取られているルール・ベースでの制度上の改善策を確認しておこう。その上で本プリンシプル策定のねらいを述べることとしたい。実はこの分野におけるこれらルールとプリンシプルは、共通の規範の上に立ち、相互に補完的な関係にある。

ルール・ベースでの制度改善

エクイティ・ファイナンスをめぐる上述のような諸問題に対しては、近年、以下のようなルール・ベースでの制度改善が行なわれている。（ポイントは、先ほどの**図表5-1**の下段にも記載している。）

まず**公募増資**については、複数の上場会社の大規模公募増資に関する情報を利用したインサイダー取引事件が、2012年に相次いで発覚した。また、これらの公募増資の発表直後に大量の空売りが行なわれた（2009〜2010年頃）ことも問題視されていた。これらを契機として、（必ずしもエクイティ・ファイナンスに限った内容だけではないが）つぎのとおり金融商品取引法（金商法）上の規制が強化された。

①インサイダー取引について、それまでは実行者（売買を行った者）のみが罰則の対象であったところ、インサイダー情報の伝達者も一定の要件の下で処罰する規定が定められた。（2014年4月金商法改正）

②他者の資金を運用する機関投資家等がインサイダー取引を行なった際の課徴金額が引き上げられた。（2014年4月金商法改正）

③公募増資の公表から新株の発行価格決定までの間に空売りした上で、増資に応じて取得した新株により空売りに係る借入れポジションの解消を行うことが禁止された。（日本版レギュレーションM。2011年12月金商法施行令改正）

なお、大規模な希薄化を伴う公募増資については、特に業績不振によって悪化した財務を再建する目的でのファイナンスにおいて、株主の納得の得られるエクイティ・ストーリーの提示が不十分なケースがあるとの批判があるが、2018年末現在、公募増資に係る希薄化率そのものについてのルール・ベースでの規制はない。

つぎに**第三者割当増資**については、既存株主の権利の希薄化の問題や、経営者による大株主の選択の問題に対処するため、東証の上場規則の改正によって、以下の施策が講じられた（2009年8月）。すなわち、

①希薄化率300％を超える場合は、株主及び投資者の利益を侵害するおそれが少ないと認める場合を除き上場廃止

②希薄化率が25％以上となる場合は、株主総会などによる株主の意思確認または経営者から独立した専門家等からの意見の入手の義務づけ

③払込財産の確認内容や払込金額の算定根拠などの開示の義務づけ

④割当先が反社会的勢力と関係のないことを示す確認書の提出の義務づけ

である。また内閣府令等の改正（2009年12月）によって、法定開示の強化も図られた。すなわち、①割当予定先の状況、②発行条件に関する事項、③大規模な第三者割当に関する事項、をいずれも有価証券届出書の記載事項とする改正である。

これら制度改正の効果は大きいと考えられる。ただし、例えば希薄化率25％をわずかに下回る事例が一部に存在しており、その中には、株主の意思確認等の手続きを省くことを主目的に、希薄化率を調整している事例も含まれるかもしれない。なお、会社法においては、2014年の改正によって、支配株主（典型的には親会社）の異動を伴う規模の第三者割当に際し、10％以上の株主が反対する場合に原則として株主総会決議が求められるこ

ととなった。

　第三者割当が「不公正ファイナンス」のプラットフォームとして悪用されやすいとされる問題については、発行会社が割当先や発行条件を恣意的に決められる余地が大きかったことが主因であったとすると、上記制度の改正は一定の効果をもたらすと期待できよう。またエンフォースメントの面では、悪質な事案で立証可能なものについて、証券取引等監視委員会は「偽計」（金商法第158条）として構成し刑事告発等の対応を行なっている。

　さらに**ライツ・オファリング**については、ノンコミットメント型に関し、東証の上場規則の見直しがなされている（2014年10月）。ライツ・オファリングは、エクイティ・ファイナンスによって生じる株主の権利の希薄化という問題について、新株予約権の無償割当と市場での売却機会の提供（新株予約権の上場）という形で、既存株主の利益に配慮したスキームである。このうちコミットメント型では、未行使分の新株予約権の行使などを引受人が約束する契約が締結されるが、ノンコミットメント型については、そうした契約が締結されない。このため、従前は増資の合理性を評価する仕組みが確保されておらず、業績が悪化し公募など他の方法ではファイナンスが実行できない企業が利用する傾向もあるとされていた。そこで、東証上場規則の改正（2014年10月）により、ノンコミットメント型ライツ・オファリングにより割り当てられる新株予約権の上場について、業績等に関する基準が設けられるとともに、株主総会などによる株主の意思確認または取引参加者による増資の合理性の審査が求められることとなった。

ルール・ベースとの相互補完

　これらの制度改善にもかかわらず、なおプリンシプル・ベースでの対応が必要かつ有用と考えられたのは、以下の理由からである。

　第一は、ルール設定の目的であり前提でもある共通の規範を明示的に示し、それらをいわば「見える化」することができることである。ルールは多くの場合、技術的なポイントに着目したり、踏むべき手続きを規定したりするため、それによって実現されるべき姿を必ずしも明解に示さない。プリンシプルによる「見える化」により、あるべき姿を示し、多様な市場関係者に

共通の方向感を提示するのは大きな役割である。

　第二は、個別の事案において、ルールに準拠して判断を行なう場合に、該当するルールを解釈し意味づけする際の指針として用いることができることである。形式的なルール適合性のチェックに終始するのではなく、ルールの実質的意味に即した判断を行ない、全体として適切なスキームとなっているか否かの評価を行なうことができる。また、ルールの規定ぶりがやや抽象的である場合や、包括規定（バスケット条項）の適用を行なう場合において、本来のあるべき姿に立ち返って判断を行なう手助けとなる。すなわち、ルール・ベースの制度改善と協働することにより、目標の達成をより確実にする。

　第三は、ルールとルールの隙間に落ちて明確な該当条項が見つからないような事案についての対応である。これらに対し、禁止する条項がないので問題なしと割り切るか、資本市場の理念に照らして気持ち悪さを抱くかは、各市場参加者の規範意識に左右されるところが大きい。こういったケースについて、少なくとも評価の軸を提供することができるのがプリンシプルである。また、個別に分解するとひとつひとつは違法とは言えない取引を組み合わせ、全体として実質的に不公正なスキームを構築しようとする事例もある。パーツである個々の取引に着目したルールの集合のみでは、このようなスキームを不公正と断じることは難しい。ルールの隙間を埋め、直接ものごとの「望ましさ」に立ち返って評価するプリンシプルは、ルール・ベースのみに依拠した対応の弱点を補う潜在力を有している。

本プリンシプルのねらいと特徴

　本プリンシプルにおいて、エクイティ・ファイナンスを経営上の重要な選択肢と位置づけているのは、それが株主の権利に配慮しつつ公正性・透明性を保って実行され、企業価値の向上に資するよう用いられることを想定しているからである。本来あるべき経営目標や企業行動の存在を前提とし、それに沿って成果がもたらされる「望ましさ」という視点から、本プリンシプルの原則は策定されている。本プリンシプル策定のねらいは、改めて以下のように整理することができる。

　第一は、デュー・プロセスが踏まれ、適時・的確な開示が行なわれて、企

業価値の向上に確実に資するエクイティ・ファイナンスが行なわれる市場環境を確かなものにすることである。そのために、法令によるルール・ベースの規制に加え、プリンシプル・ベースの規範を明示することで、実質における公正性・透明性の確保に努めることである。これらを通じてファイナンス全般の質的な向上を図ることが、本プリンシプル策定の第一のねらいである。

　裏を返せば、資本市場の理念に照らして望ましくないファイナンスについて、それらが公正・透明でできるだけ株主利益に沿ったものに是正されるよう、市場関係者にインセンティブを付与し方向づけを行なうことである。さらに、悪意に基づく不公正ファイナンスに対しては、それが容易に実現しないよう、規範意識を共有する市場関係者等がいわば関所となることで、抑止力を働かせることである。

　ねらいの第二は、ルール・ベースの規律づけを補完し、ルールとの協働を通じて最終目標を達成することである。この点は上で述べたことと重複するが、象徴的には、ルール・ベースのみでは取り逃がしてしまうような不公正ファイナンスに、プリンシプル・ベースの規範で網をかぶせることである。

　すでに繰り返し述べているが、直ちに違法とは言えない仕組みや取引手法を組み合わせて、全体として見れば不公正なスキームを形成する事例がある。これらは公正性・透明性や投資者保護の観点から明らかに望ましくないが、ルール・ベースの規制でこれらを違反と断ずるには、バスケット条項等も援用し「偽計」等と認定する必要がある。しかしそのハードルは高く、「偽計」と認定できるのはごく少数のケースに限られる。このようなルール・ベース規制の弱点を補って、実質における「望ましさ」の観点から評価を行ない、関係当事者にも働きかけて、実質的な不公正ファイナンスを実行させにくくすることが、本プリンシプルの重要な目的の一つである。

　プリンシプル・ベースの規範は直ちに処罰の根拠にはならないが、市場関係者の思考が方向づけられることを通じて影響力を及ぼす。市場関係者への注意喚起等を通じて、反市場勢力による意図的な不公正ファイナンスのスキームが、途中でいわばせき止められるといったシナリオも企図されている。ファイナンスは発行体企業が単独で実現できるものではなく、主幹事証券会社や弁護士・公認会計士・コンサルタントなどの参画が必要なので、そのよ

うな市場関係者の規範意識により、不公正ファイナンスのスキームが途中で頓挫するような事態は十分に起こりうるのである。

　ねらいの第三は、情報の非対称性の極小化である。すでに述べたように、ファイナンスを実行しようとする上場会社とそれに応じようとする株主・投資者との間には、大きな情報量の格差がある。その情報ギャップを埋めて投資者の合理的な投資判断を支えるのが、情報開示の役割である。適時・的確な情報開示がなされ、その内容が真実を表しており、エクイティ・ストーリーの実現性が高いことは不可欠である。開示内容が不十分で開示時期も不適切なものは、不公正ファイナンスないし望ましくないファイナンスの兆候を示しているとも言える。

　最後に第四のねらいは、実施されるファイナンスについて時系列での一貫性を確保することである。ファイナンスが実施された後においても、実施前の開示内容についてきちんと説明責任を果たせることが重要である。具体的には、ファイナンスのスキームや資金使途、事業内容が合理的な理由なく変更されないことは、エクイティ・ファイナンスの質を判断する上で重要なメルクマールになるだろう。開示内容が、ファイナンス実施前と実施後で一貫して真実であることは、信頼性を証しする条件の一つである。本プリンシプルではこの点に特に留意しており、原則第1と第4において、明示的に「ファイナンス実施後」のことについて言及している。これは、時系列での整合性を強いメッセージとして発するためである。

第3節　本プリンシプルの構成と内容

　本プリンシプルは四つの原則で構成されている。その内容は、以下の枠内のとおりである。ここでは各原則について、まず趣旨の説明を行ない、続いてその原則を掲げる背景ともなった典型的な問題事例を示している[3]。また各事例には【コメント】として、その事例から学び取るべきポイントを添えている。

> **原則第1　企業価値の向上に資する**
>
> 　調達する資金が有効に活用されて上場会社の収益力の向上につながることが、調達目的、資金使途、過去に調達した資金の充当状況、業績見通しなどに基づいて合理的に見込まれるものであり、また、その合理的な見込みに疑いを生じさせるような経営成績・財政状態及び経営実態となっていないこと。
>
> 　ファイナンス実施後において、健全な経営管理が行なわれて持続的な企業価値向上の実現が十分に期待されること。

　原則第1は、「企業価値の向上に資する」というエクイティ・ファイナンスの大原則を再確認した上で、その目的に適うものであるかどうかを判断する上での着眼点を列挙している。これらのチェック項目に照らして、企業価値の向上の実現が疑わしいものは、必ずしも望ましいファイナンスとは言えないことを示唆している。

　まず、調達資金が有効活用されること、そしてそれが収益力向上につながることに着眼すべきとしている。その上で、そのことが事前に開示された調達目的、資金使途、業績見通しなどに照らして合理的と推認できるかどうか、またそのエクイティ・ストーリーが当該企業の過去のファイナンスの実績に照らして信頼できるものかどうか、を確認すべきとしている。さらには、現在の経営成績・財政状態及び経営実態に照らして、エクイティ・ストーリーが疑義を抱かせるものになっていないかも確認すべきとしている。ここで「経営実態」という着眼点を盛り込んでいるのは、経営者の資質や会社のガバナンスも、計画の信憑性や実現可能性を左右するからである。これらの着眼点は、ファイナンスに応じる投資者に向けたアドバイスであると同時に、発行体企業や主幹事証券会社を律するチェック項目でもある。

　本原則の第2段落では、ファイナンス実施後における経営管理の健全性と

---

3 ► ここで紹介する事例は、日本取引所自主規制法人『エクイティ・ファイナンスのプリンシプル―事例と解説―』（2014年12月）から抜粋ないし要約した上で、コメントを付したものである。

企業価値の持続的向上に言及している。これは、上述した時系列での一貫性を意識したものであり、ファイナンス実施前における投資判断の視点であると同時に、実施後における発行体の説明責任にもつながるものである。

[事例1]　**エクイティ・ストーリーに信頼性が欠如**

創業時からの主力事業が衰退し経営成績が低迷する中で、当社（発行体）は、複数回のエクイティ・ファイナンスを行ない新規事業への参入を試みるが成功せず撤退する、という推移を繰り返した。この過程で損失を計上し続けた結果、債務超過に陥った。そこで2期連続債務超過による上場廃止を回避するため、第三者割当によりファイナンスを行なった。

【コメント】

○エクイティ・ファイナンスには、信頼に足るエクイティ・ストーリーの存在が不可欠である。また、合理的かつ具体的な事業計画を立案し、それを実行する経営能力があるか、は重要な着眼点となる。外的要因によって事業が不成功に終わることはありうるものの、不確かな新規事業への参入・撤退を繰り返すようなケースは、これらの点に疑念を抱かせる。

○ファイナンスが当面の運転資金の確保や債務超過の回避のために用いられるケースもある。その場合は、それが後年における業績回復や企業価値の向上につながるか否かの見極めが重要である。その際にも経営能力の見極めが重要となる。

[事例2]　**会社の経営権に争いが存在**

当社（発行体）の株主であるA社は、かねてより当社の現経営陣に不満を持っていた。A社と友好関係にあり、やはり当社の株主でもあるB社は、株主総会に向けて当社の現経営陣を交代させる役員選任議案を提案した。これを受け当社は、現経営陣（代表者）と親交のあったX社に発行済株式総数の約20%に相当する株式を割り当てる第三者割当増資を決議した。これに対しB社は、不当な増資として新株発行の差止めを裁判所に請求したが却下された。この結果、本件第三者割当増資は決議どおり実行され、X社に割り当てられた新株に議決権が付与されて、株主総会ではB社提案の役員

選任議案は否決された。

【コメント】
○第三者割当による増資は、経営陣による支配株主の選択という側面を併せ持つ。本件は、現経営陣を退陣させようとする株主に対抗するため、現経営陣に友好的な議決権を創出するため行なわれた増資と言える。
○「著しく不公正な方法」による株式発行には会社法に基づく差止め請求ができるが、個別の判断は裁判所に委ねられており、裁判所は一般的には当該増資の「主要目的」が何かを見極めて判断する。特定の株主の持株比率を低下させ現経営者の支配権を維持することを主要な目的としてなされた増資は、「著しく不公正な方法」に当たる蓋然性が高いとされるが、「主要目的」に当たるかどうかの判断においては、当該ファイナンスのニーズに具体性や合理性があるかが勘案されているとされる。つまり［事例１］でも述べたエクイティ・ストーリーの信頼性と実現可能性が、ここでも重要な判断要素となる。
○投資者の立場からすると、争いを演じている両当事者への好悪を別とすれば、両者の掲げる経営方針と実行能力、そして企業価値向上を実現できる蓋然性などが、本来の判断要素であろう。つまり自己の支配権の取得や維持を優先し、企業価値向上を後回しにするようなグループの提案には乗るべきでないということになる。
○後述する本プリンシプルの原則第４は、このような投資者の合理的な判断をサポートする趣旨からも重要である。

原則第２　既存株主の利益を不当に損なわない

ファイナンス手法、実施時期、発行条件等は、ファイナンスに伴う株式の希薄化や流通市場に与える影響等について十分に配慮されたものであり、既存株主に対して合理的な説明が可能なものであること。

エクイティ・ファイナンスは必ず、少なくとも一時的には株主の権利の希薄化を生じさせる。その意味で既存株主は、ファイナンスによって最も直接的な影響を受けるステークホルダーである。原則第２は、既存株主の利益を

不当に損なわないことを求めている。ファイナンスによって生じる一時的な不利益が、当面の企業価値の維持や将来における企業価値の向上によって埋め合わされ、それを超える利益をもたらすことが望ましい姿である。

そのことを合理的に見込めるか否かについて、ファイナンスの時点で十分に説明が行なわれることは、株主にとって極めて重要である。加えて、直ちに株主に生じる不利益、すなわち株式の希薄化や株価の下落について、そのマグニチュードにも十分に配慮されたものとすべきことも当然である。このため原則第2は、ファイナンスの手法、実施時期、発行条件等が、そのような配慮を織り込んだものになっているか否かについても言及している。

[事例3] 不正調査の調査期間中の増資

当社（発行体）は、その連結子会社で生じた不明瞭な取引の調査のため、有価証券報告書の提出期限延長を申請し認められた。この間にX社から資本業務提携の提案を受け、同社への第三者割当増資を検討した。払込金額の算定基礎は直近1カ月の平均株価の90％とされたが、当社の株価はすでに大幅に下落しており、例えば直近6カ月平均に比して20％以上のディスカウントとなる。またX社は、提出が遅延している有価証券報告書への監査意見が「適正」となることを、本件提携の条件としていた。

事前相談を受けた東証からは、①ディスカウントされた株価で計算された払込金額についてその妥当性を既存株主に説明すべきこと、②監査意見が「適正」とならなかった場合に生じる混乱に鑑み、適正意見での有価証券報告書の提出を確認した後に決議を行なうという選択肢も検討すべきこと、を提案され、これを受けて当社は自発的に本件第三者割当増資を取りやめた。

【コメント】
○不正調査を行なっている段階でのエクイティ・ファイナンスは、合理的な投資判断の前提となる発行体企業の現状が不確実性に晒されている状況であり、多くの場合、実施時期として相応しくない。有価証券報告書の提出遅延の状況も同様である。
○割当先にとって特に有利な条件での増資については、「有利発行」として、会社法により株主総会での特別決議が義務づけられる。有利発行に

該当するかどうかについては、典型的には流通市場での株価の90%を下回らないことが一つの目安とされているが、本件の場合、株価自体が不正調査を発表した影響で短期間に大幅に下落しており、直近時点の株価のみを基準に有利発行に当たらないとする説明には疑問が持たれた。
○当社の判断は、結果として原則第2を踏まえたものとなり、適切であったと言える。

[事例4] **現物出資財産の評価が杜撰なケース**

多店舗展開の小売業を営む当社（発行体）は、関連新規事業への進出を計画していたところ、関係先であるX社から資本業務提携の提案を受け、同社を割当先とする第三者割当増資を企図した。しかしX社からの払込みは金銭でなく、同社が有する営業権の現物出資であることが予定された。また営業権の評価について第三者機関や専門家による意見を取得していなかった。しかも、当社の大株主であり元代表取締役でもある甲氏が支配するA社が、X社の主要株主であることも判明した。

事前相談を受けた東証は、甲氏の影響力の及ぶX社からの現物出資であるため、その出資財産の評価額の妥当性について、株主に十分な説明が必要と指摘した。これを受け、当社は自発的に本件増資を取りやめた。

【コメント】
○現物出資による第三者割当増資において、出資財産が過大に評価されれば、既存株主の利益が損なわれる。そのため上場会社は、評価プロセスにおける恣意性を排除するため、第三者機関や専門家の意見を入手するなどの手続きを踏み、また評価の合理性を既存株主に説明する責任がある。
○さらに、本件では大株主である甲氏が現物出資財産の評価に強い利害関係を有していた懸念があるため、恣意性のない公正な手続きと株主への十分な説明が特に重要となった。
○本件増資が取りやめとなったのは、結果として原則第2に沿った対応となった。

> **原則第3　市場の公正性・信頼性への疑いを生じさせない**
> 　公正でない方法により利益を得ようとする主体やその協力者を、資本市場に参入させないこと。
> 　個々には直ちに法令や取引所規則等の違反とは言えない取引を組み合わせ、全体として不当な利益を得るようなスキームとなっていないこと。

　エクイティ・ファイナンスは本来、それによって調達された資金が会社の収益力の強化と企業価値の向上のために有効に使われ、その成果が株主の間で公正・透明に分配されて、一時的な権利の希薄化を補って余りある利益を株主が等しく享受できるよう、実施されるべきである。しかし現実には、会社の根源的な価値向上には結びつかず、調達した資金がごく一部の株主・関係者のみの利益となるような事例が存在する。これらのケースは、一般の投資者を欺き、その犠牲によって、特定の個人・法人に不当に利益が流入するスキームとなっている。このような反市場的行為を企図し実行するグループは反市場的勢力とも呼ばれるが、原則第3は、これらの勢力をターゲットとしており、反市場的行為と反市場的勢力を資本市場から排除することを主なねらいとしている。

　本原則の第2段落では、さらに具体的に、構成要素となっている個々の取引は直ちにルール違反と断定できないものの、それらが組み合わさった全体の姿を見ると、不当な利益を吸い上げるようなスキームになっているケースに言及している。敢えてこのようなスキームに言及しているのは、不公正ファイナンスの手口が巧妙だからである。

　一般的に、第三者割当増資は、不公正ファイナンスに利用されやすいとの指摘がある。また、ライツ・オファリングのうちノンコミットメント型は、第三者によるデュー・ディリジェンスが組み込まれないため、従来から疑わしい事例が生じているのではと指摘されてきた（これらの指摘は、第2節で述べた一連の取引所規則改正にもつながっている）。すなわち、資金使途について、実態の乏しい新規事業への進出等の名目で、大株主など一部の関係者への支払いが行なわれて調達資金が社外流出しても、外部からのチェック

が利きにくい傾向にある。

[事例5] 第三者割当で調達した資金が、会社の筆頭株主の近親者が支配するグループから企業買収を行なう対価として支払われたケース

　業績が悪化していた当社（発行体）の筆頭株主になったB社は、当社の経営陣を交代させた上で、複数の企業・個人を割当先とする数億円の第三者割当増資を実施させ、当社はその調達資金の3分の1を創薬ベンチャーC社の買収に充てて100％子会社化した。その対価は、C社の親会社であるファンドD社に対して支払われた。買収価額はDCF法による評価だったが、実績の乏しいC社のビジネスについて極端に楽観的な想定を置いたものだった。

　また、D社の親会社であるE社の支配株主・乙は、当社の筆頭株主B社の親会社であるA社の支配株主・甲と近親者であった。なお、増資の割当先のうちの1社は、増資時の当社の開示に反して、「会社戦略上の理由」として払込日の2営業日後に株式の一部を売却した。当社の株価は、第三者割当決議日の終値に比し、払込完了の開示日の翌日終値が約30％上昇していた。

【コメント】
○買収資金の支払先であるD社とその親会社E社は、支払元である当社の筆頭株主B社とその親会社A社との間に、乙及び甲を介して人的なつながりを有している。またC社の買収額は、C社のビジネスの極端に楽観的な見通しに基づいており、その算出方法の妥当性について十分な検証が行なわれたとは確認できない。
○これらの点から、本件ファイナンスと事業買収は、乙・E社・D社のグループ及び甲・A社・B社のグループに利益をもたらすことを意図して行なわれたものであるとの疑念を抱かせる。すなわち、当社の企業価値の向上を目指したものとは考えにくい。
○また、中長期の保有を約束していた割当先が、その約束を反故にして割当直後に売却しているなどの不可解な行動も認められる。当該割当先と甲や乙との関係は定かでないが、このような行動も、本件ファイナンスが原則第3に照らして適切なものであったか、疑義を抱かせるものとい

える。

[事例6] 調達した資金が仲間うちでの不透明な事業買収に使用されたケース[4]

　当社（発行体）は、主力事業の見通し悪化を踏まえ、新規事業としてエネルギー関連事業を立ち上げることとし、その資金調達としてノンコミットメント型ライツ・オファリングを実施した。その資金使途の一部として、Ｃ社から債務超過の赤字企業Ｂ社を買収し100％子会社化したが、代金支払先であるＣ社は、当社の筆頭株主Ａ社との間で役員兼任があり、さらにＣ社の100％親会社Ｄ社とＡ社は本社所在地が同一であった。

　当社は、資金調達後まもなく事業計画と資金使途の変更の開示を行ない、またその後、調達した資金の一部を開示に反して運転資金に流用していたことが発覚した。

【コメント】
○業績不調で財務も悪化していたＢ社の売り手であるＣ社（及び親会社Ｄ社）と、買い手である当社（及び筆頭株主Ａ社）とは緊密な関係にあると推察され、ファイナンスで調達した資金がＣ社・Ｄ社を利するため、また間接的に当社の筆頭株主を利するために使われたとの疑念が浮かぶ。
○当社が、ファイナンス実施後まもなく事業計画と資金使途の変更を行なっていることも、当初から関係者が特定の者を利する意図を持っていた可能性を抱かせる。
○本件は、原則第3への不適合のみならず、情報開示の内容の一貫性の点でも、発行時開示についてのファイナンス実施後の整合性ある説明の観点からも、つぎの原則第4にも背馳している。
○原則第4への不適合は、しばしば不適切ないし不公正なファイナンスを

---

4 ► 本章で紹介する事例の番号は、原則として、日本取引所自主規制法人『エクイティ・ファイナンスのプリンシプル─事例と解説─』(2014年12月) で紹介されている事例の番号に対応している。ただし、本 [事例6] は『事例と解説』の [事例10] に対応している。また [事例7] は、『事例と解説』の [事例6] に対応しており、[事例7] は [事例6] に類似しているため紹介を省いている。このため [事例1] ～ [事例5] 及び [事例8] ～ [事例9] は、当該『事例と解説』の事例番号に対応している。

発見する端緒となる。

> **原則第4　適時・適切な情報開示により透明性を確保する**
>
> 　情報開示は、その時期が適切であり、その内容が真実で一貫性があり、その範囲が十分であり、かつ、開示資料等における説明が分かりやすく具体的で、株主や投資者が行なう投資判断に有用なものであること。
>
> 　ファイナンス実施後においても、発行時の開示内容が適切であったことを示せること。

　先行する章でも強調したように、情報開示は、資本市場が機能を発揮していく上で必須の基礎であり、市場参加者を規律づける基本的な土台である。エクイティ・ファイナンスにおいても、情報開示の役割は決定的であり、本プリンシプルが柱の一つとして掲げているのは当然である。

　情報開示を行なう主体である上場会社は、エクイティ・ファイナンスに際しても、その意義と重要性を十分に認識した上で、開示に対する真摯な姿勢を持ちそれを確実に実践することが強く期待されている。本プリンシプルでは、「適時・適切な情報開示により透明性を確保する」という柱の下に、以下の5つの要請を行なっている。

①開示の時期が適切であること
②開示の内容が真実で一貫性があること
③開示の範囲が十分であること
④開示資料等における説明が分かりやすく具体的で、株主や投資者が行なう投資判断に有用であること
⑤ファイナンス実施後においても、発行時の開示内容が適切であったことを示せること

である。これらのうち、時期の適切性、内容の真実性、範囲の十分性などについては、すでに取引所規則[5]において、会社情報の開示に係る審査の着眼

---

[5] ▶ 東証有価証券上場規程412条1項、上場管理等に関するガイドラインⅡ2。

点等として定められており、本プリンシプルはそれらの重要性を改めて確認している。

本プリンシプルで新たに強調されているのは、開示内容の一貫性（②）、そしてファイナンス実施前と実施後の間における一貫性（⑤）である。ファイナンス実施後において発行時の開示内容が適切であったと説明できることとは、開示の裏にある実態面でのプランやアクションについて誠実さを求めているものである。この背景には、発行決議時に開示した資金使途が資金調達後に短い間で変更されたケース、その時期や理由が不合理と思われるケース、発行時に資金使途として開示された事業が結局は着手されず運転資金や不透明な取引に充当されるケース、などが認められていたからである。

[事例7] 割当先の信用度の調査や制度的手続きの確認が不十分であったため、第三者割当が中止・失権となったケース[6]

当社（発行体）は、運転資金確保のためX社（外国籍）を割当先とする第三者割当増資を決議したが、決議の数週間後に、過去に実施した別の第三者割当の割当先であったA社（外国籍）から保有株式を譲渡したとの報告があり、主要株主の異動の開示を行なった。この後、当社の株価は急落し決議前日の終値の約30％まで下落したため、X社と協議の上ファイナンスを中止した。

当社はまた、別の機会に、借入金返済・運転資金確保のため、Y社（外国籍）を割当先とする第三者割当増資を決議した。しかしY社の所在する国における国外投資・送金の手続きの確認が不十分であったため、Y社は期日までに払込を完了できず、割当予定の株式の大半が失権した。

【コメント】
○開示した内容が外的な要因によって実現しなくなったケースであり、開示の前提となる事実の確認や、計画の履行がしっかり行なわれる必要性を示唆する。
○過去の第三者割当の割当先が長期保有の確約を破って保有株式を譲渡す

---

[6] ▶『事例と解説』の 事例6

る、という事態は直接当社の責任とは言えないが、割当先の信用度の調査や割当先に契約を履行させる説得力に欠けていたことは否めない。特に割当先が外国企業・ファンドである場合は要注意である。
○割当先が海外に所在する場合には、割当先が属する法域における制度や手続きについて、事前の十分な確認が不可欠である。
○原則第4は、情報開示の内容が真実で一貫性があること、そしてその内容が十分であることを求めている。割当先による保有株式の想定外の売却は、結果としてこれらの要請に応えていなかったことになる可能性がある。

［事例8］　資金使途を明示せず資金調達し、その後開示した資金使途も変更したケース

　当社（発行体）は、主力事業の不振をカバーするため新規事業へ進出し、そのためにノンコミットメント型ライツ・オファリングによる資金調達を決議し開示した。しかし具体的な資金使途については開示せず、資金調達後に開示するとしたものの、調達後も使途の開示をさらに遅らせた。資金調達から2カ月後にようやく発電施設の建設という使途を開示したが、そのさらに2カ月後には当該プロジェクトを中止した。

【コメント】
○資金使途は、エクイティ・ファイナンスへの対応を検討する投資家にとって、それが企業価値の向上に資するものか否かを判断する重要な情報である。にもかかわらず当社は、資金使途の開示を再三遅らせ、一旦開示した内容を短期間で変更するなどしており、投資家を軽んじているとの批判が生じうる。
○原則第4に言う、開示内容が「株主や投資者が行なう投資判断に有用であること」という要請から明らかに逸脱している。
○資金使途の変更は、やむを得ない外的環境の変化によるものもありうるが、安易な変更は原則第4の「開示内容の一貫性」という要請に背くことになる。このことは、事前の計画策定が杜撰であったり、策定後の事業遂行能力が不足していたりという可能性を示唆する。

第5章
エクイティ・ファイナンスのプリンシプル

[事例9] ライツ・オファリングで、大株主の権利行使の意向をめぐり一般投資者を欺いたケース

　当社（発行体）は、海外事業展開やM＆A推進のためとして、ノンコミットメント型ライツ・オファリングによる資金調達を決議し、これを開示した。その際、当社の役員でもある複数の大株主が、割り当てられた新株予約権の全部または大部分を行使する意向であり、行使の財源は保有する当社株式や新株予約権の一部売却により調達する方針であることも開示した。

　決議後に当社の株価は急落し低迷が続いたため、当社は、大株主が保有株式の売却を行なわないこと、新株予約権は市場外で売却する予定であることを開示し、同時に新株予約権の行使が一部にとどまる可能性がある旨も開示した。しかし大株主は、大量保有報告書の変更報告書を提出する段階になって初めて、新株予約権を市場内で売却していたこと等を当社に伝え、その旨の開示がなされた。

　その後も当社の株価は低迷を続けて新株予約権の行使価格に近接したところ、大株主は、権利行使期間満了の直前になって、新株予約権の大半を失権させる方針としたことを当社に伝え、その旨の開示がなされた。

【コメント】
○ライツ・オファリングによるファイナンスにおいて、大株主の権利行使の意向は、他の株主や投資者が投資判断を行なう上で重要な情報となる。
○本件では、大株主の不誠実な対応が背景にあるとは言え、大株主の行動について事実と異なる開示が発行体企業からなされ、他の株主や投資者を欺くこととなった。原則第4の「開示の内容が真実であること」という要請に背馳している。
○大株主が新株予約権を行使する旨の開示が一旦なされた後に、実際には新株予約権の大半を失権させる方針に転じたことは、大株主が権利行使するとの開示を信じて権利行使をした一般株主の信頼を裏切るものである。原則第4に照らしても、開示内容の一貫性と開示時期の適切性という条件を満たしていない。

第4節 本プリンシプルの使われ方と実効性

期待される使われ方

　本プリンシプルは、その考え方が資本市場に広く浸透して、ファイナンスの当事者や関係者によって以下のように活用されることが期待されている。

　第一に、エクイティ・ファイナンスの当事者である**上場会社**は、企業価値の向上と株主の利益に資するような資金調達を実現していく上で、本プリンシプルを活用することができる。特に、個別ケースで明解なルールが見当たらない場合には、プリンシプルで示されている基本的な規範に立ち返って検討することにより、最善な経営判断に至ることが可能になるのではないか。ファイナンスの実施は経営上の重要な判断であり、経営陣なかんずく経営トップによる主体的かつ真摯な検証が期待される。

　第二に、ファイナンスのスキームを企画し実務を遂行していく**主幹事証券会社**には、プリンシプルの趣旨を十分に踏まえた上で提案を行ない、発行体企業が基本的な規範から逸脱することがないよう助言を行なうことが期待される。また**弁護士・公認会計士**等の専門家も、それぞれの立場からプリンシプルに沿った職業的専門性を発揮し、上場会社の適切な経営判断に貢献していくことができる。

　第三に、**株主や投資者**は、発行体企業の開示する情報を注意深く読み、本プリンシプルに記載された原則に沿って評価を行なうことを通じて、エクイティ・ファイナンスが適切なものか否かの判断に役立てることができる。つまり本プリンシプルは、投資者の合理的な投資判断を支える役割も担う。特に機関投資家にとっては、本プリンシプルは当たり前のことを書いているに過ぎないかもしれないが、ここに記載の原則を個別事案に当てはめていく作業を通じて、プロ投資家の立場から投資判断をより確実ならしめることができるのではないか。

　第四に、適時開示のインフラを運営し、開示情報の適否の審査等を行なってしている**証券取引所**においては、ファイナンス案件の事前相談に訪れる上場会社に対して、上場規則への適合性に加え、プリンシプルを拠り所とした

助言を行なうことが可能となる。ライツ・オフアリングにおける新株予約権の上場審査においても同様である。こうした対話を通じて、プリンシプルの考え方が市場関係者に浸透していくことも期待される。この対話プロセスは、本プリンシプルの実効性を具体的に高めることになる。

本プリンシプルの実効性

　本プリンシプルは、その趣旨が広く資本市場に浸透し、上述のように幅広い市場関係者によって活用されることを通じて、実効性が高まる。ただしプリンシプルは直接的な強制力がないため、その効果は、各当事者・関係者の規範意識の確かさ（自己規律）と、市場メカニズムを通じた規律づけの誘引力の強さ（市場規律）とに依存する。したがってプリンシプルの浸透度合いは、その実効性を左右する重要な指標になる。浸透度合いを正確に計測することは容易ではないが、いずれにせよプリンシプルに沿った判断や行動が市場慣行として徐々に定着していけば、自己規律と市場規律とが有効に働くことは確かであろう。

　また、本プリンシプルの実効性を高める上で自主規制機関としての証券取引所の役割も大きい。上述のように取引所は、ファイナンスを含む適時開示の開示内容等の適正性を確認している。開示情報の点検は上場会社の実態の確認も伴うため、上場管理業務とも密接なつながりを持つ。さらに、ライツ・オフアリングでは、既存株主に無償割当される新株予約権の上場というステップが組み込まれており、当然ながらその上場審査も取引所が行なう。これらの業務は東証市場の場合は東証と日本取引所自主規制法人にまたがっており、両者の緊密な連携の下で行なわれている。その際に本プリンシプルが、参照されるべき基本資料となっていることは言うまでもない。

　日本取引所自主規制法人は、㈱日本取引所グループ（JPX）で自主規制業務の中核を担っているが、実はここでは、持ち込まれたエクイティ・ファイナンスの各事案について、以下のような作業を行なっている。すなわち、本プリンシプルの四つの原則ごとにその充足度合いを吟味し、A・B・C・Dの4段階で評価を行なっている。これを踏まえて、上場会社との対話の中では、原則の充足度が低い事案についてはスキームや実施時期の再考を促した

り、情報開示が不十分な事案については開示内容の充実を求めたり、といった要請を行なっている。さらに、いずれの原則についても明らかに充足度が低いケースについては、その旨を伝達してファイナンスの実施自体を再考するよう求めるといった対応も行なっている。以上はファイナンス実施前の段階での対応であるが、実施後においても、開示された資金使途や充当時期について、調達資金がきちんと活用されているか等をチェックし、事後のフォローアップも行なっている。第2節で述べた時系列での一貫性の確認である。

　上述の自己規律、市場規律、そして自主規制機関による規律づけの三つが相俟って、時間の経過とともに、本プリンシプルの実効性が高まっていくことが期待される。

第5章の参考文献

日本取引所自主規制法人『エクイティ・ファイナンスの品質向上に向けて』（2014年10月1日）

日本取引所自主規制法人『エクイティ・ファイナンスのプリンシプル―事例と解説―』（2014年12月）

大崎貞和「エクイティ・ファイナンスのプリンシプル」『金融ITフォーカス』㈱野村総合研究所、2014年11月号）

谷川聡「エクイティ・ファイナンスの品質向上に向けた取組み」『旬刊商事法務』No.2046（2014年10月25日号）（商事法務研究会）

第6章

不祥事対応のプリンシプル

　本章では、日本取引所自主規制法人が2016年2月に策定した『上場会社における不祥事対応のプリンシプル』（以下、本章で「本プリンシプル」という。）を紹介する[1]。まず策定の背景を語りつつ証券取引所の守備範囲について考察する（第1節）。続いて策定のねらいを要約（第2節）した後、本プリンシプルに掲げられた各指針の解説を行なう（第3節）。最後に第4節で、期待される本プリンシプルの使われ方に言及する。

第1節　策定の背景

不祥事発覚後の対応のまずさ

　昨今、上場会社における不祥事がしばしば報道されているが、それらの中には発覚後の対応のまずさゆえに、事態が深刻化し、社会的に強い批判を受けて企業価値を大きく毀損するケースも目立った。特に2014～15年には、エアバッグの欠陥の原因究明や有効な解消措置を取らずに被害を拡大させ会社存続の問題にまで発展した事例があったり、ゴム製部材等の様々な製品で次々と性能偽装等が発覚し真相究明に遅れを取ったりした事例が発生した。

　これらの事案をつぶさに観察してみると、事後対応の不手際にはいくつか共通の要因が潜在していることが読み取れた。これらの要因が上場会社の間で認識されておらず、取るべきアクションについて共通の指針もない状況で

---

[1] ▶ https://www.jpx.co.jp/regulation/public/index.html の「上場会社における不祥事対応について」の項を参照。巻末の資料7にも掲載。

あることが、不祥事発覚後に要領を得ない対応が相次ぐ原因ではないかと考えられた。そのような指針が存在し広く普及していれば、事態の収拾が遅れて顧客・取引先への悪影響が広がり、企業価値の毀損が深刻化していくようなケースを減らすことができるはずである。

　不祥事発覚後に上場会社が取るべきアクションは、個別事案ごとの事情で異なるであろうし、企業が属する産業分野によっても異なるであろう。しかしその際の基本的な心構えとも言うべきものは共通しており、その心構えが欠落しているがゆえに、いたずらに事態が深刻化していくのは残念なことである。そこでこの最低限の心構えが、上場会社において共通の意識として抱かれている状況を創り出すことができれば、速やかな企業価値の修復に貢献できるのではないか、と考えたことが本プリンシプル策定のスタートである。

取引所の守備範囲との関係

　上場会社の不祥事に対しては、それが取引所の上場規則に違反する内容を含む場合には、取引所として、是正を求めたり、違約金を徴求したり、特設注意市場銘柄に指定したり、あるは上場廃止にしたりという措置を講ずることになる。これら措置の対象となる上場規則違反の多くは、資本市場の基本インフラである開示制度の機能を損ねるような事案である。典型的には、会計不正をはじめとする有価証券報告書虚偽記載、適時開示義務違反である。

　なお、これらの措置対象になる上場規則違反には、「企業行動規範」の「遵守すべき事項」に違反している場合が含まれる。取引所の上場規則には「企業行動規範」という一群の規定（**図表6-1**）があり、そのうちの「遵守すべき事項」に違反している場合も同様に、取引所としての措置が検討される。他方、そのうちの「望ましい事項」のみに反している場合には、取引所として直接的な措置を講じる対象とはならない。

　さて、不祥事の実態面に着目して分類すると、上場会社がそのビジネスを遂行する中で、当該ビジネスに即して行なわれた不正行為や不適切な対応で、上場規則に違反していないもの、ないし不正会計や不適正開示に結びついていないものは、取引所の（権限行使を伴う）直接の守備範囲には入らない。

図表 6-1　企業行動規範

遵守すべき事項

1. 第三者割当に係る遵守事項
2. 流通市場に混乱をもたらすおそれのある株式分割等の禁止
3. MSCB等の発行に係る遵守事項
4. 書面による議決権行使等の義務
5. 上場外国会社における議決権行使を容易にする環境整備義務
6. 独立役員の確保義務
7. コーポレートガバナンス・コードを実施するか、実施しない場合の理由の説明義務
8. 取締役会、監査役会又は委員会、会計監査人の設置義務
9. 公認会計士等の選任に関する義務
10. 業務の適正を確保するために必要な体制整備に関する義務
11. 買収防衛策の導入に係る遵守事項
12. MBOの開示に係る遵守事項
13. 支配株主との重要な取引等に係る遵守事項
14. 上場会社監査事務所等による監査
15. 内部者取引の禁止
16. 反社会的勢力の排除
17. 流通市場の機能又は株主の権利の毀損行為の禁止

望まれる事項

1. 望ましい投資単位の水準への移行及び維持に係る努力等
2. 売買単位の統一に向けた努力
3. コーポレートガバナンス・コードの趣旨・精神の尊重
4. 取締役である独立役員の確保
5. 独立役員が機能するための環境整備
6. 独立役員等に関する情報の提供
7. 議決権行使を容易にするための環境整備
8. 無議決権株式の株主への交付書類
9. 内部者取引等の未然防止に向けた体制整備
10. 反社会的勢力排除に向けた体制整備等
11. 会計基準等の変更等への的確な対応に向けた体制整備
12. 決算内容に関する補足説明資料の公平な提供

（出所）東証有価証券上場規程より抜粋

しかし、不祥事が顧客・取引先に不利益を及ぼし企業価値を毀損することは、規則違反に該当するか否かにかかわらず共通である。他方、不祥事を起こした上場会社における自浄能力が高い場合にはその価値毀損は限定され、対照的に自浄能力が低い場合は価値毀損が拡大していく。こうした中で、上場規則違反のケースにおいては上場管理業務の一環で是正を求めていくのに対し、上場規則違反でないケースでは個々の企業の対応に任せたままとなる、という非対称性の問題が意識された。すなわち突き詰めると、上場規則違反には該当しないものの、不祥事の事後対応が極めて不適切な上場会社の問題である。ここで、自浄能力の低さにより企業価値の毀損が深刻化する状況をそのまま放置することは、資本市場の信頼性と活力に影響を及ぼしうる。このことに鑑みたとき、上述の基本的な守備範囲を意識しつつも、規則違反か否かという二者択一の次元を超えた発想と対処が求められるのではないか、という問題意識が浮上したわけである。

プリンシプル・ベースでの対応
　ここで浮上したのが、プリンシプル・ベースの手法による対応策である。専らルール・ベース（この場合は上場規則）を前提にした世界では、上述のように取引所の権限には制約が存在する。そこで伝統的な取引所の守備範囲から一歩踏み出して、規則違反でない場合も含め、自浄能力の発揮をプリンシプルによってサポートすることが資本市場全体の視点から必要かつ好ましい、という結論に至ったわけである。規則違反でない領域にまでルール・ベースでの措置を講ずることは想定されていないが、自浄能力の十分でない上場会社をプリンシプル・ベースで望ましい方向へ誘導していくということである。この取組みは、第一義的に規範意識の浸透をねらうものであるので、まずは不特定多数の上場会社への呼びかけと意識向上への誘導が中心となる。
　日本取引所自主規制法人は、上場管理業務の一環で規則違反が疑われる事案を詳細に審査するが、そのような作業が蓄積されてきた中で以下のことに「気づき」を得ている。すなわち、不正会計・不適正開示がある場合でもない場合でも、不祥事発覚時に不十分な対応しか行なわない企業には、共通の

ガバナンス上の問題が読み取れるということである。したがって、それらの問題点を抽出し、そこに光を当てて上場会社の意識に訴えていくことは、日常業務から得られた知見を活用するものであり、自主規制法人ならではの役割である。またこの取組みは伝統的な狭義の上場管理業務を円滑化するだけでなく、上場会社全体の自浄能力の発揮をサポートしていくことにもなる。

図表 6-2 はこの新しい取組みを概念整理したものである。このうち規則違反を伴う（A）と（B）のケースが、ルール・ベースでの伝統的な取引所の守備範囲である。このうち（B）は会社の内部管理体制の不備を伴う場合も多く、取引所による上場管理業務上の関与も高密度となる傾向にある。（C）と（D）のケースは規則違反には該当しないので、伝統的な取引所の守備範囲からは外れているが、今般、プリンシプル・ベースによる働きかけの対象とした領域である。特に（D）に該当するケースは、資本市場全体の信頼性の観点から、何らかの対応を講ずべきニーズが高いと考えられた分野である。

図表 6-2 事後対応の優劣と取引所の対応

不祥事の態様 \ 上場会社の対応	【自浄能力の発揮】上場会社による適切な事後対応	【自浄能力の欠如】上場会社による不十分な事後対応	《取引所の対応》
上場規則違反あり	(A) ・企業価値毀損は限定 ・上場管理の負担は小	(B) ・企業価値毀損が拡大 ・上場管理の負担は大	《(A)と(B)に対し》ルール準拠による審査・処分等（伝統的な守備範囲）
上場規則違反なし	(C) ・企業価値毀損は限定	(D) ・企業価値毀損が拡大	《(C)と(D)に対し》プリンシプル準拠による意識向上（追加された取組み）
上場規則違反の有無を超えて	プリンシプルの活用により、企業価値の速やかな修復がさらに確実となる	放置すれば企業価値の低下が継続するため、自浄能力の発揮を強く促す必要あり	《(A)・(B)・(C)・(D)のすべてに対し》市場全体の視点で自浄能力を底上げ

資本市場の視点

　取引所の規則違反に該当していない上場会社に働きかけを行なうことは、ルール・ベースでの守備範囲の拡大を意味するわけではないものの、伝統的な取引所の取組みからは一歩外へ踏み出すことになる。しかし、不祥事企業が不十分な対応のために事態を深刻化させ、企業価値を大きく毀損する状況が広く蔓延すれば、そのような資本市場は信頼を徐々に失い、市場全体の時価総額も低下することになる。

　上場会社が自助努力によって事態を収拾し、不祥事の原因を特定して再発防止に取り組むべきことは当然である。そのことを前提としつつも、そのような自浄能力が確実に発揮される枠組みが定着している資本市場となるよう努めることは、資本市場の中核に位置する取引所にとって重要な使命とも言える。そのような意味で、本プリンシプルの策定は、資本市場の信頼性向上という取引所の使命を意識した取組みに他ならない。

第2節　本プリンシプルのねらい

不祥事がもたらす悪影響

　上場会社には、株主をはじめ、顧客、取引先、従業員、地域社会、債権者など多様なステークホルダー（利害関係者）が存在する。このため、上場会社が重大な法令違反その他の不正・不適切な行為等を行なった場合、すなわち不祥事を起こした場合には、その影響が多方面に及ぶ。ケース・バイ・ケースではあるものの、自社製品・サービスを購入した顧客に迷惑が及び、納入先に自社製品の不具合への対応を強いることになり、従業員には会社に対する誇りと忠誠を失わせ、自社工場が稼働し多くの従業員が暮らす地域社会へ不安をもたらし、債権者にとっては貸出債権等の回収リスクが上昇する。そして何よりも、株主に株価の下落という形で直接的な被害を及ぼす。

　これを、不祥事を起こした企業の側から見れば、顧客の自社製品・サービスへの評価が落ちて注文が減り、取引先の自社への信頼が低下して取引条件等の悪化につながり、従業員の士気が低下し、地域社会の支持が失われ、債

権者から貸出条件の厳格化等を求められる。これらは業績の悪化として表れ、収益力の低下と株価の下落につながって企業価値が毀損される。

したがって上場会社は、パブリック・カンパニーとしての自覚を持ち、グループ会社を含め自社に関わる不祥事ないしその疑いを察知した場合は、まず速やかにその事実関係を正確に把握する必要がある。その上で、不祥事の原因を徹底的に解明し、その結果に基づいて確かな再発防止策を策定し、実行する必要がある。上場会社は、このような自浄作用を発揮することで多様なステークホルダーの信頼を回復するとともに、企業価値の毀損を食い止めその再生を確かなものにすることが強く期待されている。

不祥事発覚後における対応の適否は、当該上場会社とそのステークホルダーだけでなく、資本市場全体の信頼性にも関わってくる。不祥事発覚後の稚拙な対応が蔓延しているような資本市場は、ガバナンスの欠けた市場と見なされ、内外の投資者からの信頼を失うことになる。したがって、パブリック・カンパニーとしての自覚とは、当該市場に上場している他の上場会社に及ぼす不利益や、資本市場全体の信頼性に及ぼす影響を意識することも含むと言える。

不祥事対応の現実

現実には、上場会社における不祥事対応には、程度の差こそあれ不適切・不十分なものがしばしば見受けられる。そもそも不祥事としての認識が遅すぎるケース、事実確認のために十分な体制を取らず調査に客観性・独立性が欠けているケース、事実解明が現象面だけに偏り中途半端であるケース、原因の特定が表面的で根本原因の究明に至っていないケース、再発防止策が実効性を欠いているケース、情報開示が迅速・的確に行なわれないケース、などである。

このような現実が放置されれば、わが国の資本市場そのものの評価を損なうことになる。不祥事により失われた企業価値の再生がままならない会社が多数を占めるような市場は、定性的にガバナンスの質を疑われ、定量的に企業価値の低下が時価総額の縮小になって表れる。つまりこの問題は、個別上場会社の問題にとどまらず、資本市場全体の課題となるのである。

日本取引所自主規制法人が、不祥事に直面した上場会社に強く期待される対応や行動の基本原則（プリンシプル）を策定したのは、このような背景による。このプリンシプルに掲げられた基本項目に沿って対応することにより、問題に直面した上場会社が、速やかにステークホルダーからの信頼を回復し、毀損した企業価値を着実に再生していく道筋を描いている。これが有効に活用されることを通じて、資本市場全体の信頼が確保されることを期待しているものである。

プリンシプル・ベースを採用した理由

この指針はプリンシプル・ベースで策定されている。その理由は以下の二つである。

第一は、上述したように、ルール・ベースを前提に構成されている取引所の規則と守備範囲を所与としつつ、ルール・ベースでは整理しきれない新しい領域を付け加えるものであり、かつそれがプリンシプル・ベースでの対応に相応しいものであったからである。同時に、それが自主規制法人の知見を生かしつつ、目の前の問題に速やかに対処する上で最適な手法であったためでもある。

第二は、不祥事へのあるべき事後対応は、個別の内容や背景事情に即して行なわれるべきであり事案ごとに異なるため、すべての事案を一律の基準（ルール）で律することには馴染まないからである。他方、多様性の中にも多くの共通課題が含まれていることも事実であり、不祥事対応において必ず押さえておくべきいくつかの基本的な行動原則が存在する。これらは、これまで自主規制法人が対応してきた事例から、共通項として抽出されたものであり、経験に裏付けられた実用性とカバレッジの広がりがある。このような基本的な行動指針がプリンシプルの形で明示されていれば、不祥事対応に取り組む上場会社が、自社の個別事案における判断や行動の拠り所としてそれを活用できることになる。つまりプリンシプルは多様なケースへの応用が可能な仕組みなのである。

なお、当然のことであるが、本プリンシプルは法令や取引所規則のようなルールではないため、規則違反がない限り、仮に本プリンシプルの充足度が

低い場合であっても、それのみを理由に上場会社に対する不利益措置が行なわれることはない。

第3節 本プリンシプルの構成と内容

「上場会社における不祥事対応のプリンシプル」には、「～確かな企業価値の再生のために～」という副題が添えられており、上に述べた趣旨を、その目的として端的に示している。以下で各指針のポイントを具体的に見ていこう。各指針の解説の後には、実際に観察された問題事例を付し、その問題点を箇条書きしている。

　本プリンシプルは、前文と以下の四つの行動指針で構成されている。
　［指針1］　不祥事の根本的な原因の解明
　［指針2］　第三者委員会を設置する場合における独立性・中立性・専門性の確保
　［指針3］　実効性の高い再発防止策の策定と迅速な実行
　［指針4］　迅速かつ的確な情報開示

> **前文**
> 　企業活動において自社（グループ会社を含む）に関わる不祥事又はその疑義が把握された場合には、当該企業は、必要十分な調査により事実関係や原因を解明し、その結果をもとに再発防止を図ることを通じて、自浄作用を発揮する必要がある。その際、上場会社においては、速やかにステークホルダーからの信頼回復を図りつつ、確かな企業価値の再生に資するよう、本プリンシプルの考え方をもとに行動・対処することが期待される。

　この前文は、本プリンシプルの内容を予め要約し、期待される使われ方を示している。まず、行動を起こすタイミングについて、不祥事が把握された

時点のみならず、その疑義が把握された時点を加えて、早期の取組みを促している。アクションの開始が早ければ早いほど傷が浅いうちの治癒が可能となり、企業価値の毀損も小さくて済むからである。

続いて、事実解明と原因究明に基づく再発防止を図ることを通じて、自浄作用を発揮する必要を強調している。自浄作用とは、不祥事を起こした企業自らが、主体的に事実関係の把握と原因の究明に取り組み再発防止を図ることである。社会的批判の大きさに押されて初めて動くのではなく、監督官庁の指示を待つのでもなく、企業自身が主体的に考えて行動することを想定している。

さらに、本プリンシプルに沿った行動が、ステークホルダーの信頼の速やかな回復と、企業価値の確かな再生のためのものであることを述べている。ここに示される行動指針によって実現されるべき目的を再確認しているものである。

> [指針1]　不祥事の根本的な原因の解明
> 　不祥事の原因究明に当たっては、必要十分な調査範囲を設定の上、表面的な現象や因果関係の列挙にとどまることなく、その背景等を明らかにしつつ事実認定を確実に行い、根本的な原因を解明するよう努める。
> 　そのために、必要十分な調査が尽くされるよう、最適な調査体制を構築するとともに、社内体制についても適切な調査環境の整備に努める。その際、独立役員を含め適格な者が率先して自浄作用の発揮に努める。

[指針1]は、不祥事の根本原因の解明が不可欠であることを強調している。そのためには確かな事実認定の作業が前提となる。不祥事対応のスタートである事実関係の確認が中途半端であると、それに続く作業全般が影響を受け、全体の取組みが不十分で実効性に欠けるものとなりかねない。そこで、確かな事実認定と根本原因の究明が着実に実現するよう、以下の留意点を示している。

第一に、必要十分な調査範囲を設定すること。調査範囲を、目の前に現象として見えている問題だけに狭く限定すると、社内に潜んでいるかもしれな

いより広範な問題を捨象してしまうことになりかねず、根本的な原因に迫ることは難しくなる。必要以上に広範な調査は焦点をぼやけさせるリスクがあるが、いずれにせよ必要にして十分な調査範囲の設定は不可欠である。このため必要十分な調査期間の設定も重要である。迅速な調査は望ましいが、予め短い期間で調査結果を求めるようなやり方は、調査に時間的制約をはめてしまい、やはり根本原因への肉薄を難しくしかねない。

　第二に、最適な調査体制を構築すること。調査担当者ないし担当チームは、問題の起きた分野への見識を持ち、ものごとを客観的に観察し論理的に整理する能力を有し、何よりも不祥事の利害関係者から独立した思考をできることが求められる。責任の所在を特定する作業も含まれるからである。またこの調査体制の中には、適切な調査方法の選択も含まれるだろう。調査に当たっては、関連文書・帳票類の確認、メール通信のチェック、関係者への面談・ヒアリング、取引先など外部との接触、現地への往訪、などが必要になるが、その範囲に合理性のない制約を設けるべきではない。また調査を受ける側の社内各層の人間が、円滑に調査へ協力できるよう、経営トップからのメッセージ発出などを含め、社内環境を整えることも重要である。

　第三に、深度のある事実認定を行ない問題の根本原因を探り出すこと。目に見える現象の記述や表面的な因果関係の羅列ではなく、背景等を含めた深度のある事実確認を行ない、問題の真の原因に行き着く事実認定が必要である。根本原因の究明に当たっては、社内規定、取引慣行、指揮命令系統などのガバナンス面を含め、潜在している問題にも光を当てることが望ましい。根本原因の究明が不十分であると、それに基づいて策定される再発防止策も実効性に乏しいものとなる蓋然性が高まる。

　第四に、このオペレーションにおいては、社外取締役など独立役員が率先して役割を果たすべきこと。独立役員は、社内情報等へのアクセスが外部の第三者と比べれば容易であり、同時に経営陣（執行サイド）から一定の独立性を有しているので、スピード感を持って客観的な立場からこの作業を進めていくリーダーシップを発揮すべき立場にある。一般的に、そのような資質を有する者が社外役員の任に就いていることが望ましいのは当然である。

[問題事例1]
　A社のp事業部門において主力製品の強度偽装が発覚。A社はp事業部門について社内調査を実施し、当該部門におけるコンプライアンス意識の欠如が原因と判断し、部門内でコンプライアンス研修を実施した。数カ月後、同社のq事業部門においても同様に強度偽装が発覚した。
【コメント】
○問題が発覚した部門だけに調査範囲を限定した。
○コンプライアンス意識の欠如について、欠如をもたらした原因を探らなかった。
○根底にある共通の問題が他の部門にも蔓延していたことを想像できなかった。

[指針2]　第三者委員会を設置する場合における独立性・中立性・専門性の確保
　内部統制の有効性や経営陣の信頼性に相当の疑義が生じている場合、当該企業の企業価値の毀損度合いが大きい場合、複雑な事案あるいは社会的影響が重大な事案である場合などには、調査の客観性・中立性・専門性を確保するため、第三者委員会の設置が有力な選択肢となる。そのような趣旨から、第三者委員会を設置する際には、委員の選定プロセスを含め、その独立性・中立性・専門性を確保するために、十分な配慮を行なう。
　また、第三者委員会という形式をもって、安易で不十分な調査に、客観性・中立性の装いを持たせるような事態を招かないよう留意する。

　[指針2] は、[指針1] を補強する趣旨で、不祥事の事実認定と原因究明に「第三者委員会」を用いる場合の心構えを述べている。
　まず第三者委員会の設置が有用ないし必要となる典型的なケースを挙げている。すなわち、①内部統制の有効性や経営陣の信頼性に相当の疑義が生じている場合、②当該企業の企業価値の毀損度合いが大きい場合、③複雑な事案あるいは社会的影響が重大な事案である場合、である。①のように、経営

者の適格性に問題があったり、経営陣が不祥事に関与したりしている場合には、会社の現体制が調査を行なっても社会の信頼は得られにくいだろう。②のように、会社の存続に不確実性が生じている場合には、現経営陣が当事者能力を失いかけている可能性もあり、社会的信用のある第三者に調査を委ねるのが現実的であろう。③のように、多様な関係者が絡んで錯綜した利害関係が生じていたり、社会的な広がりが大きかったりする場合には、専門性の高い識者が実態解明をするニーズが高くなるだろう。いずれの場合も、調査の客観性・中立性・専門性を確保する必要性が特に高いケースである。

　したがって、委員会の構成と委員の選定に当たっては、その独立性・中立性・専門性を確保すべきことを念押ししている。独立性は、不祥事に関与ないし関連している社内・外の者から独立している立場と、その独立性を貫ける胆力とを求めている。中立性は、利害関係を有するどの特定のグループにも偏らない判断をできる見識を求めている。専門性は、生じた経営上の問題を法律面・財務面・技術面などから深く理解し、論理的に整理し、解決策を提示できる能力を求めている。そしてこれらの資質を個々の委員について求めるとともに、構成された委員会についても求めている。また［指針2］は、委員の選定プロセスにも言及している。例えば、不祥事に関わりのあった経営トップの影響下で選任された委員は、これらの資質を備えているとは見なしにくいであろう。

　［指針2］の第二段落は、第三者委員会を「隠れ蓑」とするような行動への警鐘である。例えば、実際には社長や経営陣を守る目的を持って組成され、独立性・中立性が疑われるような姿で立ち上げられた調査組織を「第三者委員会」と称し、これに客観性の装いをまとわせるようなことは避けるべきである、との趣旨である。

　なお第三者委員会による調査への規律づけとしては、日本弁護士連合会『企業等不祥事における第三者委員会ガイドライン』（2010年7月15日制定、同年12月17日改訂）[2] が存在する。これは、第三者委員会に参加ないし関与する弁護士に向けた指針であるが、この面からも第三者委員会のあり方に

---

2 ► https://www.nichibenren.or.jp/activity/document/opinion/year/2010/100715_2.html

ついては規範が提示されている。この点については第4節で補足する。

[問題事例2]
　B社で発覚した不正会計の裏には、短期的な利益計上ばかりを重視し、不正行為への抵抗が小さい社内風土があった。この風土には、創業者である社長の方針によって醸成されていた面があった。こうした中、社長が自ら知己の弁護士・会計士に声をかけ、委員を選定して「第三者委員会」を構成した。その際、独立役員を含む取締役・監査役は、同委員会の設置プロセスやその調査結果について、十分に吟味せず追認するのみであった。調査結果に基づく一応の組織改編等を行なったものの、程なくして再度の社内改革が必要となった。

【コメント】
○経営陣の責任が問われかねない事案において、社長が自ら委員を選定して立ち上げた第三者委員会には、独立性・中立性は期待できない。
○独立役員をはじめとする役員が、委員の選定プロセスでも、委員会の調査においても、問題解明の独立性や客観性を確保するための役割を果たしていない。([指針1] にも抵触)
○調査結果が不十分であったため、それに基づく社内改革も中途半端で、後日、より本格的な改革に追い込まれた。([指針1]・[指針3] にも抵触)

[指針3]　実効性の高い再発防止策の策定と迅速な実行
　再発防止策は、根本的な原因に即した実効性の高い方策とし、迅速かつ着実に実行する。
　この際、組織の変更や社内規則の改訂等にとどまらず、再発防止策の本旨が日々の業務運営等に具体的に反映されることが重要であり、その目的に沿って運用され、定着しているかを十分に検証する。

　調査結果を踏まえて実効性の高い再発防止策を策定すること、そしてそれを迅速に実行することが、このプリンシプル全体の目的である。[指針1]

も［指針2］も、このことを確実に実現するための前提条件と位置づけられる。

　当然ながら再発防止策は、根本原因に即したものでなければ、その実効性が期待できない。表面的な個別の因果関係の羅列ではなく、深度のある根本原因の究明に基づいて策定された再発防止策は、その後の類似事例の発生を抑えるだろうし、全社的なガバナンスの改善にも資するものとなるだろう。また具体的な成果を得るために、その迅速な実行が不可欠であることも当然である。改革の実践には社内のあちらこちらで多少の抵抗も予想されるが、全社的な問題意識の共有と、経営陣の指導力によって前進することが肝要である。

　さらに［指針3］は、改革の実践において、組織の変更や社内規則の改訂等だけにとどまることなく、再発防止策の本旨が日々の業務運営等に具体的に反映されることが重要だとしている。再発防止策が形式倒れにならないように、との心構えである。このためには、運用状況や定着度合いを実地検証し、不足があれば追加的に策を講じていくPDCAサイクル（Plan・Do・Check・Act）が重要であることも示唆している。

[**問題事例3**]
　C社において、納入先との契約で定められたスペックを満たさない製品の出荷が行なわれていることが発覚した。調査結果に基づき、当該製品の製造部門に検査セクションを設置し、取引先との契約の確認プロセスを強化したが、しばらくして、条件未達の製品が他の納入先へも出荷されていることが発覚した。
　【コメント】
　○問題の起きた出荷ルートについてのみの改善であったため、横展開が行なわれず、他のルートに改善が浸透しなかった。問題の原因究明が十分になされなかったため、改善策は根本原因に即したものとなっていなかった。
　○組織の変革と規定類の改訂だけを行なっても、その趣旨に沿った現場でのオペレーションが確実に行なわれる保証はない。その趣旨に沿った運

用がなされているかの確認と、PDCAサイクルの発想が重要。

> **［指針4］　迅速かつ的確な情報開示**
> 　不祥事に関する情報開示は、その必要に即し、把握の段階から再発防止策実施の段階に至るまで迅速かつ的確に行う。
> 　この際、経緯や事案の内容、会社の見解等を丁寧に説明するなど、透明性の確保に努める。

　上場会社には多様なステークホルダーが存在している。その中には、不特定多数の株主、不特定多数の消費者等が含まれていることを忘れてはならない。これらのステークホルダーに公平に情報を提供するのが情報開示である。不祥事が発覚した際に行なわれる情報開示についてもいくつか重要な心構えがある。

　第一は誠実さの観点。業務運営上の重大な瑕疵によって納入先やその先の最終消費者に被害が及ぶ事態は、取引先や消費者との約束違反であり、さらには、広く社会との約束違反であることを謙虚に認める必要がある。このことは、明白な法令違反の有無にかかわらず、重要な基本姿勢である。社会的広がりのある深刻な事態を、内輪での処理ないし限られた直接取引先との協議だけに閉じ込め、非公開にすることは許されない。

　時折、進行中の訴訟事案において会社にとって不利な証拠になりうることを理由として、開示を控えるという対応がなされることがある。このようなケースでも、当該訴訟での勝敗による会社への影響と、不祥事の及ぼした社会的損失やステークホルダーが被った損害に鑑みた情報開示の重要性とを、十分に比較衡量しギリギリの経営判断をするべきである。少なくともその判断に至った経緯については説明責任を果たすべきであろう。

　第二は正確さと的確さの観点。開示情報は正確でなければならない。そのためには必要な事実確認が事前になされるべきことも当然である。開示のし方も、個別の事実を羅列しただけのものではなく、要点がよく整理され理解しやすい内容となっている必要がある。事案の事実関係のみならず、その経緯や会社としての見解等を丁寧に説明することが望ましい。開示内容の充実

は、被害を受けた関係者への誠実さの証しともなる。

　第三は迅速さの観点。事実関係の正確な把握が情報開示に先行すべきは当然であるが、事実確認のみに多大な時間を費やしていては、タイムリーな情報提供に支障をきたす。全貌がつかみ切れていない段階であっても、必要な最小限の確認が済んだ段階で速やかに開示することが求められる局面もある。不祥事が発覚した際に、その被害が及ぶ取引先等に説明を行なうことは当然としても、そちらを優先させた結果、社会に対する情報開示が遅れて「隠蔽体質」との誹りを受けたケースもある。迅速さと正確さをどう両立させるかは、経営陣の力量が試される重要な課題と言える。

　第四は、各局面を通じた適時開示の観点。不祥事への対応は、それが発覚した段階から、事実確認を行ない、事態の深刻度合いを評価し、問題の根本原因を究明し、それに基づく再発防止策を策定し、それを実行に移し、その実効性を確認する、といった各段階を経て進んでいく。不祥事については、これらの節目節目において遅滞なく、要領を得た情報提供を行なっていくことが重要である。これにより影響を被ったステークホルダーは、不祥事対応の進捗状況を評価し合理的な判断に活用することができる。このような事態の推移を通じた一貫した情報開示は、毀損した企業価値の再生に寄与していくだろう。

［問題事例4］
　D社において、不正会計が発覚し、過去の決算が大幅に訂正された。D社は、調査委員会を設置し調査を開始したが、調査結果は開示せず、再発防止策の概要のみを開示した。また、再発防止策の実施段階で他の不正も把握したが、速やかに開示せず、数週間経過した段階で初めて公表した。
【コメント】
○投資判断の基礎である決算情報に大きな誤りがあったにもかかわらず、その背後にあった不正の実態について十分な開示が行なわれなかったのは、上場会社としての透明性に欠け、投資者に対する誠実さにも欠ける。
○調査結果が公表されなければ、再発防止策が問題の根本原因に即したも

のであったかどうか判断できず、企業価値の再生への見通しも覚束ない。
○不祥事への対応を進めている最中に、新たに把握された不祥事について迅速開示を行なわなかったのは、情報開示全般への消極的な姿勢の表れであり、自浄作用そのものに疑念が抱かれる。

第4節　本プリンシプルの使われ方と実効性

　本プリンシプルの実効性は、これが上場会社に如何に浸透し、如何に頻繁に参照されるかに掛かっている。その普及には様々なルートが考えられる。不祥事を起こした上場会社における打ち手の検討、取引所の上場管理実務、投資者の投資判断、弁護士・公認会計士等の専門サービス、などである。これらの局面で本プリンシプルが頻繁に参照されれば、標準的な確認項目として定着していくことが期待される。したがって本節では、期待される本プリンシプルの使われ方を示すことを通じて、その実効性を展望することにしよう。

上場会社での使われ方
　このプリンシプルは第一義的に、不祥事を起こした上場会社において使われることを想定している。不祥事が発覚した会社においては、現場での当面の収拾に追われ、誰がリーダーシップを取るべきか等を含め、混乱が広がっているような事態も考えられる。そのような状況においては、企業価値の再生に向けての道筋、そして取るべき具体的なアクションとその手順についてのビジョンは形成されていないだろう。そのような企業は、爾後の打ち手を考える際の標準的な手掛かりとして、本プリンシプルを活用することができるだろう。
　また［指針4］で述べた「誠実さ」を重視する企業にとっては、ステークホルダーとの良好な関係の維持のためになすべきことを、基本に立ち返って検討する際の拠り所となるだろう。不祥事対応が進捗していく中で、各局面でなすべきことを、もれなく遂行していくためのチェックリストにもなるか

もしれない。

　本プリンシプルは、不祥事が発生ないし発覚していない上場会社においても、活用の仕方がある。例えば、自社で不祥事は起きていないものの、不祥事を起こした企業が、自社と類似した製品を類似した製造工程で生産し、類似した取引構造を有している同業他社であった場合には、それは他人事ではないはずである。自社に同様の問題が潜在していないかを早めに確認するのが、見識ある経営者の取るべきアクションであろう。この場合、［指針1］の精神を持って自社の状況を調査し、もしも軽微でない問題が発見されたら、［指針2］以下の心構えを持って早めの対応を進めていくことにより悪影響を限定することが可能になるであろう。

　さらに、将来不祥事が起きた場合の備えとして、予防的に本プリンシプルを参照する企業もあるかもしれない。そのような企業は、いざというときに迅速・的確に対応できる蓋然性が高くなる。またそのような企業はおそらく、第7章で詳述する「不祥事予防のプリンシプル」を活用して、そもそも不祥事が起きにくいガバナンスと企業風土を醸成することにも熱心であろう。

取引所での使われ方

　上場管理業務を遂行している取引所において、本プリンシプルは、上場会社との対話において常に参照されるべき確認項目を提供している。特に、取引所規則に違反しているケースでは、ルール・ベースでの措置を検討することになるため、当該企業の内部管理体制や不祥事の実態について詳細に確認を行なう。不祥事への事後対応についても、本プリンシプルの趣旨に沿った適切な取組みが実行されているか否かは、上場管理上の判断に影響を及ぼしうる要素である。プリンシプルの充足度合いだけを理由に不利益措置が決定されることはないが、内部管理体制など定性的な評価に関わる分野については、プリンシプルの趣旨と、審査に係る上場規則の視点とでオーバーラップする部分が多いことから、その成績が重要であることは想像できるであろう。

　例えば、特設注意市場銘柄（189ページの脚注を参照）に指定された企業について、その指定解除の是非を検討する際には、本プリンシプルに沿った対応が的確になされているかどうかは、内部管理体制の改善度合いを評価す

る上で重要な要素となる。再発防止策が必要十分かという審査上の評価と、プリンシプルの充足度合いとが大いに重なり合うものだからである。

　他方、上場規則違反がないケースでは、不祥事の発生や事後対応の不十分さのみを根拠に措置が検討されることはない。ただし、規則違反の有無そのものを確認するために行なわれる自主規制法人の調査等において、プリンシプルに沿った対応がなされているか否かは議論になってもおかしくはない。

投資者における使われ方
　不祥事の発生は、投資者の投資判断に大きな影響を及ぼす。このことは、不祥事の発覚直後に当該企業の株価が下落することに端的に表れている。まずこの段階で、当事者企業による不祥事についての迅速かつ正確な情報発信は重要である。それが、不祥事の深刻度合いや影響の広がり等について、投資者の合理的な判断をサポートすることになるからである。当事者である上場会社にとっても、投資者における情報不足ゆえに事態の深刻さを過大評価されることは不本意であろう。

　つぎに、事実確認や原因究明が行なわれ再発防止策が策定されていく局面で、投資者は、企業価値の毀損度合いやその再生の見通しを立てることになる。この作業が、不祥事を起こした企業によるタイムリーな開示によってサポートされるべきことは当然である。投資者が、開示された情報を評価し、不祥事対応の進捗度合いを測る上で、本プリンシプルは対応の適否を確認する拠り所になるだろう。ここで、専門性の高い機関投資家の役割が重要であることは言うまでもない。

弁護士・公認会計士などの専門家における使われ方
　弁護士や公認会計士は、日常から上場会社に法的アドバイスを提供したり会計監査等での関与を行なったりしている。不祥事が発覚した際に、最初に相談を受ける立場になるケースも多いだろう。また事実関係を確認するため社内に設けられる調査組織に参画することも一般的であろう。不祥事の内容が軽微で影響が限定的な場合には、このような内部調査委員会による迅速な調査が有効であることも多く、そこへの弁護士・公認会計士の参加は、当該

組織の調査能力を高め調査結果の信憑性を高める効果も期待できる。また、彼ら・彼女らが当該企業の社外取締役や社外監査役といった社外役員に就いている場合には、より重い責任を担い、事後対応に積極的にリーダーシップを発揮すべき立場にも立つだろう。社内情報等へのアクセスが比較的容易であると同時に、執行部を構成している経営陣からは一定の独立性を有しているため、そのような役割を担うのに相応しい立場だからである。

　このような立場にあるプロフェッショナルな専門家が、他社事例も含めて日頃から本プリンシプルに馴染み、仮想訓練等にも取り組めば、良質のアドバイスを迅速に提供できることになるだろう。関与先の企業で現実に不祥事が発生した場合には、アドバイスにとどまらず、率先して事後対応をリードしていくことも可能になるだろう。具体的な不祥事への事後対応は、個社ごとの事情に応じてそれぞれ異なる展開となることが想定されるが、参照すべき標準的な項目が存在することは、職業的専門家の方々の作業を効率化すると見込まれる。

　他方、経営陣が対外的に信頼を失っている、不祥事の社会的影響が広範囲にわたっている等で、第三者委員会が設置される場合には、当該上場会社の外から弁護士・公認会計士等が参画することになる。第三者委員会については、上述のように、本プリンシプルは特に一項目を設けて、独立性・中立性・専門性の確保を強く謳っている。これは直接的には委員会を設定する上場会社に向けてのメッセージであるが、参加を打診された弁護士・公認会計士等が参加を応諾するか否か判断する局面、そして参加した後に調査を進め事実認定を行なう局面、調査報告書を起草する局面で、各々の参加メンバーが肝に銘じておくべき重要な心構えを提供している。

日弁連のガイドライン

　実は第三者委員会のあり方については、第3節で紹介したように、本プリンシプルより数年先行して日本弁護士連合会が『企業等不祥事における第三者委員会ガイドライン』を策定している。こちらは、より直接的に弁護士に向けられたガイドラインである。

　その冒頭「第1部　基本原則」では、第三者委員会を、「企業等から独立し

た委員のみをもって構成され、徹底した調査を実施した上で、専門家としての知見と経験に基づいて原因を分析し、必要に応じて具体的な再発防止策等を提言するタイプの委員会」と定義した上で、その目的を、経営者等自身のためではなく、「すべてのステークホルダーのために調査を実施し、その結果をステークホルダーに公表することで、最終的には企業等の信頼と持続可能性を回復すること」と記述している。ここでステークホルダーとは、株主、投資者、消費者、従業員、債権者、地域住民などである。

　その上で当ガイドラインは、第一に、第三者委員会の活動について、調査スコープ・事実認定・評価・原因分析に関する指針を定め、企業側の説明責任について、報告書の開示義務等を記述し、また第三者委員会による改善策の提言について言及している。第二に、委員会の独立性・中立性について、起案権の専属、報告書の事前非開示、経営陣に不利益な事項の記載、委員への就任資格等について記述している。また第三に、企業側の協力義務、第四に、公的機関とのコミュニケーションの権利、第五に、委員の適格性や委員会の構成について記述している。最後に第六として、あるべき調査の手法に言及し、また当ガイドラインがベスト・プラクティスを示したものであり日本弁護士連合会の会員を拘束するものでないこと等を述べている。

　筆者は、このガイドラインの最も重要なメッセージは、以下の点にあると受け止めている。すなわち、法令に則りつつクライアントの利益を最大化することを使命とする弁護士の本分について、第三者委員会に委員として参画する場合は、不祥事を起こした企業のステークホルダーの利益あるいはより広く公共の利益を、クライアントの利益より優先させるべき要請がある、というメッセージである。第三者委員会への参加の要請が、直接には経営陣からなされることも多いため、依頼者である経営陣の利益を最大化するのが使命、と勘違いしてしまう弁護士も存在しうる。あるいは、当初から社長や経営陣を守ることを主目的として組成され、参加メンバーもそのように行動するケースさえある。そのような「名ばかり第三者委員会」が横行するのを阻止したいとするメッセージが、このガイドラインには込められていると思われる。

　この点は、本プリンシプルの［指針2］と軌を一にするメッセージである。

第三者委員会を設置した目的を達成するためには、以上の趣旨を依頼者（上場会社）と受任者（委員・委員会）が十分に理解・共有することが重要であるが、現実には依頼者・受任者の一方ないし双方にそのような姿勢が欠けていると言わざるを得ないケースもある。この点に関する両当事者の姿勢の組合わせ如何によって、調査の実効性・信頼性が大きく左右されることを示したのが**図表6-3**である。ここでは、特に受任者（弁護士等）に期待される対応についても付記している。

具体的には、依頼者が、自社のステークホルダーの利益を明確に意識し確かな企業価値の回復を目指している中で、受任者も調査の社会的・公共的性格を明確に意識している [A] のケースは幸いな組合わせであり、受任者は深度ある調査に邁進できるだろう。依頼者の姿勢が [A] と同じでありながら、受任者が依頼者の利益の擁護のみを最優先に考えるタイプである [B] のケースでは、依頼者とのコミュニケーションを通じて受任者の意識が高められることが望まれる。一方、依頼者が、失態を一時的に取り繕うことや社長・経営陣の擁護を優先させようとしている場合には、[C] のケースのように、受任者が深度ある事実解明と客観的・中立的な調査の重要性を依頼者に訴え、[A] のケースに近づくよう働きかけることが期待される。それが期待できない [D] のケースは、不幸な組合わせであり、本プリンシプルの［指針2］後段に記載された警告の対象である。

いずれにせよ、上場会社向けの本プリンシプルと弁護士向けの当ガイドラインとが、相乗効果を発揮し、第三者委員会の組成が本来の目的に即したものとなって、その活動のパフォーマンスが向上していくことを期待したい。

自主グループによる援軍

「第三者委員会報告書格付け委員会」という自主的なグループがある[3]。上述の日弁連ガイドラインの作成に参画した弁護士の方々を中心に、研究者やジャーナリストを加えたボランティアのメンバーで構成されている。「第三者委員会報告書」と称せられているあまたの報告について、公共的な視点か

---

[3] ► http://www.rating-tpcr.net/about/#purpose

図表6-3 第三者委員会の組成における依頼者・受任者の組合わせ

依頼者（会社）の姿勢 ＼ 受任者（委員/委員会）の姿勢	・調査の社会的・公共的性格を意識 ・中立的かつ深度ある事実解明への意欲	・調査依頼者への忠実さを最優先 ・調査依頼者の利益を損なわないことが目的
・毀損した企業価値の持続性ある回復を目指す ・自社の多様なステークホルダーの利益を意識	A	← B
・失態を一時的に取り繕うことを最優先 ・社長や経営者の立場を専ら擁護	↑ C	D

	各類型の特徴	受任者（委員/委員会）に期待される対応
A	幸いな組合わせ。信頼性の高い第三者委員会報告が期待できる。	深度ある調査に邁進する。
B	依頼者の高い意識が調査に反映される限りにおいて、比例的に良質の報告が期待できるが、受任者の意識と能力による制約がありうる。	依頼者の姿勢を咀嚼するとともに、企業の置かれた状況と調査の社会的・公共的性格を認識する。
C	依頼者の調査依頼の目的や調査範囲等について受託前の吟味が必要。十分な調整が行なわれれば良質な報告も期待しうるが、依頼者の意識が変わらなければ制約は大。	依頼者に対し、深度ある事実解明の重要性と客観的・中立的な調査の必要性を訴える。
D	不幸な組合わせ。深度ある事実解明と実効性ある再発防止は期待できない。対応プリンシプル・指針2の後段に記載した警告の対象。	社会的に評価されない調査結果となるリスクに気づく。

ら鋭い問題意識を抱き、その品質向上のための活動を行なっている。具体的には、公表された個々の報告書のうち重要性の高いものを公益の視点から評価し、理由を付して格付けを行ない、それを公表している。

　背景には、上述のような「名ばかり第三者委員会報告書」、すなわち経営者の責任を回避したり隠蔽したりする目的で作成されたかのような報告書が散見されるようになったことがある。当委員会は、優れた報告書を賞賛しつつ、腑に落ちない報告書には厳しい評価を下して公表する。この分野の専門家である各委員は、それぞれ独立して自らの名において評価を行なう。この活動は2014年4月から始まり、当初は3年間の予定であったが当面の間継続することとされている。この委員会の活動は、本プリンシプルの策定（2016年2月）より2年ほど先行していたわけである。

　評価における考慮要素として、委員構成の独立性・中立性・専門性、調査期間の妥当性、調査体制の十分性等、調査スコープの的確性等、事実認定の正確性・深度等、原因分析の深度等、再発防止策の実効性等、企業の社会的責任と経営責任への適切な言及、調査報告の社会的意義等、そして日弁連ガイドラインへの準拠性が明示されている。

　このような活動が独立性の高い自主的なグループによって行なわれていることは、「不祥事対応のプリンシプル」の実効性を高める上で、大変心強いことである。取引所規則に抵触していない不祥事も多いところ、本プリンシプルが結果的に、上場会社一般への単なる抽象的な呼びかけにとどまってしまう可能性も懸念される。こうした中で、社会的に重要性の高い個別事案について率直かつ具体的な評価が公表されることは、企業社会や専門家に強いメッセージを発することになるからである。本プリンシプルがどの程度参照され、活用されているかの状況をモニターする役割も果たしてくれることになる。

　近年、わが国を代表するような大手上場会社において不祥事が続発し、発覚後の対応が芳しくない事例が相次いだことを受けて、2018年2月6日に当委員会は久保利英明委員長の名前で声明を発した[4]。メッセージの第一は、本プリンシプルで言う第三者委員会の設置が有力な選択肢となる事例であるにもかかわらず、それを回避する姿勢は、自浄能力を発揮し企業価値の再生

を図ることを難しくする、ということである。第二は、社外役員は、経営者が安易で不十分な調査に逃げないよう、リーダーシップを発揮し、確かな企業価値の再生に向けた道筋をつけるべきである、というものである。そして第三は、調査スコープを狭く設定してしまった東芝の事例を例示しつつ、「名ばかり第三者委員会」が企業価値の毀損を招く結果にならないよう強い警告を発する、というものである。このように、重要な実例に基づいて、本プリンシプルからの乖離度合いを率直に指摘し、是正を求めるメッセージは、本プリンシプルにとっても援軍となる。

マス・メディアにおける使われ方

　不祥事を起こした企業の経営陣が、記者会見で謝罪や釈明を行なう場面がしばしば報道される。企業自身による情報開示が不十分であるため会見に追い込まれるケース、錯綜した原因で社会的な影響が甚大であるケース、真偽不明のうわさが先行している状況で企業側が釈明したいと考えたケース、など様々な事情が背景にあるだろう。いずれにせよ、これらの記者会見及びそれを受けた報道は、特に不祥事が発生した企業自身による情報提供が遅すぎたり、不十分・不適切であったりした場合に、それを是正し補充する役割を担う。

　このような会見で会社から発信されるメッセージは、正鵠を射た適切なものもあれば、問題の本質を外した不明瞭なものもある。いずれの場合であっても、会社側から引き出される応答のメッセージ性は、取材するマス・メディアの側からの指摘や質問の鋭さにも左右される。そこで、質疑のポイントとして本プリンシプルの各指針を活用していただければ、会社自身の不祥事に対する姿勢を浮かび上がらせ、事後対応の進め方の実態を正確に引き出し、それらを評価する作業がより確実なものになるだろう。このように記者会見の意義を高めていく上でも、本プリンシプルが役立つ可能性がある。

---

4 ► http://www.rating-tpcr.net/news/committee/%e3%80%8c%e5%a3%b0%e6%98%8e%e3%80%8d%e3%82%92%e7%99%ba%e5%87%ba%e3%81%97%e3%81%be%e3%81%97%e3%81%9f/

第6章
不祥事対応のプリンシプル

第6章の参考文献

- 日本取引所自主規制法人『上場会社における不祥事対応のプリンシプル』（2016年2月24日）
- 日本弁護士連合会『「企業等不祥事における第三者委員会ガイドライン」の策定にあたって』（2010年12月17日改訂版）
- 日本弁護士連合会 弁護士業務改革委員会『「企業等不祥事における第三者委員会ガイドライン」の解説』（商事法務、2011年3月）
- 第三者委員会報告書格付け委員会委員長 久保利英明『声明』（2018年2月6日）
- 傍島康裕「『上場会社における不祥事対応のプリンシプル』の解説」『企業会計』第68巻第5号（中央経済社、2016年5月）

第7章 不祥事予防のプリンシプル

　本章では、日本取引所自主規制法人が2018年3月に策定した『上場会社における不祥事予防のプリンシプル』（以下、本章で「本プリンシプル」という。）を紹介する[1]。これは2016年2月策定の『上場会社における不祥事対応のプリンシプル』（以下、本章で「対応プリンシプル」）と対をなすものである。まず本プリンシプル策定の背景を振り返った後、そのねらいを述べる（第1節・第2節）。続いて、本プリンシプルの本体である6つの原則について、それぞれ該当する問題事例を含めて解説する（第3節）。最後に第4節で、本プリンシプルの実効性向上に向けた選択肢等について検討する。

第1節　策定の背景

　本プリンシプル策定の背景には、当時における不祥事の頻発と一般化、企業社会に蔓延する「認識のずれ」の存在、資本市場の視点からの必要性、企業不祥事の社会問題化、といった要因があった。また、同時期に進行した㈱東芝の特注審査で蓄積された知見の活用という側面もあった。

不祥事の一般化

　背景の一つ目は不祥事の頻発である。2016年2月に「対応プリンシプル」が策定・公表された後も、上場会社の不祥事が相次いで発生した。同プリン

---

[1] https://www.jpx.co.jp/regulation/public/index.html の「上場会社における不祥事予防について」の項を参照。巻末の資料8に「解説」も含め掲載。

図表7-1 上場会社で頻発する不祥事

発覚時期	上場会社名	業種	態様
2013年09月	みずほフィナンシャルグループ（みずほ銀行）	銀行	反社会的勢力への融資
2013年12月	リソー教育	サービス	不正会計
2014年07月	ベネッセホールディングス	サービス	個人情報流出
2014年10月	タカタ	輸送用機器	エアバッグの欠陥、リコール等の対応不備
2015年01月	ファーストリテイリング（ユニクロ）	小売	海外委託先工場の労働環境
2015年03月	東洋ゴム工業（現・TOYO TIRE）	ゴム製品	製品性能偽装
2015年04月	東芝	電気機器	不正会計
2015年05月	LIXILグループ	金属製品	海外子会社不正会計
2015年10月	三井不動産（三井不動産レジデンシャル）／明豊エンタープライズ／三井住友建設／日立ハイテクノロジーズ／旭化成（旭化成建材）	不動産、建設等	新築マンションの施工不良、データ改竄
2016年02月	「不祥事対応プリンシプル」策定		
2016年04月	東亜建設工業	建設	空港地盤工事の施工不良
2016年04月	三菱自動車工業	輸送用機器	検査データ改竄
2016年05月	スズキ	輸送用機器	燃費等の不正検査
2016年10月	電通	サービス	違法残業
2016年11月	ディー・エヌ・エー	サービス	著作権侵害・不適切な内容のインターネット記事の掲載
2017年04月	富士フイルムホールディングス（富士ゼロックス）	化学	海外子会社不正会計

（次頁へ続く）

シプルに沿って比較的まともな事後対応が行なわれたケースも見受けられたが、堂々とそれを無視し芳しくない対応に終始した事例も少なからず見受けられた。何よりも、上場会社として重要なステークホルダーへの配慮に欠けている点が問題である。それは当該会社自身にとっても、業績の悪化と企業価値の低下をもたらし、最悪の場合、経営破綻にも至りうる問題である。

なかんずく、日本を代表するような大手上場会社で不祥事が頻発する事態となったことには危機感を高めざるを得なかった。不祥事は特定の業種や、規模が小さく内部管理部門の弱い企業で起こりがちであるという通念がある

第7章 不祥事予防のプリンシプル

発覚時期	上場会社名	業種	態様
2017年09月	日産自動車	輸送用機器	無資格検査
2017年10月	SUBARU	輸送用機器	無資格検査
2017年10月	神戸製鋼所	鉄鋼	検査データ改竄
2017年10月	三菱マテリアル（三菱アルミニウム、三菱伸銅、三菱電線工業等）	非鉄金属	検査データ改竄
2017年11月	東レ（東レハイブリッドコード）	繊維製品	検査データ改竄
2017年12月	大林組／清水建設／大成建設／鹿島建設	建設	リニア新幹線工事の談合
2018年03月	「不祥事予防プリンシプル」策定		
2018年04月	スルガ銀行	銀行	不正融資
2018年04月	SUBARU	輸送用機器	検査データ改竄
2018年07月	日産自動車	輸送用機器	検査データ改竄
2018年07月	ヤマトホールディングス（ヤマトホームコンビニエンス）	陸運	引越し代金の水増し請求
2018年08月	マツダ	輸送用機器	燃費等の不正検査
2018年08月	スズキ	輸送用機器	燃費等の不正検査
2018年08月	ヤマハ発動機	輸送用機器	燃費等の不正検査
2018年10月	KYB（カヤバシステムマシナリー）	輸送用機器	免震・耐震装置の検査データ改竄
2018年11月	日産自動車	輸送用機器	役員報酬の過少記載、会社経費の私的流用等
2018年12月	日産自動車	輸送用機器	ブレーキ等の不正検査

（出所）報道及び開示資料をもとに著者作成
（注）2018年末まで。カッコ内の社名は不祥事が発生した子会社名。

かもしれないが、実際は業種を超え規模の大小を超えて一般化していることが、**図表7-1**を見ても歴然としている。不祥事はもはや例外的事象ではなく、どの企業でも起こりうる事象と考えなくてはならなくなった。基本認識の転換を迫られたわけである。業種・業態を超えた広がりについては**図表7-1**を組み替えた**図表7-2**を参照されたい。株式市場の業種分類で見ると、33業種のうち14業種に広がっている。またこの表は、不祥事の態様（ごまかしの手口等）の多様さについても物語っている。

例えば、グローバルなマーケットで高品質を誇ってきた日本の乗用車メー

図表 7-2　業種を超えた不祥事の広がり

業種	上場会社名	態様	発覚時期
銀行	みずほフィナンシャルグループ（みずほ銀行）	反社会的勢力への融資	2013年09月
	スルガ銀行	不正融資	2018年04月
小売	ファーストリテイリング（ユニクロ）	海外委託先工場の労働環境	2015年01月
サービス	リソー教育	不正会計	2013年12月
	ベネッセホールディングス	個人情報流出	2014年07月
	電通	違法残業	2016年10月
	ディー・エヌ・エー	著作権侵害・不適切な内容のインターネット記事の掲載	2016年11月
建設	東亜建設工業	空港地盤工事の施工不良	2016年04月
	大林組／清水建設／大成建設／鹿島建設	リニア新幹線工事の談合	2017年12月
不動産、建設等	三井不動産（三井不動産レジデンシャル）／明豊エンタープライズ／三井住友建設／日立ハイテクノロジーズ／旭化成（旭化成建材）	新築マンションの施工不良、データ改竄	2015年10月
陸運	ヤマトホールディングス（ヤマトホームコンビニエンス）	引越し代金の水増し請求	2018年07月
電気機器	東芝	不正会計	2015年04月
繊維製品	東レ（東レハイブリッドコード）	検査データ改竄	2017年11月
ゴム製品	東洋ゴム工業（現・TOYO TIRE）	製品性能偽装	2015年03月
金属製品	LIXILグループ	海外子会社不正会計	2015年05月

（次頁へ続く）

カーにおいて、2016～18年に、品質不正問題が相次いで発覚した。型式認証取得での燃費不正（2016年）、無資格検査問題（2017年）、完成車検査での燃費・排ガス問題（2018年）である。乗用車メーカー8社のうち（本書執筆時点で）5社がいずれかの不正を行なっていたことが明らかになっており、この種の不祥事を起こしていないのはわずか3社である[2]。

　さて対応プリンシプルは、既述のように重要な指針であるが、現実に不祥事が発生した企業にとっての指針であるため、多くの企業が事前に真剣に参

---

[2] ▶ 2018年8月10日付日本経済新聞朝刊

第**7**章
不祥事予防のプリンシプル

業種	上場会社名	態様	発覚時期
化学	富士フイルムホールディングス（富士ゼロックス）	不正会計	2017年04月
鉄鋼	神戸製鋼所	検査データ改竄	2017年10月
非鉄金属	三菱マテリアル（三菱アルミニウム、三菱伸銅、三菱電線工業等）	検査データ改竄	2017年10月
輸送用機器	タカタ	エアバッグの欠陥、リコール等の対応不備	2014年10月
輸送用機器	三菱自動車工業	検査データ改竄	2016年04月
輸送用機器	スズキ	燃費等の不正検査	2016年05月
輸送用機器	日産自動車	無資格検査	2017年09月
輸送用機器	SUBARU	無資格検査	2017年10月
輸送用機器	SUBARU	検査データ改竄	2018年04月
輸送用機器	日産自動車	検査データ改竄	2018年07月
輸送用機器	マツダ	燃費等の不正検査	2018年08月
輸送用機器	スズキ	燃費等の不正検査	2018年08月
輸送用機器	ヤマハ発動機	燃費等の不正検査	2018年08月
輸送用機器	KYB（カヤバシステムマシナリー）	免震・耐震装置の検査データ改竄	2018年10月
輸送用機器	日産自動車	役員報酬の過少記載、会社経費の私的流用等	2018年11月
輸送用機器	日産自動車	ブレーキ等の不正検査	2018年12月

（注）**図表 7-1** を並び替えたもの。
（注）2018 年末まで。カッコ内の社名は不祥事が発生した子会社名。

照していたとは考えにくい。不祥事は自社では起きないだろう、という楽観に支配されていたのかもしれない。対応プリンシプル自体も、不祥事の増加に対応して策定されたものではあったが、不祥事がここまで一般化するという事態を前提にはしていなかった。対象分野も、問題発生後の事後対応に限定されていた。

　そこで、不祥事を実際に起こした企業から起こしていない一般の企業へ、不祥事発生後の事後対応から予防のための事前対応へ、という対象企業と対象分野の拡大が必要になったということである。不祥事が起きていない企業においても、現状が結果的にたまたまそうなっているだけであるかもしれず、

不祥事を予防するための仕組みや企業風土が強固であることの結果としてそうなっているとの保証はない。むしろ、頼りない予防態勢となっている企業が多いという実態も垣間見えてきた。したがって対象分野としても、事後の対処だけでなく、事前予防によってそもそも不祥事が起きにくくすることの緊要性がクローズアップされた。

認識ギャップの根深さ

　背景の二つ目は、「認識のずれ」とも呼ぶべき現象がわが国の企業社会に蔓延し、これが不祥事の起こりやすい土壌を形成していると推測されたことである。頻繁に報道される上場会社の不祥事や発覚後の謝罪会見を見ていると、これら多くの事案に通底する要素として、4種類の認識ギャップ（受け止め方のずれ）が存在していることに気づく[3]。

　第一は、コンプライアンスの概念のずれである。コンプライアンスを狭義の法令遵守と捉え、明文の法令さえ守っていれば可とする傾向である。コンプライアンスは本来、約束を守るということであり、顧客・取引先との約束、従業員との約束、さらには社会への誠実な対応を含む。これらを軽視した素材産業等でのスペックのごまかしは、顧客・取引先の信頼の喪失、自社の社会的評価の毀損をもたらした。

　第二は、社会と企業の間のずれである。昨今の不祥事の多くは、長年にわたり社内で潜在していた旧弊が発覚し顕在化する、という経過を辿った。社内で定着している理屈や慣行は社外でも通用するのか、自社の業務運営が社会規範に照らして真に妥当なのか。自社の態勢についての慢心は危険である。長時間労働やパワハラ等は、世の中の進化に伴って規範に対する社会的意識が高まり、社会的許容度が修正されてきている典型である。時代認識のずれが時代錯誤のような状況をもたらしたとも言える。

　第三は、現場と経営陣の間のずれである。経営陣が、製造現場・営業現場等の実態を正確に把握せず、会社の実力とかけ離れた利益目標を押しつけ、

---

[3] ► この主張は、佐藤隆文「企業不祥事と四つの認識ギャップ」『金融財政事情』第69巻第13号（3255号）（金融財政事情研究会、2018年4月2日）で述べたものである。

現実を無視した品質基準や納期を強制したため、ごまかしが誘発された。逆に、現場任せの放任主義が杜撰な品質管理や会計不正を招いた事例も多い。特に海外子会社や買収子会社は、地理的な距離や制度・風土の違いもあり要注意である。現場と経営陣の間の意思疎通が空疎で、問題の存在が経営陣に届かないまま放置され、情報伝達の目詰まりを補完すべき内部通報も機能しなければ、事態は深刻化する。

　第四は、責任範囲に対する認識のずれである。今日の産業活動は広範な分業に支えられ、委託・受託、元請・下請、アウトソーシングなどが重層的に組み込まれている。最終顧客までのサプライチェーン全体を見渡し、自社の製品・サービスが担っている役割を認識し、それに見合った当事者意識を保つことが重要である。輸送機械を構成する重要部品、住宅建設における基礎工事などを巡り、当事者意識の欠如が、問題の深刻化と要領を得ない釈明会見につながり、強い社会的非難を浴びた。

　これらの認識ギャップが、不祥事を発生しやすくさせる根本原因を構成しており、かつそれらが広く定着してしまっているのであれば、この状況を修正していく必要性は高い。

上場会社としての責務

　背景の三つ目は、上場会社としての社会的責務に関わるものである。企業不祥事は多くの場合、当該企業の製品・サービスを購入している消費者・顧客に多大の被害を及ぼす。最終消費財を供給している企業の場合は明解だが、素材・部品などの中間財や検査・測定サービスを供給している場合でも、サプライチェーンを通じてその影響はむしろより広範囲に及び、取引先企業のみならず広く消費者に悪影響が及ぶ。

　この問題に対する第一義的な監督責任は、当該業種・業態の所管官庁にあり、消費者行政を担う官庁にある。事実の確認、責任の所在の明確化、善後策の実施、再発の防止などを求める役割を担う。また、関連する業界団体や自主規制機関も迅速な善後策を考えるべき立場にあろう。

　他方、不祥事を起こした企業が上場会社である場合、各社は多様なステークホルダーを抱え、上場会社としての社会的信用力等を背景にビジネスを展

開している。にもかかわらずコンプライアンスの精神やステークホルダーの利益に背くなど、パブリック・カンパニーのあり方として大いに問題のある企業をそのまま放置しておいてよいのか、という疑問が湧いてくるのも自然であろう。

資本市場の視点

　背景の四つ目は、資本市場全体の信頼性についての問題意識であり、これが本プリンシプルを策定した最も中心的な理由である。不祥事の影響は、当該企業の企業価値の毀損、上述の社会的悪影響に加え、当該企業が上場している資本市場の信頼性の問題にも広がる。つまり、上場会社の間で不祥事が頻発するような資本市場は、コーポレート・ガバナンスが機能していない市場と見なされ、その信頼性を失うこととなるからである。不祥事が例外的な事象であるうちは兎も角、それが一般化し頻発するような事態は、資本市場の信頼性に責任を負う取引所として看過できない。

　このような危機感から、不祥事の発生そのものを予防する取組みが、上場会社の間で実効性を持って進められるような環境づくりが課題として強く意識された。他方、取引所が直接是正措置を講じたりペナルティを課したりしうるのは、情報開示ルールを中心とする上場規則への違反が認められた場合に限られる。そこで、つぎに述べる自主規制法人における知見の蓄積も活用して、プリンシプル・ベースで何らかの対応を行なうことが相応しいのではないかという議論[4]となり、本プリンシプルを策定するという判断に至ったわけである。

東芝問題からの学習

　背景の五つ目は、やや偶然とも言えるが、企業不祥事に関する重要な知見が蓄積される出来事があったことである。すなわち、日本取引所自主規制法人においてほぼ時期を同じくして、㈱東芝（以下で単に東芝）の特注審査が進行した。不正会計問題で2016年9月に特設注意市場銘柄（特注）に指定

---

[4] ▶ 第6章第1節も参照。

された東芝について、上場維持（特注解除）か上場廃止か等の判断を行なうための審査である[5]。この特注審査を担当した日本取引所自主規制法人は、特注解除した2017年10月までの1年余りの間、発生事実とその推移、社内の意思決定プロセス、外部との交渉状況、問題の発生原因、責任の所在などを特定していく過程で、東芝の経営態勢、内部管理体制、ガバナンス等を詳細に調査した。

その結果、以下のように内部管理体制等に係る深刻な問題が認識された。病巣は多岐にわたり、複雑骨折のような様相も呈していたが、大きく捉えて以下の4点に集約された。すなわち、第一に経営方針の歪み、ガバナンスの形骸化、職責・コンプライアンス意識の希薄化、第二に経営判断プロセスの杜撰さ、第三に適正な会計処理からの逸脱と開示体制の粗雑さ、そして第四に子会社（特に海外子会社）管理の脆弱さ、である。

第一の問題は、①経営トップ、②取締役会等の監督機関、③中間管理層を含む各事業部門、という三層に分けて考えると分かりやすい。ここでは、経営トップの適格性の問題と歪んだ経営目標の設定、それを牽制できない取締役会・監査委員会等の機能不全、製造・販売・財務など各部門における職責意識の希薄化と使命感の欠如、という各層にわたる構造があった。

第二の問題は、意思決定プロセスに係るものであり、重要な経営判断における事前のリスク評価の杜撰さ、深度のある議論の欠落、などが顕著であった。

第三の問題は、会計不正をもたらす直接の原因ともなったもので、CFO（最高財務責任者）の独立性の欠如、正しい会計処理を実践するための意識の欠落と業務フローの不十分さ、開示基準への理解の不足などがあった。

第四の問題は、子会社管理の脆弱さであり、特に海外子会社を経営管理する能力と意欲が低いことが露呈した。

---

[5] ▶ ㈱東芝は、2009年から2015年にかけて、不適正な売上計上や費用の不当な繰延べ等により総額1,500億円もの利益を水増しし、虚偽の決算を公表していた。特設注意市場銘柄（特注）とは、このような重大な上場規則違反を行なった上場会社を取引所が指定するものである。指定された会社は原則1年間（最長1年6カ月）の改善期間内に自社の内部管理体制の抜本的改善を図るが、改善がなされなかった場合には上場廃止となる（改善された場合は指定が解除される）。改善の度合いを取引所（自主規制法人）が審査するプロセスが「特注審査」である。

またこれらの事象に共通して流れる要素として、経営陣と現場の意思疎通の欠落、現場や中間管理層における自己保身と厭戦気分の蔓延、などの問題点も確認された。多くの要素が相互に増幅しあうような状況で、いわば不祥事が起こるべくして起こった、とも言える構図である。

　自主規制法人による特注審査の過程では、これらの根本原因に即して、問題を解決し経営を改善していく取組みが進捗しているか否か、が重要な判断要素になった。改善策の進捗度合いについて、東芝による検討と実践を評価し、注文を付けていくことも重要な作業であった。

　いずれにせよ、これら一連の業務を遂行していく中で、自主規制法人には結果的に、企業不祥事の構図や原因に関する知見が大量に蓄積された[6]。この知見を、当該個別事案の処理のためだけに閉じ込めておくのではなく、広く上場会社全般への教訓として活用すべきであるとの判断に至ったのは自然であろう。

第2節　本プリンシプルのねらい

　本プリンシプルのねらいは、①不祥事を誘発しやすい認識ギャップの是正、②上場会社の企業価値の保全とステークホルダーの利益の保護、③ガバナンスの改善と資本市場の信頼性への貢献、そして④事前予防と事後対処の両方をカバーしたベスト・プラクティスの定着である。以下で、それぞれのねらいや期待される効果を述べていきたい。

認識ギャップの是正

　前節で紹介した「認識のずれ」ないし認識ギャップは、企業に不祥事が発

---

[6] ▶ 参考として、2017年10月11日に特注解除を決定・公表した際の筆者（日本取引所自主規制法人理事長）の記者会見及び配布資料を参照。記者会見要旨は https://www.jpx.co.jp/corporate/news/press-conference/nlsgeu000002mthv-att/20171011_j.pdf、配布資料は https://www.jpx.co.jp/corporate/news/press-conference/nlsgeu000002mthv-att/handout.pdf。また、例えば『文藝春秋』（2017年12月号）の「東芝の病巣を取引所の番人が明かす」（佐藤隆文）を参照。

生しやすい組織と風土をもたらす。またコーポレート・ガバナンスの機能不全という結果も、併せてもたらす。しかもこれら認識のずれは、かなり広く蔓延している現象とも推測される。不祥事を起こしやすい土壌を形成している根深い要素になっているのかもしれない。とすれば、不祥事予防のためには、根本原因の一つであるこの認識ギャップを是正し、不祥事が起こりやすい土壌を根っこから変えていくことがむしろ近道であろう。

　人がものごとを認識する際には、一般に「正常性バイアス」が働くことが知られている。望ましくない方向への事態の変化を観察したり、その兆候を感じたりした際に、「そんなはずはない」「大丈夫だろう」というふうに捉え方・受け止め方を修正する働きである。最近は、大規模自然災害に際して、避難行動を遅らせる要因として取り上げられることが多い。もちろん過度に悲観的な見方に支配されていては日常生活が困難になるが、組織運営に携わる者にとっては、このバイアスの存在は念頭に置いておく必要がある。なぜなら、企業不祥事を想定した場合にも、経営陣や従業員一人一人の頭の中で形成される（本来は多様な）認識が、このバイアスに強く支配されて一方向に収斂し、組織全体が「正常性バイアス」に支配されてしまうリスクがあるからである。そのような状況は、問題を発見するのを遅らせ、処理を先送りする傾向を強めさせる。その意味で本プリンシプルは、正常性バイアスの是正という役割も担うことになる。

　この課題は、個人レベルと会社レベルとに分けて考える必要があろう。個人については、日常生活は個々人に委ねられるのが当然であるが、企業人としては自らの担当分野における職責に応じてバイアスの是正に努めることが求められよう。特に経営トップが不祥事の兆候に無関心な場合や、現場責任者の観察力が鈍感な場合は、問題が深刻化するリスクが高くなる。会社レベルでは、不祥事の兆候が現場で感知され、それが吟味され共有されて組織としての認識になり、さらに経営陣に共有されて、アクションに反映される、という流れが重要となる。組織としての正常性バイアスの是正も、企業を構成する個々人のバイアス是正の努力と不可分ということになる。

　認識ギャップは、個々人の捉え方に由来する部分も大きいので、その修正には時間を要するかもしれない。しかし、各部署で不祥事予防の具体的な着

眼点を反芻し確認していけば、徐々に是正されていくであろう。さらに重要なことは、企業の組織に根を張った認識ギャップを、具体的な実践を通じて確実に是正し、その成果を浸透させていくことである。本プリンシプルは、そのような目的で使われることが期待されている。

企業価値の保全と自己規律の発揮

　本プリンシプルの中心的な目標は、各上場会社が日頃からの自助努力により、プリンシプルを活用して不祥事の未然予防に取り組み、その実効性を高めて企業価値の毀損といった事態の発生を防ぐことにある。不祥事は、株主を筆頭とするステークホルダーに損害を及ぼし、顧客・消費者に不利益を及ぼし、広く社会にも悪影響を及ぼしかねない。プリンシプルが有効に活用され実践されれば、そのような事態を回避し、レピュテーションを含めた企業価値の基盤をより強固なものにすることで寄与する。

　本プリンシプルは、自主規制法人が収集・検討した多くの不祥事事例に基づいて策定されており、そこから多くの事例に共通する重要な要素を抽出したものである。抽象的な表現になっているものにも、具体的な実例が背後に存在する。プリンシプルという形式にしているのは、一律のルールにより画一的な対応を求めるのではなく、各社がそれぞれ自社の実態に即して創意工夫を凝らし、自己規律を発揮することが期待されているためである。プリンシプルの実践が自社の企業価値を保全しレピュテーションを高めるのであれば、合理的な経営者が実践に努めるのは自然であろう。いずれにせよ、各上場会社の高い意識と自助努力が前提となっている。

ガバナンスの向上と資本市場の信頼性

　日頃からの不祥事予防の取組みは、企業経営におけるガバナンスの一環である。この取組み自体がガバナンスの向上に資するとも言える。実際、本プリンシプルとコーポレートガバナンス・コード（以下、「CGコード」という。）は内容面の親和性が高く、以下のように両者の諸原則は部分的にオーバーラップしている。双方の指針がお互いに協働することを通じて、相乗効果が生まれることが期待される。

第7章
不祥事予防のプリンシプル

図表 7-3　不祥事予防プリンシプルと CG コード

予防プリンシプルの原則	関連の深いCGコードの原則等
原則1 （実を伴った実態把握）	● ステークホルダーの権利・立場や健全な事業活動倫理を尊重する企業文化・風土の醸成（基本原則2） ● ステークホルダーとの適切な協働のための行動準則の策定（原則2-2） ● 行動準則を尊重する企業文化・風土が存在するか否かのレビューの実施（補充原則2-2①） ● 内部通報に係る適切な体制整備と取締役会による運用状況の監督（原則2-5）
原則2 （使命感に裏付けられた職責の全う）	● 取締役会による内部統制やリスク管理体制の整備等（原則4-3） ● 監査役（会）による独立した立場からの適切な判断等（原則4-4） ● 取締役・監査役による能動的な情報入手等（原則4-13） ● 内部監査部門と取締役・監査役との連携確保等（補充原則4-13③） ● 公正かつ透明性の高い手続による経営陣幹部・CEOの選解任（補充原則4-3①②）
原則3 （双方向のコミュニケーション）	● ステークホルダーの権利・立場や健全な事業活動倫理を尊重する企業文化・風土の醸成（基本原則2）
原則4 （不正の芽の察知と機敏な対処）	● ステークホルダーの権利・立場や健全な事業活動倫理を尊重する企業文化・風土の醸成（基本原則2）
原則5 （グループ全体を貫く経営管理）	● 企業の行動準則の国内外の事業活動への浸透（原則2-2）
原則6 （サプライチェーンを展望した責任感）	● ステークホルダーの権利・立場や健全な事業活動倫理を尊重する企業文化・風土の醸成（基本原則2）

図表 7-3 は、両者の関係を表に整理してみたものである。CG コードの基本原則 2 は、「ステークホルダーの権利・立場や健全な事業活動倫理を尊重する企業文化・風土の醸成」を掲げている。この基本原則は、本プリンシ

プルの原則1（実を伴った実態把握）、原則3（双方向のコミュニケーション）、原則4（不正の芽の察知と機敏な対処）、原則6（サプライチェーンを展望した責任感）に密接に関わっており、これら原則がCGコードのこの基本原則を実践するためのガイドラインのような役割を担っていると捉えられる。

　本プリンシプルの原則1は、CGコードの原則2-2（ステークホルダーとの適切な協働のための行動準則の策定）の実践とも捉えられる。

　また本プリンシプルの原則2（使命感に裏付けられた職責の全う）は、CGコードの原則4-3（取締役会による内部統制やリスク管理体制の整備等）、原則4-4（監査役〈会〉による独立した立場からの適切な判断等）、原則4-13（取締役・監査役による能動的な情報入手等）を、不祥事予防のために実践する指針となっている。

　さらに本プリンシプルの原則5（グループ全体を貫く経営管理）は、CGコードの原則2-2（企業の行動準則の国内外の事業活動への浸透）とほぼ同義である。

　以上のように、本プリンシプルに基づく行動は、不祥事予防という分野においてCGコードを具体的に実践することを意味し、結果として企業のガバナンス向上に寄与することになる。

　上述のように、不祥事が頻発するような資本市場はコーポレート・ガバナンスの欠如した市場と見なされ、市場としての信頼性を損ねる。本プリンシプルの実践により、一方でコーポレート・ガバナンスそのものを向上させ、同時に不祥事の発生を防止できれば、両方の面から資本市場全体の信頼性確保に寄与することになる。

不祥事への包括的な対応

　本プリンシプルの策定によって、上場会社が不祥事という問題に取り組む際に必要となる、事前予防と事後対処のアクション・メニューが揃うことになった。つまり本プリンシプルは対応プリンシプルと合わせて、車の両輪と捉えることができる。より広く捉えれば、テロや自然災害等の危機への備えと、事象発生時の危機管理（被害の極小化やBCPの実践）、といった関係に例えられるかもしれない。いずれにせよ上場会社においては、事前における

第7章 不祥事予防のプリンシプル

予防の取組みと事後における善後策の実行、という両面の対応を視野に入れた包括的な展望を持つことが望まれる。

予防プリンシプルは平時、対応プリンシプルは有事、と分断する必要もない。むしろ平時においては、予防プリンシプルを実践すると同時に、有事への備えとして対応プリンシプルをシミュレーションしておくといったことが望ましい。また有事においては、対応プリンシプルを迅速・的確に実践するとともに、実効性ある再発防止のために予防プリンシプルを活用することが有用であろう。つまり平時においても有事においても、二つのプリンシプルを相互補完的に用いることができる。このことを図示したのが**図表 7-4**である。

また、不祥事予防は、一過性の取組みではなくサイクルとして回り社内に定着することが重要である。社内実態についての予断を持たない調査の実施、問題点の抽出と原因分析、改善策の策定と実施、実施上の問題のフィードバックと改善の取組み、といった流れ（いわゆる PDCA サイクル）が通常業

図表 7-4　二つのプリンシプルの相互補完関係

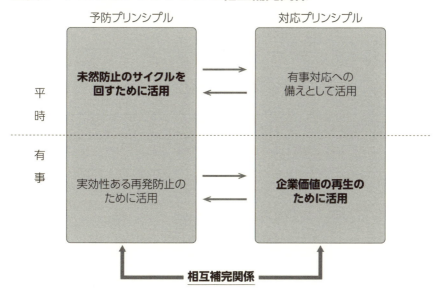

務として回り、定着することが理想である。実際に不祥事が起きた場合には、対応プリンシプルに沿った、正確な事実確認と根本原因の特定、そして再発防止という取組みが、このサイクルと合流することになるだろう。

　以上のような包括的かつ全社的な取組みを進める上では、トップによる推進力の有無が結果を左右する。いずれの局面においても、経営陣、とりわけ経営トップの使命感とリーダーシップが極めて重要であり、この点は本プリンシプルの本体冒頭に明記されている。

第3節　本プリンシプルの構成と内容

　本プリンシプルのタイトル「上場会社における不祥事予防のプリンシプル」には、「〜企業価値の毀損を防ぐために〜」という副題が添えられている。上述した本プリンシプル策定の中心的な目標を確認しているものである。プリンシプルの本体は**図表7-5**のとおりであり、前文と六つの原則で構成されている。各原則には別途それぞれの解説が付されており、さらに背後にある不祥事の事例が掲げられている。

全体の構成

　まず本プリンシプルを構成する六つの原則のラインアップを概観しておこう。六つの原則は、それぞれに異なる視点を提供しているが、相互に関連しており一連の指針として一体的に捉えられるべきである。

　［原則1］　実を伴った実態把握
　［原則2］　使命感に裏付けられた職責の全（まっと）う
　［原則3］　双方向のコミュニケーション
　［原則4］　不正の芽の察知と機敏な対処
　［原則5］　グループ全体を貫く経営管理
　［原則6］　サプライチェーンを展望した責任感

　まず、自社の実態を予断なく正確に認識することがすべての始まりであり、実質を伴った実態把握を［原則1］として冒頭に置いているのはごく自然な

図表 7-5 不祥事予防のプリンシプル

> **上場会社における不祥事予防のプリンシプル**
> **〜企業価値の毀損を防ぐために〜**
>
> 上場会社は、不祥事（重大な不正・不適切な行為等）を予防する取組みに際し、その実効性を高めるため本プリンシプルを活用することが期待される。この取組みに当たっては、経営陣、とりわけ経営トップによるリーダーシップの発揮が重要である。
>
> **[原則1] 実を伴った実態把握**
> 　自社のコンプライアンスの状況を制度・実態の両面にわたり正確に把握する。明文の法令・ルールの遵守にとどまらず、取引先・顧客・従業員などステークホルダーへの誠実な対応や、広く社会規範を踏まえた業務運営の在り方にも着眼する。その際、社内慣習や業界慣行を無反省に所与のものとせず、また規範に対する社会的意識の変化にも鋭敏な感覚を持つ。
> 　これらの実態把握の仕組みを持続的かつ自律的に機能させる。
>
> **[原則2] 使命感に裏付けられた職責の全う**
> 　経営陣は、コンプライアンスにコミットし、その旨を継続的に発信し、コンプライアンス違反を誘発させないよう事業実態に即した経営目標の設定や業務遂行を行う。
> 　監査機関及び監督機関は、自身が担う牽制機能の重要性を常に意識し、必要十分な情報収集と客観的な分析・評価に基づき、積極的に行動する。
> 　これらが着実に実現するよう、適切な組織設計とリソース配分に配意する。
>
> **[原則3] 双方向のコミュニケーション**
> 　現場と経営陣の間の双方向のコミュニケーションを充実させ、現場と経営陣がコンプライアンス意識を共有する。このためには、現場の声を束ねて経営陣に伝える等の役割を担う中間管理層の意識と行動が極めて重要である。
> 　こうしたコミュニケーションの充実がコンプライアンス違反の早期発見に資する。
>
> **[原則4] 不正の芽の察知と機敏な対処**
> 　コンプライアンス違反を早期に把握し、迅速に対処することで、それが重大な不祥事に発展することを未然に防止する。
> 　早期発見と迅速な対処、それに続く業務改善まで、一連のサイクルを企業文化として定着させる。
>
> **[原則5] グループ全体を貫く経営管理**
> 　グループ全体に行きわたる実効的な経営管理を行う。管理体制の構築に当たっては、自社グループの構造や特性に即して、各グループ会社の経営上の重要性や抱えるリスクの高低等を踏まえることが重要である。
> 　特に海外子会社や買収子会社にはその特性に応じた実効性ある経営管理が求められる。
>
> **[原則6] サプライチェーンを展望した責任感**
> 　業務委託先や仕入先・販売先などで問題が発生した場合においても、サプライチェーンにおける当事者としての役割を意識し、それに見合った責務を果たすよう努める。

形である。「実を伴った」と付しているのは、表面的・形式的で浅薄な調査への警告である。また［原則2］〜［原則6］の各着眼点は、［原則1］により実のある実態把握を行なうために、必須の確認項目として並んでいるとも捉えるべきである。

　［原則2］と［原則3］は、社内の業務遂行の状況を検証するものである。［原則2］は社内の各職位（ポジション）に着目し、経営陣、取締役会、監査役会等の各会社機関がそれぞれのミッションを果たしているかという視点、［原則3］は、社内の風通しの良し悪し、情報伝達に目詰まりがないか、という視点である。

　［原則4］は、実際に不正が認められた際の迅速な行動を求めている。その際、不正の兆候に対して敏感になること、そして早期対処により不祥事への発展を防ぐべきことを述べている。不正の発見は何気ないきっかけによることもあるだろうし、［原則2］〜［原則3］の視点を含む［原則1］の調査の結果として浮上することもあるだろう。その意味では［原則1］〜［原則3］は、［原則4］の的確なアクションを支え、そこに結実されるべき作業と位置づけることもできよう。

　［原則5］と［原則6］は、近年広まっている特徴的なビジネス構造に着目したものであり、これらが不祥事発生の場になっていることも踏まえた注意喚起である。［原則5］は、多数の子会社（特に海外子会社・買収子会社）を擁する会社形態に着目し、［原則6］は、アウトソーシングの一般化に伴う責任範囲の曖昧化の問題を取り上げている。

6つの原則の解説

> **前文**
> 　上場会社は、不祥事（重大な不正・不適切な行為等）を予防する取組みに際し、その実効性を高めるため本プリンシプルを活用することが期待される。この取組みに当たっては、経営陣、とりわけ経営トップによるリーダーシップの発揮が重要である。

第7章 不祥事予防のプリンシプル

　この前文は、本プリンシプルが不祥事予防の取組みに実効性を持たせるためのものであることを確認している。会社が抱える不祥事のリスクは多様であり、背景には各社各様の事情があるだろう。しかし見落としてはならない着眼点の多くは共通しており、多くの不祥事事例から抽出された本プリンシプルの原則に沿った取組みは、予防活動の実効性の向上に寄与するという自負が込められている。

　その際、この取組みにおいては、経営トップのリーダーシップが決定的に重要であることを強調している。深刻な不祥事が発覚したにもかかわらず、経営トップからのメッセージが伝わってこない、といったケースが散見される。深刻な状況であるにもかかわらず記者会見にトップが出席しない、あるいは出席しても要領を得ない釈明に終始する、といった事態も珍しくない。これらのケースはおそらく、経営陣がこの問題に真摯に向き合ってこなかったこと、あるいは責任意識が希薄でトップとしての覚悟ができていなかったことの表われであろう。

　しかし現実問題として、経営トップの姿勢如何によって、社会の受け止め方は大きく左右されるし、社内の取組みの真摯さにも差が出てくる。つまり、企業価値毀損の深刻さと、その後の企業価値再生のスピードにも大きな差をもたらす。この差異は、不祥事発生後の事後対応だけでなく、事前予防の局面においても全く同様であり、特に平時における取組みは、経営トップのリーダーシップの強弱によって全社的な真剣さに決定的な差がもたらされるであろう。

> [原則1]　実を伴った実態把握
> 　自社のコンプライアンスの状況を制度・実態の両面にわたり正確に把握する。明文の法令・ルールの遵守にとどまらず、取引先・顧客・従業員などステークホルダーへの誠実な対応や、広く社会規範を踏まえた業務運営の在り方にも着眼する。その際、社内慣習や業界慣行を無反省に所与のものとせず、また規範に対する社会的意識の変化にも鋭敏な感覚を持つ。

> これらの実態把握の仕組みを持続的かつ自律的に機能させる。

己を知る

　不祥事予防の取組みにおいても、まずもって「己を知る」ことがすべての始まりとなる。［原則1］は、自社の状況を予断なく調査し、実態を正確に把握することが重要であることを強調している。この作業が中途半端では、これに基づく以降の努力も抜け穴だらけとなり、あるいは表面的・形式的なものになってしまうからである。

実態把握の着眼点

　実態把握の対象は、概念的には大きく三つの分野がある。第一は、社内で現にコンプライアンス違反ないしその萌芽が存在していないか。社内各部門・部署の業務遂行において、指揮命令系統、意思決定プロセス、ビジネス慣行などを含め、不合理な旧態依然や時代錯誤な部分がないかの確認を含む。第二は、社内のコンプライアンス体制が機能しているかどうか。この中には、コンプライアンス担当部署の意欲・能力、社内各部署へのコンプライアンス意識の浸透度合い、問題発生時に適切に対応する態勢、などが含まれる。第三は、社内で必要な情報が適切に報告・共有される流れが確立されているか。不祥事の萌芽が迅速に認識され報告されるチャネルが存在し機能しているかは、不祥事を予防する上で決定的に重要である。報告された情報が適切に受け止められ迅速に行動に結び付けられるか、がここに含まれることは当然である。

実を伴った点検

　これら三つの分野は相互に密接に関わっており実際には分割できないが、これら三つの視点を持って調査することは重要である。この実態把握が「実を伴った」ものとなるよう、［原則1］は、その（解説）を含めいくつかの重要な留意点を述べている。

　第一は、コンプライアンスの意味を、狭義の「法令遵守」と捉えてはならないことである。コンプライアンスは、明文の法令・ルールの遵守に限らず、

顧客・取引先・従業員などステークホルダーへの誠実な対応を含むと理解すべきである。その内容としても、広く社会規範を意識し、健全な常識やビジネス倫理に沿って誠実に行動する、といったことまで広がりを持つ。

　第二は、社内で定着している慣習や所属業界での慣行を、無反省に所与のものとしないことである。それらは、不合理を温存ないし定着させていたり、時代とともに進化している社会的意識と乖離したりしている可能性がある。いわば「建設的懐疑心」とも呼ぶべき改革精神を発揮し、「これまで順調なので問題がないだろう」といった思い込みを捨てる必要がある。上述の「正常性バイアス」から自由になることである。そのため、社内及び社外の声を謙虚に受け止めて点検を進める必要がある。社会規範へのコンプライアンスは、時代感覚の鋭敏さの問題とも言える。

　第三は、制度と実態の両面にわたる確認である。コンプライアンスに係る社内ルールや検証手続きなどの制度面のみならず、その運用状況などの実態面にわたる調査が重要である。その際、社内各層へのコンプライアンス意識の浸透度合いを確認し、自社の企業風土を自覚できれば、自社の弱点や不祥事の兆候を探りやすくなるだろう。

　第四は、内部通報や外部クレームへの真摯な対応である。本来は、通常の業務上のレポーティング・ラインを通じて、正確な情報が現場から経営陣に届けられる流れが本筋である。しかし、このチャネルに目詰まりが起きることがあり、そこに不祥事の芽が存在していることも多い。こうした場合に備えて内部通報制度が適切に位置づけられ、通報者の権利の保護を含め的確に運用されていることは極めて重要である。この点は、原則の本文には記述されていないが、（解説1-3）で強調されている。本文で直接言及しなかったのは、本来のレポーティング・ラインが機能することの重要性を弱めないようにとの趣旨だったが、内部通報の意義を消極的に捉える趣旨では全くない。いずれにせよ情報収集に当たっては、内部通報、株主からの声、消費者からのクレームなど、あらゆるアンテナを活用する、という姿勢が重要である。

社内への定着と対外発信

　さて、これらの留意点に十分に配慮され実質を伴った実態把握の取組みは、それが社内に定着し、通常業務として持続的に実施されることが肝心である。つまり特別のプロジェクトとして、あるいは一回限りの取組みとしてではなく、自律的・継続的に機能が発揮されるべきである。

　なお（解説 1-4）では、先進的な企業におけるベスト・プラクティスとしての提案も行なっている。すなわち、不祥事予防に関する自社の取組みについて、これを自主的に対外発信し、外部からの規律づけを働かせる、といった取組みである。外部からの監視を通じた規律づけが効果的であることももちろんであるが、これがベスト・プラクティスとして他社の参考事例になるという意味で、社会的に大変有意義なことである。

【不祥事につながった問題事例】

　この［原則 1］から逸脱した姿勢が問題を深刻化させ、重要な不祥事に発展させた例は多い。以下は、本プリンシプルの「解説」部分に掲げられている事例である。

　〚実例 A〛検査工程や品質確認等の業務において、社内規則に反する旧来の慣行を漫然と継続し、違反行為を放置

　〚実例 B〛労働基準を超えた長時間労働の常態化、社会規範を軽視したハラスメントの放置の結果、社会問題にまで波及

　〚実例 C〛内部告発が隠蔽され、上位機関まで報告されないなど、内部通報制度の実効性が欠如

［原則 2］　使命感に裏付けられた職責の全う

　経営陣は、コンプライアンスにコミットし、その旨を継続的に発信し、コンプライアンス違反を誘発させないよう事業実態に即した経営目標の設定や業務遂行を行う。

　監査機関及び監督機関は、自身が担う牽制機能の重要性を常に意識し、必要十分な情報収集と客観的な分析・評価に基づき、積極的に行動する。

> これらが着実に実現するよう、適切な組織設計とリソース配分に配意する。

　［原則2］と［原則3］については、東芝の特注審査において、問題を三層構造で捉え整理したことを参考にしている。すなわち、第一層として経営トップないし経営陣の適格性の問題、第二層として取締役会・監査委員会・内部監査部門などの監督機関・監査機関の機能不全の問題、そして第三層として役員・職員の職責意識や使命感の希薄化の問題、という構造で捉えたアプローチである。このうち第一層と第二層の問題を不祥事予防の視点から［原則2］に抽出し、第三層の問題を［原則3］に反映させている。

経営陣のコミットメント

　［原則2］は、①不祥事予防に対する経営陣のコミットメント、②取締役会等による職責の履行、③これらを支える社内リソースの配分、という三つのポイントを掲げている。

　経営陣のコミットメントの如何は、社内の取組みの真剣さと一貫性を左右する。不祥事予防を優先順位の高い課題として掲げ、経営トップが率先してこの課題に取り組むことを、継続的に発信して社内に浸透させることが不可欠である。その上で、日頃から社員によるコンプライアンスへの取組みを積極的・肯定的に評価するアクションが重要である。またコンプライアンス違反が発覚したときに、経営陣自らの責任も含め迅速・的確に対処するアクションも、社内にコミットメントの本気度を知らしめる。経営トップのリーダーシップが重要であることは、［前文］でも強調されているとおりである。

　しかし現実には、そもそも経営トップ等の適格性に問題なしとしないケースもある。そうした場合も意識して、［原則2］は「事業実態に即した経営目標の設定や業務遂行」を求めている。具体的には、経営陣による「実力とかけ離れた利益の目標の設定」や「現場の実態を無視した品質基準・納期等の設定」を、コンプライアンス違反を誘発する要因になるとして警告している。

取締役会等の牽制機能

　上記のような経営陣の問題行動を抑制するためには、それを監督し監査する会社機関の役割は特に重要となる。［原則2］の第二のポイントは、監査機関・監督機関の職責の全うである。監査機関としては、会社の組織形態により監査役・監査役会・監査委員会・監査等委員会などがあり[7]、加えて内部監査部門がある。また監督機関としては、取締役会と、これも会社の組織形態により指名委員会等がある[8]。これら機関が担っている牽制機能は極めて重要であり、構成メンバーはそのことを常に自覚し積極的に行動すべきである。すなわち社内に不祥事につながる要因がないかを能動的に調査し、コンプライアンス違反の予兆があれば使命感を持って対処すべきことを述べている。

　そのために平時及び有事において必要十分な情報収集を行ない、会社が独善に陥らぬよう社会の目線を踏まえて客観的な分析と評価を行ない、その上で判断し行動することを求めている。この牽制機能には、平時における取組みに加え、必要な場合に経営陣の適格性を判断する適切な選任・解任プロセスが含まれることも（解説2-2）で明記されている。

社内リソースの確保と組織設計

　［原則2］の第三のポイントは、これらを実務面で支える社内リソースの確保と、それを経営陣から一定の独立性を持った中立的な組織に配置する適切な組織設計である。これまで問題となった事例では、牽制機能発揮のために十分な人員を配置せず、監査・監督機関から独立性を剥奪したような運用も見られた。この組織設計の一環として、監査・監督する側とされる側との間の利益相反を的確に管理すべきことも（解説2-2）で明記されている。例えば監査業務について言えば、実質的に「自己監査」となるような状況を招いてしまわないような設計と運用である。

---

[7] ▶ 会社法上の監査役（会）設置会社では監査役ないし監査役会、指名委員会等設置会社では監査委員会、監査等委員会設置会社では監査等委員会となる。
[8] ▶ 指名委員会等設置会社では、監査役会設置会社等の取締役会と比較すると重要な権限の一部が指名委員会等に移されている。

【不祥事につながった問題事例】

［原則2］から逸脱した作為ないし不作為が社内で広がり、深刻な不祥事に発展した事例には事欠かない。

〈経営陣に係る問題〉

〚実例D〛経営トップが事業の実力とかけ離れた短期的目線の利益目標を設定し、その達成を最優先課題としたことで、役職員に「コンプライアンス違反をしてでも目標達成をすべき」との意識が生まれ、粉飾決算を誘発

〚実例E〛経営陣や現場マネジメントが製造現場の実態にそぐわない納期を一方的に設定した結果、現場がこれに縛られ、品質コンプライアンス違反を誘発

〈監査・監督機関に係る問題〉

〚実例F〛元最高財務責任者（CFO）が監査担当部門（監査委員）となり、自身が関与した会計期間を監査することで、実質的な「自己監査」を招き、監査の実効性を阻害

〚実例G〛指名委員会等設置会社に移行するも、選・解任プロセスにおいて経営トップの適格性を的確に評価・対処できないなど、取締役会、指名委員会、監査委員会等の牽制機能が形骸化

〈組織設計・リソース配分に係る問題〉

〚実例H〛製造部門と品質保証部門で同一の責任者を置いた結果、製造部門の業績評価が品質維持よりも重視され、品質保証機能の実効性を毀損

〚実例I〛品質保証部門を実務上支援するために必要となるリソース（人員・システム）が不足

［原則3］ 双方向のコミュニケーション

現場と経営陣の間の双方向のコミュニケーションを充実させ、現場と経営陣がコンプライアンス意識を共有する。このためには、現場の声を束ねて経営陣に伝える等の役割を担う中間管理層の意識と行動が極めて重要である。

こうしたコミュニケーションの充実がコンプライアンス違反の早期発

> 見に資する。

双方向の意思疎通

　［原則3］は、前述の三層構造のうち、役員・職員の職責意識や使命感の希薄化の問題を教訓に据えている。この原則の主たるメッセージは、現場と経営陣の間のコミュニケーションを双方向の流れで充実させるべきこと、また現場と経営陣がコンプライアンス意識を共有している状態を作り出すべきことである。コミュニケーションの充実はコンプライアンス意識の共有をもたらし、またコンプライアンス意識の共有はコミュニケーションを円滑化する。両者が相乗効果を発揮して不祥事予防の成果を高める。

　このため、経営陣においては、現場の問題意識を積極的に汲み上げ、その声に適切に応えることが求められる。その姿勢を社内に明確に示し、かつ実行することが不可欠であり、それは現場が忌憚なく意見を言える風土と環境を整えることにもなる。同時に、現場ないしその責任者においては、現状について率直な問題提起を行ない、上司ないし経営陣に必要なアクションを求める姿勢が重要である。

中間管理層への敬意

　双方向のコミュニケーションを充実させるため、［原則3］は中間管理層の意識と行動が重要であることを強調している。中間管理層は、現場と経営陣をつなぐ結節点（ハブ）であり、一方で経営陣からのメッセージを正確に理解して現場に伝えるとともに、他方で現場の声を束ねて経営陣に伝え必要な行動を訴える、という重要な役割を担っている。この役割が十全に果たされるためには、もちろん中間管理層自身の明確な意識が不可欠であるが、彼ら・彼女らに対する経営陣の姿勢も重要である。すなわち経営陣が中間管理層の役割を明確に定義し、それに敬意を払い、その仕事ぶりを積極的に評価することである。

意思疎通の効果

　双方向のコミュニケーションが充実すれば、それは不祥事予防の上で大き

な成果をもたらす。一つには、経営陣による現場の実態を無視した経営目標の設定等は生じにくくなる。現実にこの行き違いに起因する不祥事が多いことに鑑みれば、これは大きな成果となる。さらに、双方向のコミュニケーションが定着すれば、現場のコンプライアンス意識が高まり、現場から経営陣への情報の流れが活性化するため、問題の早期発見に貢献する。密な意思疎通により社内各層の職責意識や使命感を高め、不祥事の兆候を早めに把握できることは、早期対処によりそれが深刻な不祥事に発展するのを未然防止するための大前提である。

【不祥事につながった問題事例】

社内のコミュニケーションが上手く取られていれば防ぐことができたであろう不祥事の実例も実に多い。

〖実例J〗経営陣が各部門の実情や意見を踏まえず、独断的に利益目標・業績改善目標を設定し、各部門に達成を繰り返し求めた結果、中間管理層や現場のコンプライアンス意識の低下を招き、全社的に職責・コンプライアンス意識の希薄化を招来

〖実例K〗経営陣から実態を無視した生産目標や納期の必達を迫られても現場は声を上げられず、次第に声を上げても仕方がないという諦め（モラルの低下）が全社に蔓延

〖実例L〗経営陣が「現場の自立性」を過度に尊重する古い伝統に依拠したことで、製造現場と経営陣の間にコミュニケーションの壁を生じさせ、問題意識や課題の共有が図れない企業風土を醸成。その結果、経営陣は製造現場におけるコンプライアンス違反を長年にわたり見過ごし、不祥事が深刻化

[原則4]　不正の芽の察知と機敏な対処

コンプライアンス違反を早期に把握し、迅速に対処することで、それが重大な不祥事に発展することを未然に防止する。

早期発見と迅速な対処、それに続く業務改善まで、一連のサイクルを

| 企業文化として定着させる。 |

早期発見と迅速対処

　不正の芽は、どのように優れた企業であっても常に存在していると心得ておく必要がある。その前提に立った上で、不正やごまかしを芽のうちに摘み取り、それに迅速に対処することが、不祥事を予防するために不可欠なオペレーションとなる。早期発見と迅速対処が不祥事予防のコアである。

　これを効果的に実践するため他の五つの原則があると言ってもよいかもしれない。本プリンシプルでは、各職位における職責の全う［原則2］、現場と経営陣の間の意思疎通［原則3］、子会社を含めグループ全体に一貫する経営管理［原則5］、サプライチェーンを見渡した責任意識［原則6］などの視点から、実質を伴った深度のある実態把握［原則1］を行ない、その結果をこのオペレーションに生かす、という流れが想定されている。

　このアクションを実践していく上での留意点について、［原則4］は、以下のとおりいくつかのポイントを掲げている。

横展開

　第一は、不正やごまかしの萌芽が認識されたら、それを横展開することである。その萌芽は、それが見つかった部署に単発的に生じたものかもしれないが、そうではなく、他の組織にも蔓延している事象がたまたまその部署で見つかっただけであるのかもしれない。同種の問題が、他の部署、他の部門、他のグループ会社に存在していないかの調査を行ない、存在していれば共通の原因を解明し、それに即した業務改善を行なうことが重要である。こうした横展開を行なうことにより、類似の問題が繰り返されるといった事態が回避されることになる。一つの発見が、実効性の高い不祥事予防へと発展していく。

経営陣からの発信

　第二は、こうした活動に取り組む明確な姿勢について、経営陣が社内に発信すべきことである。このような改善サイクルの実践を業績評価や人事評価

に取り込むなど、ポジティブに評価する仕組みを構築することも有益であろう。そのような実績が社内で共有されれば、全社的なコンプライアンス意識の向上も期待できよう。

企業文化としての定着
　第三は、こうした早期発見と迅速対処の一連のサイクルを、企業文化として定着させることの重要性である。通常業務に組み込まれるなどによりこのサイクルは自律的に働くことになり、継続的に機能を発揮できるようになる。すなわち、初期段階のコンプライアンス違反が重大な不祥事に発展することを防止する効果、そして不正やごまかしの発生そのものをも抑止する効果である。

形式主義の排除
　第四は、形式主義への警告である。趣旨や目的が明確でないコンプライアンス活動や、形式のみに偏ったルールの押しつけは、この活動そのものの形骸化や現場における「コンプラ疲れ」を招く（解説4-3）。このような弊害は、形式的に指示を出したことのみをもって責任を履行したと考えがちな経営陣や管理層によってもたらされることが多い。事案の深刻さの度合いや問題の広がりなどを十分に吟味の上、ことの軽重に応じたメリハリを付け、要所を押さえた指示を出すことによって実質を確保することが重要である。

【不祥事につながった問題事例】
　この原則から乖離した業務運営もしばしば観察されるところであり、それにより深刻な不祥事に発展した事例も多い。

　〚実例M〛社内の複数ルートからコンプライアンス違反に係る指摘がなされても、調査担当部署が表面的な聴き取り対応のみで「問題なし」と判断。違反行為の是正や社内展開等を行なわなかった結果、外部からの指摘を受けて初めて不祥事が露見し、企業価値を大きく毀損。
　〚実例N〛過去の不祥事を踏まえて再発防止策を講じたものの、的を射な

い機械的な対応に終始したことで、現場において「押し付けられた無駄な作業」と受け止められる。当該作業が次第に形骸化し、各現場の自律的な取組みとして定着しなかった結果、同種不祥事の再発に至る。

> **[原則5] グループ全体を貫く経営管理**
> 　グループ全体に行きわたる実効的な経営管理を行う。管理体制の構築に当たっては、自社グループの構造や特性に即して、各グループ会社の経営上の重要性や抱えるリスクの高低等を踏まえることが重要である。
> 　特に海外子会社や買収子会社にはその特性に応じた実効性ある経営管理が求められる。

　近年の企業経営では、多数の子会社や孫会社を擁しグループ経営としてビジネスを展開することが珍しくなくなった。このような現実を踏まえ、不祥事予防の取組みにおいても、子会社・孫会社を含めグループ全体を貫く一貫した方針と実践が不可欠であることを強調しているのが［原則5］である。趣旨は二つある。一つは、［原則1］から［原則4］までの指針に沿った実態把握・早期発見・迅速対処の取組みは、子会社群やグループ全体の経営でも全く同じであることの再確認である。もう一つは、現に、グループ経営という形態に由来する不祥事も目立っており、この点に着目した追加的な留意点を抽出しておくということである。

一貫性ある経営管理
　［原則5］は冒頭で、グループ全体に行きわたる実効性のある経営管理を行なうべきことを述べている。これは当たり前のことであるが、不祥事予防の取組みにおいても全く同様に当てはまることを再確認しているものである。不祥事は、子会社やグループ会社において発生したものも含め、連結ベースのグループの企業価値に甚大な悪影響を及ぼすことがあるからである。
　具体的には、子会社・孫会社等をカバーするレポーティング・ラインや指揮命令系統が確実に機能すべきこと、そして監査機能が十分に発揮されるべきことを述べた上で、その中に不祥事予防の取組みも適切に位置づけられる

べきとしている。その際には本プリンシプルを踏まえ実効性の高い体制を構築することが重要である。

　会社によっては、グループ会社に経営上あるいは業務運営上の一定範囲の独立性を許容しているケースもある。それ自体は経営判断に属する部分が大きいが、コンプライアンスの方針はグループ全体で一貫していることが重要である。特に監査機能については、業務上の自主性や独立性のゆえに、統一的な視点がブロックされたり歪められたりすることがあってはならないだろう。

海外子会社と買収子会社

　特に海外子会社については、地理的距離の存在による監査頻度の低下、言語・文化に加え会計基準や法制度の違いなどの要因による経営管理の希薄化に注意しなければならない。ある程度の独立性を付与している場合においては、その独立性に見合った管理体制が当該子会社に構築されていることの確認が必須であり、そこが弱い場合はそれに見合って独立性を減じる必要がある。これらの点は子会社のみならず、自社本体の海外拠点にもある程度当てはまるだろう。

　また買収子会社も要注意である。M&Aに当たっては、必要かつ十分な情報収集がなされるべきことは当然であるが、その調査項目の中に買収対象会社のコンプライアンス体制の優劣を加えておくことも必要であろう。事前に、対象会社の管理体制・法令遵守体制・企業風土などを調査し、買収後のあり方を含めて丁寧に検討しておくことは有益である。買収後は、より詳細に実態を確認し、必要に応じて有効な管理体制を速やかに構築し、それを実際に運用していくことが必要である。

【不祥事につながった問題事例】

　グループ経営や海外子会社・買収子会社を巡る不祥事の例も、特に大企業やグローバル展開を行なっている企業において目立つようになってきている。

　〚実例O〛海外子会社との情報共有の基準・体制が不明確で、子会社にお

いて発生した問題が子会社内で内々に処理され、国内本社に報告されず。その結果、問題の把握・対処が遅れ、企業価値毀損の深刻化を招く。

〚実例P〛許容する独立性の程度に見合った管理体制を長期にわたり整備してこなかった結果、海外子会社のコントロール不全を招き、子会社経営陣の暴走・コンプライアンス違反を看過。

〚実例Q〛買収先事業が抱えるコンプライアンス違反のリスクを事前に認識していたにもかかわらず、それに対処する管理体制を買収後に構築しなかった結果、リスク対応が後手に回り、買収元である上場会社に対する社会的批判を招く。

[原則6]　サプライチェーンを展望した責任感

業務委託先や仕入先・販売先などで問題が発生した場合においても、サプライチェーンにおける当事者としての役割を意識し、それに見合った責務を果たすよう努める。

全体を展望するメリット

今日の産業活動においては、製品・サービスの提供過程において、委託・受託、元請け・下請け、アウトソーシング等が一般化し、しかも重層的に組み合わされているケースが多い。[原則6]は、このような産業構造や生産・製造プロセスに光を当て、そのような構図に起因して不祥事が深刻化した実例も多いことについて注意喚起するものである。このような現実を踏まえ、製品・サービスの最終顧客までのサプライチェーン全体を見渡し、そこで自社が担っている役割を正確に認識しておくことは、大きな意義を持つ。

なぜならそのような意識を持つことが、他社に起因するごまかしや不正の影響が自社に及ぶのを遮断することを可能にし、実際に不祥事が顕在化した場合にも的確な説明責任の履行を容易にするからである。サプライチェーンにおける当事者としての自覚を持ち、自社が果たしている役割に見合った責務を誠実に果たすことで、不祥事の深刻化を防ぐことができる。それはまた、責任関係の錯綜に起因して問題が長期化した場合に、そのことを通じた企業

第7章
不祥事予防のプリンシプル

価値の毀損を軽減することにも寄与する。

　対照的に、そのような意識と準備に欠ける企業において、自社の業務委託先等において発生した問題が、自社の社会的信用の毀損や、自社に対する責任追及へとつながって深刻化する事例は多い。例えば、相当な広範囲に影響が及んだ問題を、わがこととして捉えず、納入元や委託先など他社と責任を押し付け合っている間に、海外の顧客から集団訴訟を受けたり当局から巨額の制裁金を科されたりして、企業自体の存続の問題に発展した事例もあった。

有事における説明責任

　［原則6］は、二つの具体的な心構えにも言及している（解説6-2）。一つ目は、業務の委託者は、受託者に対して相応の監督責任を負っていることを忘れないことである。これには、必要な場合に受託者の業務の執行状況やその成果を適切にモニタリングすることも含まれよう。

　二つ目は、契約万能に囚われないことである。サプライチェーンの中では、契約によって責任範囲が定められていることが多い。契約は業務遂行の基礎であり重要であるが、それだけに囚われず、自社の製品が、どこでどのように製造された部品によって構成され、どこで誰によって使用されどの製品に組み込まれているのか、というサプライチェーンの全体像を視野に入れておくことが重要である。社会的信用やレピュテーションは、直接の取引当事者間の契約だけで守りきれるわけではないからである。

　それらは、いざというときに、問題の所在や責任関係等の説明を迅速かつ的確に行なうことによって守られるのである。すなわち、有事におけるステークホルダーへの的確な説明責任の履行である。それを支えるのが、平時におけるサプライチェーンの全体像と自社の役割についての明確な意識である。

【不祥事につながった問題事例】

　サプライチェーンに対する意識の欠如が不祥事を深刻化させた事例も、数々報道されているところである。

〚実例 R〛外部委託先に付与したセキュリティ権限を適切に管理しなかった結果、委託先従業員による情報漏洩を招き、委託元企業の信頼性を毀損

〚実例 S〛製品事故における法的な責任に加え、サプライチェーンのマネジメントを怠り、徹底的な原因解明・対外説明を自ら果たさなかった結果、ステークホルダーの不信感を増大させ、企業の信頼性を毀損

〚実例 T〛建築施工における発注者、元請、下請、孫請という重層構造において、極めて重要な作業工程におけるデータの虚偽が発覚したにもかかわらず、各当事者間の業務実態を把握しようとする意識が不十分であった結果、有事における対外説明・原因究明等の対応に遅れをとり、最終顧客や株主等の不信感を増大

〚実例 U〛海外の製造委託先工場における過酷な労働環境について外部機関より指摘を受けるまで意識が薄かった結果、製品の製造過程における社会的問題が、当該企業のブランド価値を毀損

第4節 本プリンシプルの使われ方と実効性

　不祥事による企業価値の毀損は、すべての上場会社が避けたいと考えている事態である。したがって心ある上場会社は、その未然防止のため相応に注力しているはずである。その際の基本的な心構えと標準的な検証項目を提示しているのが本プリンシプルである。ただし、これが有効に活用され実効性を持つようになるかどうかは、最終的には各上場会社自身の取組み次第である。と同時に、上場会社には多様なステークホルダーが存在しており、社外との対話ないし社外からの圧力によって上場会社の行動も影響を受ける。したがって、ステークホルダーの働きかけ如何によっても、本プリンシプルの実効性は左右される。この辺を意識しながら、以下で本プリンシプルの使われ方を展望してみよう。

第7章 不祥事予防のプリンシプル

上場会社自身の主体的取組み

　各上場会社は、自らの目指すべき方向を見据え、創意工夫をこらして自社の状況に即した不祥事予防に取り組むことが肝要である。プリンシプル方式は、そのような取組みに馴染むガイドラインである。共通する基本事項への賛同とその実践を求めつつも、具体的な取り組み方については多くを当事者に委ねているからである。

　いずれにせよ、本プリンシプルについても、まずもって各上場会社自身による深い理解と主体的・積極的な実践が肝要である。特に経営トップのリーダーシップが重要であることは、前文でも明記されており、本章でも繰り返し強調した。執行を担う経営陣の意識が重要であることも当然である。さらに、社外役員や監査役等は、執行から一定の独立性を有する立場で果たすべき責任は大きく、使命感を持って果断に行動することが求められている。

　それらを支えることにもなる内部監査部門やコンプライアンス部門の役割が重要であることは言うまでもない。さらには中間管理層を含め、各職位にある社員がその職責を自覚し、使命を果たすことができるような企業文化と風土を確立することも強く望まれる。

　このような取組みを実践することは、結果的にCGコードの目的達成にも寄与することにもなる。同コードが、本プリンシプルと馴染みが深いことはすでに述べた。本プリンシプルの実践が、自社のガバナンス向上につながり企業価値の保持を確かなものにする、という因果関係が経営陣に理解されていることも重要であろう。

　ここで上場会社自身の主体的取組みとして、積極的な情報開示の例を紹介しておこう。第3節でも述べたように、本プリンシプルの［原則1］はその（解説1-4）で、不祥事予防に関する自社の取組みを自主的に対外公表し外部からの規律づけを働かせる、という取組みを提案している。この取組みをいち早く実践に移したのが㈱日本取引所グループである。同社の2018年度の年次報告書[9]は、本プリンシプルの各原則に則った具体的な取組み状況を

---

9 ► ㈱日本取引所グループ『JPXレポート2018』（2018年8月）。同報告書は、「国際統合報告評議会（IIRC）のフレームワーク」と「価値協創ガイダンス」とを参考ガイドラインとしており、広い意味で統合報告の範疇に入るとも言えよう。

記述し、不祥事予防に向けた強い意志と確かな実践を対外公表している。自主的に透明性を高めるこのような取組みが、ベスト・プラクティスとして広がっていくことが期待される。

機関投資家からの働きかけ

　本プリンシプルの実効性については、機関投資家からの働きかけが決定的な役割を担う可能性がある。第4章で紹介した日本版スチュワードシップ・コードは、「責任ある機関投資家」の役割として、投資先企業との建設的な対話を通じて企業の持続的成長を促すべきことを述べている。機関投資家は、投資先企業の企業価値の向上を促すことを通じて、中長期的な投資リターンを高め、最終投資者である顧客や受益者に報いるべき立場にある。そのような機関投資家が、投資先企業のガバナンスや不祥事予防の取組み状況を把握し、必要な場合に是正を促すのは自然な流れであるからである。

　同コードの「原則3」は、「機関投資家は、投資先企業の持続的成長に向けてスチュワードシップ責任を適切に果たすため、当該企業の状況を的確に把握すべきである」としており、その際に、投資先企業の企業価値を毀損するおそれのある事項を早期に把握すべきことも（指針3-3）で記載している。また同コードの「原則4」は、「機関投資家は、投資先企業との建設的な『目的を持った対話』を通じて、投資先企業と認識の共有を図るとともに、問題の改善を求めるべきである」としており、特に（指針4-1）は、当該企業の企業価値が毀損されるおそれがある場合には、十分な説明を求めるなど、より踏み込んだ対応を求めている（傍点は筆者）。

　さらに同コードの「原則5」は、「機関投資家は、議決権の行使と行使結果の公表について明確な方針を持つ」べきこと、そして「議決権行使の方針については、単に形式的な判断基準にとどまるものではなく、投資先企業の持続的成長に資するものとなるよう工夫すべき」ことを求めている。すなわち、投資先企業との建設的な対話の成果を議決権行使の判断に活用し、その結果を公表することも暗に求めている。このような機関投資家に対する規律づけが、スチュワードシップ責任の履行を通じて、投資先企業への規律づけとなって働くことになる構図である。

第7章
不祥事予防のプリンシプル

　これは、第4章で提示した「プリンシプルのネットワーク」が機能していく一例と言えよう。上場会社は、自らがCGコードに沿って企業価値の向上に努めると同時に、スチュワードシップ・コードに沿った機関投資家からの働きかけを受けてその取組みを強める。それらの取組みのうち不祥事予防に関する分野について、本プリンシプルが実務的な方針と着眼点を提示して、両コードの該当部分をサポートする、という関係が浮かび上がってくる。

　本プリンシプルは、投資先企業との対話において議論すべき有用なアジェンダを提供し、機関投資家が当該企業における不祥事予防への意識や取組みの実態を把握する手助けとなる。またその結果を、機関投資家は本プリンシプルの各原則に照らして評価することができる。不祥事が発生した企業に対しては、「対応プリンシプル」をもとに同様の対応を取ることも可能である。こうした影響力を行使することを通じて、機関投資家は、上場会社における企業価値毀損の防止やそこからの早期再生を促すことができ、企業の持続的成長をサポートすることができる。このように不祥事関連プリンシプルは、「対応プリンシプル」を含め、スチュワードシップ・コードの目指す目標の実現に寄与し、対するスチュワードシップ・コードは、不祥事関連プリンシプルに沿った取組みを上場会社に強く促す、という関係にある。

　なお、機関投資家を律する規範としては、スチュワードシップ・コードの他に、第2章第5節で紹介した「ESG投資」という考え方もある。投資先企業の選別において、環境への配慮、社会規範の遵守、ガバナンスの実効性の状況について評価を行ない、その結果に沿って投資判断を行なうものである。不祥事の頻発は、ときに反社会的な側面も帯びるが、何よりもガバナンス欠如の証左であると見なされ、世界の機関投資家から選別を受けることになるのではないか。

　当然ながら、機関投資家の範疇には海外の投資家も含まれる。東証上場会社における海外投資家の株式保有比率は近年30％程度にまで上昇しており、日々の取引高では平均して60％超にも及んでいる。投資パフォーマンスを重視する中で、海外機関投資家の多くは、投資先企業のガバナンスの優劣を注視している。CGコードの対応状況にも強い関心を持つ。深刻な不祥事の発生やその後の不手際はもちろんマイナス要因だが、不祥事予防の取組みは

そのような事態を招かないという成果とともに、ガバナンスの向上という副産物をもたらす。

いずれにせよ、本プリンシプルについては、海外の機関投資家からの働きかけというチャネルも意識されている。その公表に際して英語版を同時作成した[10]のは、海外投資家の利便性に配慮しただけでなく、海外からの規律づけのチャネルが機能することも期待してのことであった。なおこの機会に、2016年に策定した対応プリンシプルについても英訳を作成し公表した[11]。

弁護士・公認会計士など専門家の役割
「対応プリンシプル」がそうであったのと同様、この「予防プリンシプル」の普及と定着を目指す上でも、弁護士・公認会計士などの専門家が果たす役割は大きい。彼ら・彼女らは平時におけるアドバイスの提供、そして有事における問題解決へのリーダーシップ発揮など、様々な局面で専門的知見を提供する。

特に上場会社の社外取締役や社外監査役等に就いている場合には、一方で会社の状況について継続的にフォローしうる立場にあり、他方で経営陣・執行サイドから一定の独立性を保持している立場にもあるため、状況に応じ強いリーダーシップを発揮すべき責任を負っている。このような立場のプロフェッショナルな専門家が、日頃から本プリンシプルに馴染み、その着眼点に沿った実態把握を行なうこととなれば、その精神は社内に浸透していくだろう。経営陣の思考を方向づける効果も大きいはずである。

上場会社の外にいる場合であっても、個社へのアドバイスの場面で、あるいはオピニオン・リーダーとして、企業社会における規範意識を方向づけ、資本市場における建設的な批判精神を涵養するなどの役割は大きい。本プリンシプル策定の過程で行なわれたパブリック・コメント募集のプロセスにおいては多くの意見が寄せられたが、提出者の多くは弁護士等の専門家の方々であった。プリンシプル策定を通じて規範意識を共有していくという方式が、

---

[10] ► https://www.jpx.co.jp/english/regulation/ensuring/listing/preventive-principles/index.html
[11] ► https://www.jpx.co.jp/english/regulation/ensuring/listing/principle/index.html

社会的な広がりを持つものになってきていることを実感させる傾向である。専門家の方々は、そのような社会的広がりを定着させる上で貴重な役割を担っている。

マス・メディアでの使われ方

　企業不祥事に関してマス・メディアの果たす役割は大きい。第6章でも述べたように、問題を起こした企業に説明責任の履行を強く促し、影響を被ったステークホルダーの「知る権利」をサポートする。不祥事予防についても、上場会社による取組み状況をサーベイし報道するといった取組みは考えられるかもしれない。CGコードの対応状況とともに分析するのも有益かもしれない。

　しかし最も分かりやすいのは、深刻な不祥事を起こした企業が開く記者会見等で、当該企業に以下のような質問をぶつけることかもしれない。すなわち、「不祥事予防のためにどのような手立てを講じてきたか」「その際に『不祥事予防のプリンシプル』は参照していたか」といった質問である。

周知・広報活動とサーベイ調査

　プリンシプルが効果を発揮するには、まずもって、それが世の中に知れ渡り浸透することが不可欠である。本プリンシプルを策定した日本取引所自主規制法人においても、策定以来、記者発表の他、雑誌・専門誌への寄稿や講演会・セミナー等での情報発信に努めてきている。特に資本市場関係者における認知度が高まることが期待される。一定期間経過後に本プリンシプルの認知度をサーベイする調査を行なうことも有用かもしれない。その際は、プリンシプルの認知度だけでなく、それに沿った不祥事予防の取組みがどの程度実践されているかの実態調査を行なうことも選択肢となろう。

コンプライ・オア・エクスプレインの可能性

　一定期間経過後も本プリンシプルの認知度が上昇せず、また不祥事の件数が減少しない場合には、このプリンシプルについてもコンプライ・オア・エクスプレインの方式を導入する選択肢が浮上するかもしれない。上述のよう

に本プリンシプルは CG コードとの親和性も強いため、強い違和感はないかもしれない。将来的な課題ではあるが、その際は本プリンシプルに直接コンプライ・オア・エクスプレインの方式を付加することも考えられるし、CG コードで求めている情報開示（CG 報告書）において、不祥事予防の取組み状況を報告事項に含める方法も考えられよう。

パブリック・コメントのプロセスでは、この点に関する質問に答える形で「本プリンシプルの今後の活用状況によっては、不祥事予防の取組みに関する情報開示のあり方等について、将来の検討課題となることも考えられる」という考え方を自主規制法人は示している。

企業不祥事は減るか

本プリンシプルの効果を測る端的な指標は、発生する不祥事の件数であろう。ただしトータルの不祥事件数の帰趨もさることながら、その増減要因にも着目することが肝要である。

本プリンシプルが周知され尊重されれば、中長期的には必ずや不祥事の発生を減らす効果を持つであろう。ただしそのことは同時に、意識向上の結果として今まで潜在していた問題に光が当てられることを通じ、短期的には、顕在化する不祥事を増やす方向に働くかもしれない。

今後、発覚ないし把握される不祥事の件数は、トータルで増えるかもしれないし、減るかもしれない。増える場合でも、それが一時的な現象であって、これまで潜在していた問題が本プリンシプルによって掬い出され不祥事として認識された、といった事案が多数を占めるようなケースは希望が持てる。他方、不祥事予防の取組みが進まず、相変わらず消費者・利用者・規制当局など外部からの指摘により発覚するような不祥事が多数を占めている場合には、本プリンシプルの実効性は乏しかったということになる。

認識される不祥事の件数が減っている場合で、かつそれが、本プリンシプルが参照されて予防の取組みが進み、コンプライアンス違反そのものが減少していることの結果であれば、それは本来期待された展開であり、歓迎すべきことである。それが現実に定着するのは、過去の「在庫」が顕在化し終わった後になるかもしれないとしても。

第7章
不祥事予防のプリンシプル

第7章の参考文献

日本取引所自主規制法人『上場会社における不祥事予防のプリンシプル』(2018年3月30日)

佐藤隆文「企業不祥事と四つの認識ギャップ」『金融財政事情』第69巻第13号(3255号)(金融財政事情研究会、2018年4月2日)

佐藤竜明「『上場会社における不祥事予防のプリンシプル』の解説[上][下]」『旬刊商事法務』No.2165(2018年4月25日号)、No.2166(2018年5月5日・15日合併号)(商事法務研究会)

筆者による関連講演等の一覧

	日付	講演先／演題
1	2015年3月11日	日本取引所自主規制法人　上場会社セミナー2015　「資本市場の品格とプリンシプル」（東京・よみうりホール）
2	2016年5月14日	日本金融学会 2016年度春季大会 特別講演　「資本市場の品格とプリンシプル」（東京・武蔵大学）
3	2016年9月14日	日本弁護士連合会 ライブ実務研修　「『上場会社における不祥事対応のプリンシプル』について」（東京・弁護士会館）
4	2016年11月3日	Korea Financial Investment Association（KOFIA）International Seminar「資本市場の資質とプリンシプル」（韓国・ソウル）
5	2017年6月2日	Global Corporate Governance Colloquia（GCGC）Conference "Disciplining Capital Markets: Roles of Principles"（東京・上野）
6	2017年12月5日	証券取引等監視委員会創立25周年記念国際コンファレンス 基調講演 "Decentralized Discipline and the Roles for Principles"（東京・三田共用会議所）
7	2018年5月22日	日本投資顧問業協会　研修　「不祥事関連プリンシプルについて」（東京・東京証券会館）
8	2018年9月25日	第52回内部監査推進全国大会　全体研究会　「上場企業は不祥事にどう立ち向かうべきか」（東京・ハイアットリージェンシー東京）

資料：関連プリンシプル集

資料1
金融サービス業におけるプリンシプル（2008年4月18日）

金融サービス業におけるプリンシプル	具体的なイメージ
1. 創意工夫をこらした自主的な取組みにより、利用者利便の向上や社会において期待されている役割を果たす。	①利用者の求める金融サービス提供のための不断の努力 ②多様な利害関係者との適切な関係 ③我が国の金融サービス業が、高い付加価値を生み出し、経済の持続的成長に貢献していくことを期待 ④社会的責任等への対応
2. 市場に参加するにあたっては、市場全体の機能を向上させ、透明性・公正性を確保するよう行動する。	①法令、自主規制等の遵守 ②ベストプラクティスの追求、必要に応じ自主規制等の改善に努め、市場の効率性など機能向上のために貢献 ③市場の透明性・公正性を害する行為に対して厳しい態度で臨み、市場の透明性・公正性確保のために貢献
3. 利用者の合理的な期待に応えるよう必要な注意を払い、誠実かつ職業的な注意深さをもって業務を行う。	①利用者のニーズを十分踏まえ、適切な金融サービスの提供、事後フォロー等の契約管理 ②「優越的地位の濫用」の防止等、取引等の適切性の確保 ③利用者の情報保護の徹底 ④利用者の公平取扱い、アームズレングスの遵守
4. 利用者の経済合理的な判断を可能とする情報やアドバイスをタイムリーに、かつ明確・公平に提供するよう注意を払う。	①利用者の判断材料となる情報を正確・明確に開示し、実質的な公平さを確保 ②適合性の原則 ③利用者に真実を告げ、誤解を招く説明をしないこと
5. 利用者等からの相談や問い合わせに対し真摯に対応し、必要な情報の提供、アドバイス等を行うとともに金融知識の普及に努める。	①可能な限り利用者の理解と納得を得るよう努力 ②相談、問い合わせ、苦情等の事例の蓄積と分析を行い、説明態勢など業務の改善に努力 ③正しい金融知識の普及
6. 自身・グループと利用者の間、また、利用者の間等の利益相反による弊害を防止する。	①利益相反やビジネス上のコンフリクトに適切に対応しているかを十分に検証 ②利益相反による弊害を防止する適切な管理態勢の整備 ③利用者に対する誠実な職務遂行

224

資　料

7.	利用者の資産について、その責任に応じて適切な管理を行う。	①利用者の財産の適切な管理 ②財産を管理するものの責務の履行（例えばその責任に応じて善管注意義務、分別管理義務、受託者責任）
8.	財務の健全性、業務の適切性等を確保するため、必要な人員配置を含め、適切な経営管理態勢を構築し、実効的なガバナンス機能を発揮する。	①適切かつ効率的な経営管理・ガバナンスの構築 ②役職員の適切な人員配置 ③法令や業務上の諸規則等の遵守、健全かつ適切な業務運営 ④各金融機関等の取締役のフィットアンドプロパー
9.	市場規律の発揮と経営の透明性を高めることの重要性に鑑み、適切な情報開示を行う。	①市場への適時・適切な情報開示 ②多様な利害関係者への適時適切な情報開示
10.	反社会的勢力との関係を遮断するなど金融犯罪等に利用されない態勢を構築する。	①犯罪等へ関与せず、利用されないための態勢整備（含反社会的勢力との関係遮断） ②顧客管理体制の整備、関係機関等との連携
11.	自身のリスク特性を踏まえた健全な財務基盤を維持する。	①リスク特性に照らし、資産、負債、資本のあり方を適切に評価 ②リスクに見合った自己資本の確保
12.	業務の規模・特性、リスクプロファイルに見合った適切なリスク管理を行う。	①適切なリスク管理態勢の整備 ②資産・負債、損益に影響を与え得る各種リスクを総合的に把握し、適切に制御 ③持続可能な収益構造の構築
13.	市場で果たしている役割等に応じ、大規模災害その他不測の事態における対応策を確立する。	①市場混乱時における流動性確保 ②危機管理体制の構築、危機時の関係者間の協調
14.	当局の合理的な要請に対し誠実かつ正確な情報を提供する。また、当局との双方向の対話を含め意思疎通の円滑を図る。	①当局からの合理的な要請に対し、適時に必要とされる情報を十分かつ正確に伝達 ②当局と金融サービス提供者の双方向の対話の充実を通して円滑な情報伝達

225

資　料

資料2
日本版スチュワードシップ・コード（2017年5月29日改訂）

　投資先企業の持続的成長を促し、顧客・受益者の中長期的な投資リターンの拡大を図るために、

1. 機関投資家は、スチュワードシップ責任を果たすための明確な方針を策定し、これを公表すべきである。

2. 機関投資家は、スチュワードシップ責任を果たす上で管理すべき利益相反について、明確な方針を策定し、これを公表すべきである。

3. 機関投資家は、投資先企業の持続的成長に向けてスチュワードシップ責任を適切に果たすため、当該企業の状況を的確に把握すべきである。

4. 機関投資家は、投資先企業との建設的な「目的を持った対話」を通じて、投資先企業と認識の共有を図るとともに、問題の改善に努めるべきである。

5. 機関投資家は、議決権の行使と行使結果の公表について明確な方針を持つとともに、議決権行使の方針については、単に形式的な判断基準にとどまるのではなく、投資先企業の持続的成長に資するものとなるよう工夫すべきである。

6. 機関投資家は、議決権の行使も含め、スチュワードシップ責任をどのように果たしているのかについて、原則として、顧客・受益者に対して定期的に報告を行うべきである。

7. 機関投資家は、投資先企業の持続的成長に資するよう、投資先企業やその事業環境等に関する深い理解に基づき、当該企業との対話やスチュワードシップ活動に伴う判断を適切に行うための実力を備えるべきである。

原則1　機関投資家は、スチュワードシップ責任を果たすための明確な方針を策定し、これを公表すべきである。

指針
1-1. 機関投資家は、投資先企業やその事業環境等に関する深い理解に基づく建設的な

「目的を持った対話」（エンゲージメント）などを通じて、当該企業の企業価値の向上やその持続的成長を促すことにより、顧客・受益者の中長期的な投資リターンの拡大を図るべきである。

1-2. 機関投資家は、こうした認識の下、スチュワードシップ責任を果たすための方針、すなわち、スチュワードシップ責任をどのように考え、その考えに則って当該責任をどのように果たしていくのか、また、顧客・受益者から投資先企業へと向かう投資資金の流れ（インベストメント・チェーン）の中での自らの置かれた位置を踏まえ、どのような役割を果たすのかについての明確な方針を策定し、これを公表すべきである。

1-3. アセットオーナーは、最終受益者の利益の確保のため、可能な限り、自らスチュワードシップ活動に取り組むべきである。また、自ら直接的に議決権行使を含むスチュワードシップ活動を行わない場合には、運用機関に、実効的なスチュワードシップ活動を行うよう求めるべきである。

1-4. アセットオーナーは、運用機関による実効的なスチュワードシップ活動が行われるよう、運用機関の選定や運用委託契約の締結に際して、議決権行使を含め、スチュワードシップ活動に関して求める事項や原則を運用機関に対して明確に示すべきである。特に大規模なアセットオーナーにおいては、インベストメント・チェーンの中での自らの置かれている位置・役割を踏まえ、運用機関の方針を検証なく単に採択するのではなく、スチュワードシップ責任を果たす観点から、自ら主体的に検討を行った上で、運用機関に対して議決権行使を含むスチュワードシップ活動に関して求める事項や原則を明確に示すべきである。

1-5. アセットオーナーは、運用機関のスチュワードシップ活動が自らの方針と整合的なものとなっているかについて、運用機関の自己評価なども活用しながら、実効的に運用機関に対するモニタリングを行うべきである。このモニタリングに際しては、運用機関と投資先企業との間の対話の「質」に重点を置くべきであり、運用機関と投資先企業との面談回数、面談時間等の形式的な確認に終始すべきではない。

> 原則2　機関投資家は、スチュワードシップ責任を果たす上で管理すべき利益相反について、明確な方針を策定し、これを公表すべきである。

指針

2-1. 機関投資家は顧客・受益者の利益を第一として行動すべきである。一方で、スチュワードシップ活動を行うに当たっては、自らが所属する企業グループと顧客・受益者の双方に影響を及ぼす事項について議決権を行使する場合など、利益相反の発生が避けられない場合がある。機関投資家は、こうした利益相反を適切に管理することが重要である。

2-2. 機関投資家は、こうした認識の下、あらかじめ想定し得る利益相反の主な類型について、これをどのように実効的に管理するのかについての明確な方針を策定し、これ

を公表すべきである。

　特に、運用機関は、議決権行使や対話に重要な影響を及ぼす利益相反が生じ得る局面を具体的に特定し、それぞれの利益相反を回避し、その影響を実効的に排除するなど、顧客・受益者の利益を確保するための措置について具体的な方針を策定し、これを公表すべきである。

2-3. 運用機関は、顧客・受益者の利益の確保や利益相反防止のため、例えば、独立した取締役会や、議決権行使の意思決定や監督のための第三者委員会などのガバナンス体制を整備すべきである。

2-4. 運用機関の経営陣は、自らが運用機関のガバナンス強化・利益相反管理に関して重要な役割・責務を担っていることを認識し、これらに関する課題に対する取組みを推進すべきである。

> 原則3　機関投資家は、投資先企業の持続的成長に向けてスチュワードシップ責任を適切に果たすため、当該企業の状況を的確に把握すべきである。

指針

3-1. 機関投資家は、中長期的視点から投資先企業の企業価値及び資本効率を高め、その持続的成長に向けてスチュワードシップ責任を適切に果たすため、当該企業の状況を的確に把握することが重要である。

3-2. 機関投資家は、こうした投資先企業の状況の把握を継続的に行うべきであり、また、実効的な把握ができているかについて適切に確認すべきである。

3-3. 把握する内容としては、例えば、投資先企業のガバナンス、企業戦略、業績、資本構造、事業におけるリスク・収益機会（社会・環境問題に関連するものを含む）及びそうしたリスク・収益機会への対応など、非財務面の事項を含む様々な事項が想定されるが、特にどのような事項に着目するかについては、機関投資家ごとに運用方針には違いがあり、また、投資先企業ごとに把握すべき事項の重要性も異なることから、機関投資家は、自らのスチュワードシップ責任に照らし、自ら判断を行うべきである。その際、投資先企業の企業価値を毀損するおそれのある事項については、これを早期に把握することができるよう努めるべきである。

> 原則4　機関投資家は、投資先企業との建設的な「目的を持った対話」を通じて、投資先企業と認識の共有を図るとともに、問題の改善に努めるべきである。

指針

4-1. 機関投資家は、中長期的視点から投資先企業の企業価値及び資本効率を高め、その持続的成長を促すことを目的とした対話を、投資先企業との間で建設的に行うことを通じて、当該企業と認識の共有を図るよう努めるべきである。

　　　　なお、投資先企業の状況や当該企業との対話の内容等を踏まえ、当該企業の企業価値が毀損されるおそれがあると考えられる場合には、より十分な説明を求めるなど、投資先企業と更なる認識の共有を図るとともに、問題の改善に努めるべきである。

4-2. 　パッシブ運用は、投資先企業の株式を売却する選択肢が限られ、中長期的な企業価値の向上を促す必要性が高いことから、機関投資家は、パッシブ運用を行うに当たって、より積極的に中長期的視点に立った対話や議決権行使に取り組むべきである。

4-3. 　以上を踏まえ、機関投資家は、実際に起こり得る様々な局面に応じ、投資先企業との間でどのように対話を行うのかなどについて、あらかじめ明確な方針を持つべきである。

4-4. 　機関投資家が投資先企業との間で対話を行うに当たっては、単独でこうした対話を行うほか、必要に応じ、他の機関投資家と協働して対話を行うこと（集団的エンゲージメント）が有益な場合もあり得る。

4-5. 　一般に、機関投資家は、未公表の重要事実を受領することなく、公表された情報をもとに、投資先企業との建設的な「目的を持った対話」を行うことが可能である。また、「G20/OECD コーポレート・ガバナンス原則」や、これを踏まえて策定された東京証券取引所の「コーポレートガバナンス・コード」は、企業の未公表の重要事実の取扱いについて、株主間の平等を図ることを基本としている。投資先企業と対話を行う機関投資家は、企業がこうした基本原則の下に置かれていることを踏まえ、当該対話において未公表の重要事実を受領することについては、基本的には慎重に考えるべきである。

> 原則5　機関投資家は、議決権の行使と行使結果の公表について明確な方針を持つとともに、議決権行使の方針については、単に形式的な判断基準にとどまるのではなく、投資先企業の持続的成長に資するものとなるよう工夫すべきである。

指針

5-1. 　機関投資家は、すべての保有株式について議決権を行使するよう努めるべきであり、議決権の行使に当たっては、投資先企業の状況や当該企業との対話の内容等を踏まえた上で、議案に対する賛否を判断すべきである。

5-2. 　機関投資家は、議決権の行使についての明確な方針を策定し、これを公表すべきである。当該方針は、できる限り明確なものとすべきであるが、単に形式的な判断基準にとどまるのではなく、投資先企業の持続的成長に資するものとなるよう工夫すべきである。

5-3. 　機関投資家は、議決権の行使結果を、少なくとも議案の主な種類ごとに整理・集計して公表すべきである。

　　　　また、機関投資家がスチュワードシップ責任を果たすための方針に沿って適切に議決権を行使しているか否かについての可視性をさらに高める観点から、機関投資家は、

議決権の行使結果を、個別の投資先企業及び議案ごとに公表すべきである。それぞれの機関投資家の置かれた状況により、個別の投資先企業及び議案ごとに議決権の行使結果を公表することが必ずしも適切でないと考えられる場合には、その理由を積極的に説明すべきである。

議決権の行使結果を公表する際、機関投資家が議決権行使の賛否の理由について対外的に明確に説明することも、可視性を高めることに資すると考えられる。

5-4. 機関投資家は、議決権行使助言会社のサービスを利用する場合であっても、議決権行使助言会社の助言に機械的に依拠するのではなく、投資先企業の状況や当該企業との対話の内容等を踏まえ、自らの責任と判断の下で議決権を行使すべきである。仮に、議決権行使助言会社のサービスを利用している場合には、議決権行使結果の公表に合わせ、その旨及び当該サービスをどのように活用したのかについても公表すべきである。

5-5. 議決権行使助言会社は、企業の状況の的確な把握等のために十分な経営資源を投入し、また、本コードの各原則（指針を含む）が自らに当てはまることに留意して、適切にサービスを提供すべきである。

また、議決権行使助言会社は、業務の体制や利益相反管理、助言の策定プロセス等に関し、自らの取組みを公表すべきである。

原則6　機関投資家は、議決権の行使も含め、スチュワードシップ責任をどのように果たしているのかについて、原則として、顧客・受益者に対して定期的に報告を行うべきである。

指針

6-1. 運用機関は、直接の顧客に対して、スチュワードシップ活動を通じてスチュワードシップ責任をどのように果たしているかについて、原則として、定期的に報告を行うべきである。

6-2. アセットオーナーは、受益者に対して、スチュワードシップ責任を果たすための方針と、当該方針の実施状況について、原則として、少なくとも年に1度、報告を行うべきである。

6-3. 機関投資家は、顧客・受益者への報告の具体的な様式や内容については、顧客・受益者との合意や、顧客・受益者の利便性・コストなども考慮して決めるべきであり、効果的かつ効率的な報告を行うよう工夫すべきである。

6-4. なお、機関投資家は、議決権の行使活動を含むスチュワードシップ活動について、スチュワードシップ責任を果たすために必要な範囲において記録に残すべきである。

> 原則7　機関投資家は、投資先企業の持続的成長に資するよう、投資先企業やその事業環境等に関する深い理解に基づき、当該企業との対話やスチュワードシップ活動に伴う判断を適切に行うための実力を備えるべきである。

指針
7-1.　機関投資家は、投資先企業との対話を建設的なものとし、かつ、当該企業の持続的成長に資する有益なものとしていく観点から、投資先企業やその事業環境等に関する深い理解に基づき、当該企業との対話やスチュワードシップ活動に伴う判断を適切に行うための実力を備えていることが重要である。
　　　このため、機関投資家は、こうした対話や判断を適切に行うために必要な体制の整備を行うべきである。
7-2.　特に、機関投資家の経営陣はスチュワードシップ責任を実効的に果たすための適切な能力・経験を備えているべきであり、系列の金融グループ内部の論理などに基づいて構成されるべきではない。
　　　また、機関投資家の経営陣は、自らが対話の充実等のスチュワードシップ活動の実行とそのための組織構築・人材育成に関して重要な役割・責務を担っていることを認識し、これらに関する課題に対する取組みを推進すべきである。
7-3.　対話や判断を適切に行うための一助として、必要に応じ、機関投資家が、他の投資家との意見交換を行うことやそのための場を設けることも有益であると考えられる。
7-4.　機関投資家は、本コードの各原則（指針を含む）の実施状況を適宜の時期に省みることにより、本コードが策定を求めている各方針の改善につなげるなど、将来のスチュワードシップ活動がより適切なものとなるよう努めるべきである。
　　　特に、運用機関は、持続的な自らのガバナンス体制・利益相反管理や、自らのスチュワードシップ活動等の改善に向けて、本コードの各原則（指針を含む）の実施状況を定期的に自己評価し、結果を公表すべきである。

（注）脚注は省略。

資　料

資料 3
コーポレートガバナンス・コード（2018年6月1日改訂）

> 【基本原則1】
> 　上場会社は、株主の権利が実質的に確保されるよう適切な対応を行うとともに、株主がその権利を適切に行使することができる環境の整備を行うべきである。
> 　また、上場会社は、株主の実質的な平等性を確保すべきである。
> 　少数株主や外国人株主については、株主の権利の実質的な確保、権利行使に係る環境や実質的な平等性の確保に課題や懸念が生じやすい面があることから、十分に配慮を行うべきである。

> 【原則1-1．株主の権利の確保】
> 　上場会社は、株主総会における議決権をはじめとする株主の権利が実質的に確保されるよう、適切な対応を行うべきである。

補充原則

1-1①　取締役会は、株主総会において可決には至ったものの相当数の反対票が投じられた会社提案議案があったと認めるときは、反対の理由や反対票が多くなった原因の分析を行い、株主との対話その他の対応の要否について検討を行うべきである。

1-1②　上場会社は、総会決議事項の一部を取締役会に委任するよう株主総会に提案するに当たっては、自らの取締役会においてコーポレートガバナンスに関する役割・責務を十分に果たし得るような体制が整っているか否かを考慮すべきである。他方で、上場会社において、そうした体制がしっかりと整っていると判断する場合には、上記の提案を行うことが、経営判断の機動性・専門性の確保の観点から望ましい場合があることを考慮に入れるべきである。

1-1③　上場会社は、株主の権利の重要性を踏まえ、その権利行使を事実上妨げることのないよう配慮すべきである。とりわけ、少数株主にも認められている上場会社及びその役員に対する特別な権利（違法行為の差止めや代表訴訟提起に係る権利等）については、その権利行使の確保に課題や懸念が生じやすい面があることから、十分に配慮を行うべきである。

> 【原則1-2．株主総会における権利行使】
> 　上場会社は、株主総会が株主との建設的な対話の場であることを認識し、株主の視点に立って、株主総会における権利行使に係る適切な環境整備を行うべきである。

補充原則
1-2① 　上場会社は、株主総会において株主が適切な判断を行うことに資すると考えられる情報については、必要に応じ適確に提供すべきである。
1-2② 　上場会社は、株主が総会議案の十分な検討期間を確保することができるよう、招集通知に記載する情報の正確性を担保しつつその早期発送に努めるべきであり、また、招集通知に記載する情報は、株主総会の招集に係る取締役会決議から招集通知を発送するまでの間に、TDnetや自社のウェブサイトにより電子的に公表すべきである。
1-2③ 　上場会社は、株主との建設的な対話の充実や、そのための正確な情報提供等の観点を考慮し、株主総会開催日をはじめとする株主総会関連の日程の適切な設定を行うべきである。
1-2④ 　上場会社は、自社の株主における機関投資家や海外投資家の比率等も踏まえ、議決権の電子行使を可能とするための環境作り（議決権電子行使プラットフォームの利用等）や招集通知の英訳を進めるべきである。
1-2⑤ 　信託銀行等の名義で株式を保有する機関投資家等が、株主総会において、信託銀行等に代わって自ら議決権の行使等を行うことをあらかじめ希望する場合に対応するため、上場会社は、信託銀行等と協議しつつ検討を行うべきである。

【原則1-3．資本政策の基本的な方針】
　上場会社は、資本政策の動向が株主の利益に重要な影響を与え得ることを踏まえ、資本政策の基本的な方針について説明を行うべきである。

【原則1-4．政策保有株式】
　上場会社が政策保有株式として上場株式を保有する場合には、政策保有株式の縮減に関する方針・考え方など、政策保有に関する方針を開示すべきである。また、毎年、取締役会で、個別の政策保有株式について、保有目的が適切か、保有に伴う便益やリスクが資本コストに見合っているか等を具体的に精査し、保有の適否を検証するとともに、そうした検証の内容について開示すべきである。
　上場会社は、政策保有株式に係る議決権の行使について、適切な対応を確保するための具体的な基準を策定・開示し、その基準に沿った対応を行うべきである。

補充原則
1-4① 　上場会社は、自社の株式を政策保有株式として保有している会社（政策保有株主）からその株式の売却等の意向が示された場合には、取引の縮減を示唆することなどにより、売却等を妨げるべきではない。
1-4② 　上場会社は、政策保有株主との間で、取引の経済合理性を十分に検証しないまま取引を継続するなど、会社や株主共同の利益を害するような取引を行うべきではない。

資料

【原則1-5. いわゆる買収防衛策】
　買収防衛の効果をもたらすことを企図してとられる方策は、経営陣・取締役会の保身を目的とするものであってはならない。その導入・運用については、取締役会・監査役は、株主に対する受託者責任を全うする観点から、その必要性・合理性をしっかりと検討し、適正な手続を確保するとともに、株主に十分な説明を行うべきである。

補充原則

1-5① 　上場会社は、自社の株式が公開買付けに付された場合には、取締役会としての考え方（対抗提案があればその内容を含む）を明確に説明すべきであり、また、株主が公開買付けに応じて株式を手放す権利を不当に妨げる措置を講じるべきではない。

【原則1-6. 株主の利益を害する可能性のある資本政策】
　支配権の変動や大規模な希釈化をもたらす資本政策（増資、MBO等を含む）については、既存株主を不当に害することのないよう、取締役会・監査役は、株主に対する受託者責任を全うする観点から、その必要性・合理性をしっかりと検討し、適正な手続を確保するとともに、株主に十分な説明を行うべきである。

【原則1-7. 関連当事者間の取引】
　上場会社がその役員や主要株主等との取引（関連当事者間の取引）を行う場合には、そうした取引が会社や株主共同の利益を害することのないよう、また、そうした懸念を惹起することのないよう、取締役会は、あらかじめ、取引の重要性やその性質に応じた適切な手続を定めてその枠組みを開示するとともに、その手続を踏まえた監視（取引の承認を含む）を行うべきである。

【基本原則2】
　上場会社は、会社の持続的な成長と中長期的な企業価値の創出は、従業員、顧客、取引先、債権者、地域社会をはじめとする様々なステークホルダーによるリソースの提供や貢献の結果であることを十分に認識し、これらのステークホルダーとの適切な協働に努めるべきである。
　取締役会・経営陣は、これらのステークホルダーの権利・立場や健全な事業活動倫理を尊重する企業文化・風土の醸成に向けてリーダーシップを発揮すべきである。

【原則 2-1. 中長期的な企業価値向上の基礎となる経営理念の策定】
　上場会社は、自らが担う社会的な責任についての考え方を踏まえ、様々なステークホルダーへの価値創造に配慮した経営を行いつつ中長期的な企業価値向上を図るべきであり、こうした活動の基礎となる経営理念を策定すべきである。

【原則 2-2. 会社の行動準則の策定・実践】
　上場会社は、ステークホルダーとの適切な協働やその利益の尊重、健全な事業活動倫理などについて、会社としての価値観を示しその構成員が従うべき行動準則を定め、実践すべきである。取締役会は、行動準則の策定・改訂の責務を担い、これが国内外の事業活動の第一線にまで広く浸透し、遵守されるようにすべきである。

補充原則
2-2① 　取締役会は、行動準則が広く実践されているか否かについて、適宜または定期的にレビューを行うべきである。その際には、実質的に行動準則の趣旨・精神を尊重する企業文化・風土が存在するか否かに重点を置くべきであり、形式的な遵守確認に終始すべきではない。

【原則 2-3. 社会・環境問題をはじめとするサステナビリティーを巡る課題】
　上場会社は、社会・環境問題をはじめとするサステナビリティー（持続可能性）を巡る課題について、適切な対応を行うべきである。

補充原則
2-3① 　取締役会は、サステナビリティー（持続可能性）を巡る課題への対応は重要なリスク管理の一部であると認識し、適切に対処するとともに、近時、こうした課題に対する要請・関心が大きく高まりつつあることを勘案し、これらの課題に積極的・能動的に取り組むよう検討すべきである。

【原則 2-4. 女性の活躍促進を含む社内の多様性の確保】
　上場会社は、社内に異なる経験・技能・属性を反映した多様な視点や価値観が存在することは、会社の持続的な成長を確保する上での強みとなり得る、との認識に立ち、社内における女性の活躍促進を含む多様性の確保を推進すべきである。

【原則 2-5. 内部通報】
　上場会社は、その従業員等が、不利益を被る危険を懸念することなく、違法または

不適切な行為・情報開示に関する情報や真摯な疑念を伝えることができるよう、また、伝えられた情報や疑念が客観的に検証され適切に活用されるよう、内部通報に係る適切な体制整備を行うべきである。取締役会は、こうした体制整備を実現する責務を負うとともに、その運用状況を監督すべきである。

補充原則
2-5① 上場会社は、内部通報に係る体制整備の一環として、経営陣から独立した窓口の設置（例えば、社外取締役と監査役による合議体を窓口とする等）を行うべきであり、また、情報提供者の秘匿と不利益取扱の禁止に関する規律を整備すべきである。

【原則 2-6. 企業年金のアセットオーナーとしての機能発揮】
　上場会社は、企業年金の積立金の運用が、従業員の安定的な資産形成に加えて自らの財政状態にも影響を与えることを踏まえ、企業年金が運用（運用機関に対するモニタリングなどのスチュワードシップ活動を含む）の専門性を高めてアセットオーナーとして期待される機能を発揮できるよう、運用に当たる適切な資質を持った人材の計画的な登用・配置などの人事面や運営面における取組みを行うとともに、そうした取組みの内容を開示すべきである。その際、上場会社は、企業年金の受益者と会社との間に生じ得る利益相反が適切に管理されるようにすべきである。

【基本原則 3】
　上場会社は、会社の財政状態・経営成績等の財務情報や、経営戦略・経営課題、リスクやガバナンスに係る情報等の非財務情報について、法令に基づく開示を適切に行うとともに、法令に基づく開示以外の情報提供にも主体的に取り組むべきである。
　その際、取締役会は、開示・提供される情報が株主との間で建設的な対話を行う上での基盤となることも踏まえ、そうした情報（とりわけ非財務情報）が、正確で利用者にとって分かりやすく、情報として有用性の高いものとなるようにすべきである。

【原則 3-1. 情報開示の充実】
　上場会社は、法令に基づく開示を適切に行うことに加え、会社の意思決定の透明性・公正性を確保し、実効的なコーポレートガバナンスを実現するとの観点から、（本コードの各原則において開示を求めている事項のほか、）以下の事項について開示し、主体的な情報発信を行うべきである。
　（ⅰ）会社の目指すところ（経営理念等）や経営戦略、経営計画
　（ⅱ）本コードのそれぞれの原則を踏まえた、コーポレートガバナンスに関する基本的な考え方と基本方針

（ⅲ）取締役会が経営陣幹部・取締役の報酬を決定するに当たっての方針と手続
（ⅳ）取締役会が経営陣幹部の選解任と取締役・監査役候補の指名を行うに当たっての方針と手続
（ⅴ）取締役会が上記（ⅳ）を踏まえて経営陣幹部の選解任と取締役・監査役候補の指名を行う際の、個々の選解任・指名についての説明

補充原則

3-1① 上記の情報の開示（法令に基づく開示を含む）に当たって、取締役会は、ひな型的な記述や具体性を欠く記述を避け、利用者にとって付加価値の高い記載となるようにすべきである。

3-1② 上場会社は、自社の株主における海外投資家等の比率も踏まえ、合理的な範囲において、英語での情報の開示・提供を進めるべきである。

【原則3-2．外部会計監査人】
外部会計監査人及び上場会社は、外部会計監査人が株主・投資家に対して責務を負っていることを認識し、適正な監査の確保に向けて適切な対応を行うべきである。

補充原則

3-2① 監査役会は、少なくとも下記の対応を行うべきである。
（ⅰ）外部会計監査人候補を適切に選定し外部会計監査人を適切に評価するための基準の策定
（ⅱ）外部会計監査人に求められる独立性と専門性を有しているか否かについての確認

3-2② 取締役会及び監査役会は、少なくとも下記の対応を行うべきである。
（ⅰ）高品質な監査を可能とする十分な監査時間の確保
（ⅱ）外部会計監査人からCEO・CFO等の経営陣幹部へのアクセス（面談等）の確保
（ⅲ）外部会計監査人と監査役（監査役会への出席を含む）、内部監査部門や社外取締役との十分な連携の確保
（ⅳ）外部会計監査人が不正を発見し適切な対応を求めた場合や、不備・問題点を指摘した場合の会社側の対応体制の確立

【基本原則4】
上場会社の取締役会は、株主に対する受託者責任・説明責任を踏まえ、会社の持続的成長と中長期的な企業価値の向上を促し、収益力・資本効率等の改善を図るべく、
(1) 企業戦略等の大きな方向性を示すこと
(2) 経営陣幹部による適切なリスクテイクを支える環境整備を行うこと

(3) 独立した客観的な立場から、経営陣（執行役及びいわゆる執行役員を含む）・取締役に対する実効性の高い監督を行うこと

をはじめとする役割・責務を適切に果たすべきである。
　こうした役割・責務は、監査役会設置会社（その役割・責務の一部は監査役及び監査役会が担うこととなる）、指名委員会等設置会社、監査等委員会設置会社など、いずれの機関設計を採用する場合にも、等しく適切に果たされるべきである。

【原則 4-1. 取締役会の役割・責務 (1)】
　取締役会は、会社の目指すところ（経営理念等）を確立し、戦略的な方向付けを行うことを主要な役割・責務の一つと捉え、具体的な経営戦略や経営計画等について建設的な議論を行うべきであり、重要な業務執行の決定を行う場合には、上記の戦略的な方向付けを踏まえるべきである。

補充原則
4-1①　取締役会は、取締役会自身として何を判断・決定し、何を経営陣に委ねるのかに関連して、経営陣に対する委任の範囲を明確に定め、その概要を開示すべきである。
4-1②　取締役会・経営陣幹部は、中期経営計画も株主に対するコミットメントの一つであるとの認識に立ち、その実現に向けて最善の努力を行うべきである。仮に、中期経営計画が目標未達に終わった場合には、その原因や自社が行った対応の内容を十分に分析し、株主に説明を行うとともに、その分析を次期以降の計画に反映させるべきである。
4-1③　取締役会は、会社の目指すところ（経営理念等）や具体的な経営戦略を踏まえ、最高経営責任者（CEO）等の後継者計画（プランニング）の策定・運用に主体的に関与するとともに、後継者候補の育成が十分な時間と資源をかけて計画的に行われていくよう、適切に監督を行うべきである。

【原則 4-2. 取締役会の役割・責務 (2)】
　取締役会は、経営陣幹部による適切なリスクテイクを支える環境整備を行うことを主要な役割・責務の一つと捉え、経営陣からの健全な企業家精神に基づく提案を歓迎しつつ、説明責任の確保に向けて、そうした提案について独立した客観的な立場において多角的かつ十分な検討を行うとともに、承認した提案が実行される際には、経営陣幹部の迅速・果断な意思決定を支援すべきである。
　また、経営陣の報酬については、中長期的な会社の業績や潜在的リスクを反映させ、健全な企業家精神の発揮に資するようなインセンティブ付けを行うべきである。

補充原則

4-2① 取締役会は、経営陣の報酬が持続的な成長に向けた健全なインセンティブとして機能するよう、客観性・透明性ある手続に従い、報酬制度を設計し、具体的な報酬額を決定すべきである。その際、中長期的な業績と連動する報酬の割合や、現金報酬と自社株報酬との割合を適切に設定すべきである。

【原則 4-3. 取締役会の役割・責務（3）】
　取締役会は、独立した客観的な立場から、経営陣・取締役に対する実効性の高い監督を行うことを主要な役割・責務の一つと捉え、適切に会社の業績等の評価を行い、その評価を経営陣幹部の人事に適切に反映すべきである。
　また、取締役会は、適時かつ正確な情報開示が行われるよう監督を行うとともに、内部統制やリスク管理体制を適切に整備すべきである。
　更に、取締役会は、経営陣・支配株主等の関連当事者と会社との間に生じ得る利益相反を適切に管理すべきである。

補充原則

4-3① 取締役会は、経営陣幹部の選任や解任について、会社の業績等の評価を踏まえ、公正かつ透明性の高い手続に従い、適切に実行すべきである。

4-3② 取締役会は、CEO の選解任は、会社における最も重要な戦略的意思決定であることを踏まえ、客観性・適時性・透明性ある手続に従い、十分な時間と資源をかけて、資質を備えた CEO を選任すべきである。

4-3③ 取締役会は、会社の業績等の適切な評価を踏まえ、CEO がその機能を十分発揮していないと認められる場合に、CEO を解任するための客観性・適時性・透明性ある手続を確立すべきである。

4-3④ コンプライアンスや財務報告に係る内部統制や先を見越したリスク管理体制の整備は、適切なリスクテイクの裏付けとなり得るものであるが、取締役会は、これらの体制の適切な構築や、その運用が有効に行われているか否かの監督に重点を置くべきであり、個別の業務執行に係るコンプライアンスの審査に終始すべきではない。

【原則 4-4. 監査役及び監査役会の役割・責務】
　監査役及び監査役会は、取締役の職務の執行の監査、外部会計監査人の選解任や監査報酬に係る権限の行使などの役割・責務を果たすに当たって、株主に対する受託者責任を踏まえ、独立した客観的な立場において適切な判断を行うべきである。
　また、監査役及び監査役会に期待される重要な役割・責務には、業務監査・会計監査をはじめとするいわば「守りの機能」があるが、こうした機能を含め、その役割・責務を十分に果たすためには、自らの守備範囲を過度に狭く捉えることは適切でなく、能動的・積極的に権限を行使し、取締役会においてあるいは経営陣に対して適切に意

見を述べるべきである。

補充原則
4-4① 監査役会は、会社法により、その半数以上を社外監査役とすること及び常勤の監査役を置くことの双方が求められていることを踏まえ、その役割・責務を十分に果たすとの観点から、前者に由来する強固な独立性と、後者が保有する高度な情報収集力とを有機的に組み合わせて実効性を高めるべきである。また、監査役または監査役会は、社外取締役が、その独立性に影響を受けることなく情報収集力の強化を図ることができるよう、社外取締役との連携を確保すべきである。

【原則4-5. 取締役・監査役等の受託者責任】
　上場会社の取締役・監査役及び経営陣は、それぞれの株主に対する受託者責任を認識し、ステークホルダーとの適切な協働を確保しつつ、会社や株主共同の利益のために行動すべきである。

【原則4-6. 経営の監督と執行】
　上場会社は、取締役会による独立かつ客観的な経営の監督の実効性を確保すべく、業務の執行には携わらない、業務の執行と一定の距離を置く取締役の活用について検討すべきである。

【原則4-7. 独立社外取締役の役割・責務】
　上場会社は、独立社外取締役には、特に以下の役割・責務を果たすことが期待されることに留意しつつ、その有効な活用を図るべきである。
（ⅰ）経営の方針や経営改善について、自らの知見に基づき、会社の持続的な成長を促し中長期的な企業価値の向上を図る、との観点からの助言を行うこと
（ⅱ）経営陣幹部の選解任その他の取締役会の重要な意思決定を通じ、経営の監督を行うこと
（ⅲ）会社と経営陣・支配株主等との間の利益相反を監督すること
（ⅳ）経営陣・支配株主から独立した立場で、少数株主をはじめとするステークホルダーの意見を取締役会に適切に反映させること

【原則4-8. 独立社外取締役の有効な活用】
　独立社外取締役は会社の持続的な成長と中長期的な企業価値の向上に寄与するように役割・責務を果たすべきであり、上場会社はそのような資質を十分に備えた独立社

外取締役を少なくとも 2 名以上選任すべきである。
　また、業種・規模・事業特性・機関設計・会社をとりまく環境等を総合的に勘案して、少なくとも 3 分の 1 以上の独立社外取締役を選任することが必要と考える上場会社は、上記にかかわらず、十分な人数の独立社外取締役を選任すべきである。

補充原則

4-8① 　独立社外取締役は、取締役会における議論に積極的に貢献するとの観点から、例えば、独立社外者のみを構成員とする会合を定期的に開催するなど、独立した客観的な立場に基づく情報交換・認識共有を図るべきである。

4-8② 　独立社外取締役は、例えば、互選により「筆頭独立社外取締役」を決定することなどにより、経営陣との連絡・調整や監査役または監査役会との連携に係る体制整備を図るべきである。

【原則 4-9. 独立社外取締役の独立性判断基準及び資質】
　取締役会は、金融商品取引所が定める独立性基準を踏まえ、独立社外取締役となる者の独立性をその実質面において担保することに主眼を置いた独立性判断基準を策定・開示すべきである。また、取締役会は、取締役会における率直・活発で建設的な検討への貢献が期待できる人物を独立社外取締役の候補者として選定するよう努めるべきである。

【原則 4-10. 任意の仕組みの活用】
　上場会社は、会社法が定める会社の機関設計のうち会社の特性に応じて最も適切な形態を採用するに当たり、必要に応じて任意の仕組みを活用することにより、統治機能の更なる充実を図るべきである。

補充原則

4-10① 　上場会社が監査役会設置会社または監査等委員会設置会社であって、独立社外取締役が取締役会の過半数に達していない場合には、経営陣幹部・取締役の指名・報酬などに係る取締役会の機能の独立性・客観性と説明責任を強化するため、取締役会の下に独立社外取締役を主要な構成員とする任意の指名委員会・報酬委員会など、独立した諮問委員会を設置することにより、指名・報酬などの特に重要な事項に関する検討に当たり独立社外取締役の適切な関与・助言を得るべきである。

【原則 4-11. 取締役会・監査役会の実効性確保のための前提条件】
　取締役会は、その役割・責務を実効的に果たすための知識・経験・能力を全体としてバランス良く備え、ジェンダーや国際性の面を含む多様性と適正規模を両立させる

形で構成されるべきである。また、監査役には、適切な経験・能力及び必要な財務・会計・法務に関する知識を有する者が選任されるべきであり、特に、財務・会計に関する十分な知見を有している者が1名以上選任されるべきである。
　取締役会は、取締役会全体としての実効性に関する分析・評価を行うことなどにより、その機能の向上を図るべきである。

補充原則

4-11① 　取締役会は、取締役会の全体としての知識・経験・能力のバランス、多様性及び規模に関する考え方を定め、取締役の選任に関する方針・手続と併せて開示すべきである。

4-11② 　社外取締役・社外監査役をはじめ、取締役・監査役は、その役割・責務を適切に果たすために必要となる時間・労力を取締役・監査役の業務に振り向けるべきである。こうした観点から、例えば、取締役・監査役が他の上場会社の役員を兼任する場合には、その数は合理的な範囲にとどめるべきであり、上場会社は、その兼任状況を毎年開示すべきである。

4-11③ 　取締役会は、毎年、各取締役の自己評価なども参考にしつつ、取締役会全体の実効性について分析・評価を行い、その結果の概要を開示すべきである。

【原則4-12．取締役会における審議の活性化】
　取締役会は、社外取締役による問題提起を含め自由闊達で建設的な議論・意見交換を尊ぶ気風の醸成に努めるべきである。

補充原則

4-12① 　取締役会は、会議運営に関する下記の取扱いを確保しつつ、その審議の活性化を図るべきである。
　（ⅰ）取締役会の資料が、会日に十分に先立って配布されるようにすること
　（ⅱ）取締役会の資料以外にも、必要に応じ、会社から取締役に対して十分な情報が（適切な場合には、要点を把握しやすいように整理・分析された形で）提供されるようにすること
　（ⅲ）年間の取締役会開催スケジュールや予想される審議事項について決定しておくこと
　（ⅳ）審議項目数や開催頻度を適切に設定すること
　（ⅴ）審議時間を十分に確保すること

【原則4-13．情報入手と支援体制】
　取締役・監査役は、その役割・責務を実効的に果たすために、能動的に情報を入手すべきであり、必要に応じ、会社に対して追加の情報提供を求めるべきである。

また、上場会社は、人員面を含む取締役・監査役の支援体制を整えるべきである。取締役会・監査役会は、各取締役・監査役が求める情報の円滑な提供が確保されているかどうかを確認すべきである。

補充原則

4-13①　社外取締役を含む取締役は、透明・公正かつ迅速・果断な会社の意思決定に資するとの観点から、必要と考える場合には、会社に対して追加の情報提供を求めるべきである。また、社外監査役を含む監査役は、法令に基づく調査権限を行使することを含め、適切に情報入手を行うべきである。

4-13②　取締役・監査役は、必要と考える場合には、会社の費用において外部の専門家の助言を得ることも考慮すべきである。

4-13③　上場会社は、内部監査部門と取締役・監査役との連携を確保すべきである。また、上場会社は、例えば、社外取締役・社外監査役の指示を受けて会社の情報を適確に提供できるよう社内との連絡・調整にあたる者の選任など、社外取締役や社外監査役に必要な情報を適確に提供するための工夫を行うべきである。

【原則4-14. 取締役・監査役のトレーニング】
　新任者をはじめとする取締役・監査役は、上場会社の重要な統治機関の一翼を担う者として期待される役割・責務を適切に果たすため、その役割・責務に係る理解を深めるとともに、必要な知識の習得や適切な更新等の研鑽に努めるべきである。このため、上場会社は、個々の取締役・監査役に適合したトレーニングの機会の提供・斡旋やその費用の支援を行うべきであり、取締役会は、こうした対応が適切にとられているか否かを確認すべきである。

補充原則

4-14①　社外取締役・社外監査役を含む取締役・監査役は、就任の際には、会社の事業・財務・組織等に関する必要な知識を取得し、取締役・監査役に求められる役割と責務（法的責任を含む）を十分に理解する機会を得るべきであり、就任後においても、必要に応じ、これらを継続的に更新する機会を得るべきである。

4-14②　上場会社は、取締役・監査役に対するトレーニングの方針について開示を行うべきである。

【基本原則5】
　上場会社は、その持続的な成長と中長期的な企業価値の向上に資するため、株主総会の場以外においても、株主との間で建設的な対話を行うべきである。
　経営陣幹部・取締役（社外取締役を含む）は、こうした対話を通じて株主の声に耳を傾け、その関心・懸念に正当な関心を払うとともに、自らの経営方針を株主に分か

りやすい形で明確に説明しその理解を得る努力を行い、株主を含むステークホルダーの立場に関するバランスのとれた理解と、そうした理解を踏まえた適切な対応に努めるべきである。

【原則 5-1. 株主との建設的な対話に関する方針】
　上場会社は、株主からの対話（面談）の申込みに対しては、会社の持続的な成長と中長期的な企業価値の向上に資するよう、合理的な範囲で前向きに対応すべきである。取締役会は、株主との建設的な対話を促進するための体制整備・取組みに関する方針を検討・承認し、開示すべきである。

補充原則

5-1① 株主との実際の対話（面談）の対応者については、株主の希望と面談の主な関心事項も踏まえた上で、合理的な範囲で、経営陣幹部または取締役（社外取締役を含む）が面談に臨むことを基本とすべきである。

5-1② 株主との建設的な対話を促進するための方針には、少なくとも以下の点を記載すべきである。
　（ⅰ）株主との対話全般について、下記（ⅱ）～（ⅴ）に記載する事項を含めその統括を行い、建設的な対話が実現するように目配りを行う経営陣または取締役の指定
　（ⅱ）対話を補助する社内のIR担当、経営企画、総務、財務、経理、法務部門等の有機的な連携のための方策
　（ⅲ）個別面談以外の対話の手段（例えば、投資家説明会やIR活動）の充実に関する取組み
　（ⅳ）対話において把握された株主の意見・懸念の経営陣幹部や取締役会に対する適切かつ効果的なフィードバックのための方策
　（ⅴ）対話に際してのインサイダー情報の管理に関する方策

5-1③ 上場会社は、必要に応じ、自らの株主構造の把握に努めるべきであり、株主も、こうした把握作業にできる限り協力することが望ましい。

【原則 5-2. 経営戦略や経営計画の策定・公表】
　経営戦略や経営計画の策定・公表に当たっては、自社の資本コストを的確に把握した上で、収益計画や資本政策の基本的な方針を示すとともに、収益力・資本効率等に関する目標を提示し、その実現のために、事業ポートフォリオの見直しや、設備投資・研究開発投資・人材投資等を含む経営資源の配分等に関し具体的に何を実行するのかについて、株主に分かりやすい言葉・論理で明確に説明を行うべきである。

資　料

資料 4
監査法人の組織的な運営に関する原則
（監査法人のガバナンス・コード）（2017年3月31日）

【監査法人が果たすべき役割】

> 原則1　監査法人は、会計監査を通じて企業の財務情報の信頼性を確保し、資本市場の参加者等の保護を図り、もって国民経済の健全な発展に寄与する公益的な役割を有している。これを果たすため、監査法人は、法人の構成員による自由闊達な議論と相互啓発を促し、その能力を十分に発揮させ、会計監査の品質を組織として持続的に向上させるべきである。

指針

1-1.　監査法人は、その公益的な役割を認識し、会計監査の品質の持続的な向上に向け、法人の社員が業務管理体制の整備にその責務を果たすとともに、トップ自ら及び法人の構成員がそれぞれの役割を主体的に果たすよう、トップの姿勢を明らかにすべきである。

1-2.　監査法人は、法人の構成員が共通に保持すべき価値観を示すとともに、それを実践するための考え方や行動の指針を明らかにすべきである。

1-3.　監査法人は、法人の構成員の士気を高め、職業的懐疑心や職業的専門家としての能力を十分に保持・発揮させるよう、適切な動機付けを行うべきである。

1-4.　監査法人は、法人の構成員が、会計監査を巡る課題や知見、経験を共有し、積極的に議論を行う、開放的な組織文化・風土を醸成すべきである。

1-5.　監査法人は、法人の業務における非監査業務（グループ内を含む。）の位置づけについての考え方を明らかにすべきである。

【組織体制】

> 原則2　監査法人は、会計監査の品質の持続的な向上に向けた法人全体の組織的な運営を実現するため、実効的に経営（マネジメント）機能を発揮すべきである。

指針

2-1.　監査法人は、実効的な経営（マネジメント）機関を設け、組織的な運営が行われるようにすべきである。

2-2.　監査法人は、会計監査に対する社会の期待に応え、組織的な運営を確保するため、以下の事項を含め、重要な業務運営における経営機関の役割を明らかにすべきである。
・監査品質に対する資本市場からの信頼に大きな影響を及ぼし得るような重要な事項

について、監査法人としての適正な判断が確保されるための組織体制の整備及び当該体制を活用した主体的な関与
- 監査上のリスクを把握し、これに適切に対応するための、経済環境等のマクロ的な観点を含む分析や、被監査会社との間での率直かつ深度ある意見交換を行う環境の整備
- 法人の構成員の士気を高め、職業的専門家としての能力を保持・発揮させるための人材育成の環境や人事管理・評価等に係る体制の整備
- 監査に関する業務の効率化及び企業においてもIT化が進展することを踏まえた深度ある監査を実現するためのITの有効活用の検討・整備

2-3. 監査法人は、経営機関の構成員が監査実務に精通しているかを勘案するだけではなく、経営機関として、法人の組織的な運営のための機能が十分に確保されるよう、経営機関の構成員を選任すべきである。

> 原則3　監査法人は、監査法人の経営から独立した立場で経営機能の実効性を監督・評価し、それを通じて、経営の実効性の発揮を支援する機能を確保すべきである。

指針

3-1. 監査法人は、経営機関による経営機能の実効性を監督・評価し、それを通じて実効性の発揮を支援する機能を確保するため、監督・評価機関を設け、その役割を明らかにすべきである。

3-2. 監査法人は、組織的な運営を確保し、公益的な役割を果たす観点から、自らが認識する課題等に対応するため、監督・評価機関の構成員に、独立性を有する第三者を選任し、その知見を活用すべきである。

3-3. 監査法人は、監督・評価機関の構成員に選任された独立性を有する第三者について、例えば以下の業務を行うことが期待されることに留意しつつ、その役割を明らかにすべきである。
- 組織的な運営の実効性に関する評価への関与
- 経営機関の構成員の選退任、評価及び報酬の決定過程への関与
- 法人の人材育成、人事管理・評価及び報酬に係る方針の策定への関与
- 内部及び外部からの通報に関する方針や手続の整備状況や、伝えられた情報の検証及び活用状況の評価への関与
- 被監査会社、株主その他の資本市場の参加者等との意見交換への関与

3-4. 監査法人は、監督・評価機関がその機能を実効的に果たすことができるよう、監督・評価機関の構成員に対し、適時かつ適切に必要な情報が提供され、業務遂行に当たっての補佐が行われる環境を整備すべきである。

【業務運営】

> 原則4　監査法人は、組織的な運営を実効的に行うための業務体制を整備すべきである。また、人材の育成・確保を強化し、法人内及び被監査会社等との間において会計監査の品質の向上に向けた意見交換や議論を積極的に行うべきである。

指針

4-1. 監査法人は、経営機関が監査の現場からの必要な情報等を適時に共有するとともに経営機関等の考え方を監査の現場まで浸透させる体制を整備し、業務運営に活用すべきである。また、法人内において会計監査の品質の向上に向けた意見交換や議論を積極的に行うべきである。

4-2. 監査法人は、法人の構成員の士気を高め、職業的専門家としての能力を保持・発揮させるために、法人における人材育成、人事管理・評価及び報酬に係る方針を策定し、運用すべきである。その際には、法人の構成員が職業的懐疑心を適正に発揮したかが十分に評価されるべきである。

4-3. 監査法人は、併せて以下の点に留意すべきである。
- 法人のそれぞれの部署において、職業的懐疑心を適切に発揮できるよう、幅広い知見や経験につき、バランスのとれた法人の構成員の配置が行われること
- 法人の構成員に対し、例えば、非監査業務の経験や事業会社等への出向などを含め、会計監査に関連する幅広い知見や経験を獲得する機会が与えられること
- 法人の構成員の会計監査に関連する幅広い知見や経験を、適正に評価し、計画的に活用すること

4-4. 監査法人は、被監査会社のCEO・CFO等の経営陣幹部及び監査役等との間で監査上のリスク等について率直かつ深度ある意見交換を尽くすとともに、監査の現場における被監査会社との間での十分な意見交換や議論に留意すべきである。

4-5. 監査法人は、内部及び外部からの通報に関する方針や手続を整備するとともにこれを公表し、伝えられた情報を適切に活用すべきである。その際、通報者が、不利益を被る危険を懸念することがないよう留意すべきである。

【透明性の確保】

> 原則5　監査法人は、本原則の適用状況などについて、資本市場の参加者等が適切に評価できるよう、十分な透明性を確保すべきである。また、組織的な運営の改善に向け、法人の取組みに対する内外の評価を活用すべきである。

指針

5-1. 監査法人は、被監査会社、株主、その他の資本市場の参加者等が評価できるよう、

本原則の適用の状況や、会計監査の品質の向上に向けた取組みについて、一般に閲覧可能な文書、例えば「透明性報告書」といった形で、わかりやすく説明すべきである。

5-2. 監査法人は、併せて以下の項目について説明すべきである。
- 会計監査の品質の持続的な向上に向けた、自ら及び法人の構成員がそれぞれの役割を主体的に果たすためのトップの姿勢
- 法人の構成員が共通に保持すべき価値観及びそれを実践するための考え方や行動の指針
- 法人の業務における非監査業務（グループ内を含む。）の位置づけについての考え方
- 経営機関の構成や役割
- 監督・評価機関の構成や役割。監督・評価機関の構成員に選任された独立性を有する第三者の選任理由、役割及び貢献
- 監督・評価機関を含め、監査法人が行った、監査品質の向上に向けた取組みの実効性の評価

5-3. 監査法人は、会計監査の品質の向上に向けた取組みなどについて、被監査会社、株主、その他の資本市場の参加者等との積極的な意見交換に努めるべきである。その際、監督・評価機関の構成員に選任された独立性を有する第三者の知見を活用すべきである。

5-4. 監査法人は、本原則の適用の状況や監査品質の向上に向けた取組みの実効性を定期的に評価すべきである。

5-5. 監査法人は、資本市場の参加者等との意見交換から得た有益な情報や、本原則の適用の状況などの評価の結果を、組織的な運営の改善に向け活用すべきである。

資料5
顧客本位の業務運営に関する原則（2017年3月30日）

【顧客本位の業務運営に関する方針の策定・公表等】

> 原則1．金融事業者は、顧客本位の業務運営を実現するための明確な方針を策定・公表するとともに、当該方針に係る取組状況を定期的に公表すべきである。当該方針は、より良い業務運営を実現するため、定期的に見直されるべきである。

（注）金融事業者は、顧客本位の業務運営に関する方針を策定する際には、取引の直接の相手方としての顧客だけでなく、インベストメント・チェーンにおける最終受益者としての顧客をも念頭に置くべきである。

【顧客の最善の利益の追求】

> 原則2．金融事業者は、高度の専門性と職業倫理を保持し、顧客に対して誠実・公正に業務を行い、顧客の最善の利益を図るべきである。金融事業者は、こうした業務運営が企業文化として定着するよう努めるべきである。

（注）金融事業者は、顧客との取引に際し、顧客本位の良質なサービスを提供し、顧客の最善の利益を図ることにより、自らの安定した顧客基盤と収益の確保につなげていくことを目指すべきである。

【利益相反の適切な管理】

> 原則3．金融事業者は、取引における顧客との利益相反の可能性について正確に把握し、利益相反の可能性がある場合には、当該利益相反を適切に管理すべきである。金融事業者は、そのための具体的な対応方針をあらかじめ策定すべきである。

（注）金融事業者は、利益相反の可能性を判断するに当たって、例えば、以下の事情が取引又は業務に及ぼす影響についても考慮すべきである。
- 販売会社が、金融商品の顧客への販売・推奨等に伴って、当該商品の提供会社から、委託手数料等の支払を受ける場合
- 販売会社が、同一グループに属する別の会社から提供を受けた商品を販売・推奨等する場合
- 同一主体又はグループ内に法人営業部門と運用部門を有しており、当該運用部門が、資産の運用先に法人営業部門が取引関係等を有する企業を選ぶ場合

【手数料等の明確化】

> 原則4. 金融事業者は、名目を問わず、顧客が負担する手数料その他の費用の詳細を、当該手数料等がどのようなサービスの対価に関するものかを含め、顧客が理解できるよう情報提供すべきである。

【重要な情報の分かりやすい提供】

> 原則5. 金融事業者は、顧客との情報の非対称性があることを踏まえ、上記原則4に示された事項のほか、金融商品・サービスの販売・推奨等に係る重要な情報を顧客が理解できるよう分かりやすく提供すべきである。

（注1）重要な情報には以下の内容が含まれるべきである。
- 顧客に対して販売・推奨等を行う金融商品・サービスの基本的な利益（リターン）、損失その他のリスク、取引条件
- 顧客に対して販売・推奨等を行う金融商品・サービスの選定理由（顧客のニーズ及び意向を踏まえたものであると判断する理由を含む）
- 顧客に販売・推奨等を行う金融商品・サービスについて、顧客との利益相反の可能性がある場合には、その具体的内容（第三者から受け取る手数料等を含む）及びこれが取引又は業務に及ぼす影響

（注2）金融事業者は、複数の金融商品・サービスをパッケージとして販売・推奨等する場合には、個別に購入することが可能であるか否かを顧客に示すとともに、パッケージ化する場合としない場合を顧客が比較することが可能となるよう、それぞれの重要な情報について提供すべきである（（注2）～（注5）は手数料等の情報を提供する場合においても同じ）。

（注3）金融事業者は、顧客の取引経験や金融知識を考慮の上、明確、平易であって、誤解を招くことのない誠実な内容の情報提供を行うべきである。

（注4）金融事業者は、顧客に対して販売・推奨等を行う金融商品・サービスの複雑さに見合った情報提供を、分かりやすく行うべきである。単純でリスクの低い商品の販売・推奨等を行う場合には簡潔な情報提供とする一方、複雑又はリスクの高い商品の販売・推奨等を行う場合には、リスクとリターンの関係など基本的な構造を含め、より丁寧な情報提供がなされるよう工夫すべきである。

（注5）金融事業者は、顧客に対して情報を提供する際には、情報を重要性に応じて区別し、より重要な情報については特に強調するなどして顧客の注意を促すとともに、顧客において同種の金融商品・サービスの内容と比較することが容易となるよう配慮すべきである。

資 料

【顧客にふさわしいサービスの提供】

> 原則6. 金融事業者は、顧客の資産状況、取引経験、知識及び取引目的・ニーズを把握し、当該顧客にふさわしい金融商品・サービスの組成、販売・推奨等を行うべきである。

(注1) 金融事業者は、複数の金融商品・サービスをパッケージとして販売・推奨等する場合には、当該パッケージ全体が当該顧客にふさわしいかについて留意すべきである。

(注2) 金融商品の組成に携わる金融事業者は、商品の組成に当たり、商品の特性を踏まえて、販売対象として想定する顧客属性を特定するとともに、商品の販売に携わる金融事業者においてそれに沿った販売がなされるよう留意すべきである。

(注3) 金融事業者は、特に、複雑又はリスクの高い金融商品の販売・推奨等を行う場合や、金融取引被害を受けやすい属性の顧客グループに対して商品の販売・推奨等を行う場合には、商品や顧客の属性に応じ、当該商品の販売・推奨等が適当かより慎重に審査すべきである。

(注4) 金融事業者は、従業員がその取り扱う金融商品の仕組み等に係る理解を深めるよう努めるとともに、顧客に対して、その属性に応じ、金融取引に関する基本的な知識を得られるための情報提供を積極的に行うべきである。

【従業員に対する適切な動機づけの枠組み等】

> 原則7. 金融事業者は、顧客の最善の利益を追求するための行動、顧客の公正な取扱い、利益相反の適切な管理等を促進するように設計された報酬・業績評価体系、従業員研修その他の適切な動機づけの枠組みや適切なガバナンス体制を整備すべきである。

資　料

資料 6
エクイティ・ファイナンスのプリンシプル（2014年10月1日）

（はじめに）
　エクイティ・ファイナンスは、上場会社に新たな資本を追加して事業の発展に資するものであり、これが適切かつ円滑に行われることは、優れた資本市場が備えるべき特性のひとつです。
　資本市場の公正性と信頼性の確保を任務とする取引所自主規制法人の立場から、品質の高いエクイティ・ファイナンスを支援し促進するため、尊重されるべきプリンシプルを以下のとおりまとめました。上場会社、そして証券会社・弁護士・公認会計士・コンサルタント等の市場関係者、さらには株主・投資家において広く共有され活用されることを強く期待するものです。

（エクイティ・ファイナンスのプリンシプル）
第1　企業価値の向上に資する
　調達する資金が有効に活用されて上場会社の収益力の向上につながることが、調達目的、資金使途、過去に調達した資金の充当状況、業績見通しなどに基づいて合理的に見込まれるものであり、また、その合理的な見込みに疑いを生じさせるような経営成績・財政状態及び経営実態となっていないこと。
　ファイナンス実施後において、健全な経営管理が行われて持続的な企業価値向上の実現が十分に期待されること。

第2　既存株主の利益を不当に損なわない
　ファイナンス手法、実施時期、発行条件等は、ファイナンスに伴う株式の希薄化や流通市場に与える影響等について十分に配慮されたものであり、既存株主に対して合理的な説明が可能なものであること。

第3　市場の公正性・信頼性への疑いを生じさせない
　公正でない方法により利益を得ようとする主体やその協力者を、資本市場に参入させないこと。
　個々には直ちに法令や取引所規則等の違反とは言えない取引を組み合わせ、全体として不当な利益を得るようなスキームとなっていないこと。

第4　適時・適切な情報開示により透明性を確保する
　情報開示は、その時期が適切であり、その内容が真実で一貫性があり、その範囲が十分であり、かつ、開示資料等における説明が分かりやすく具体的で、株主や投資者

が行う投資判断に有用なものであること。
　ファイナンス実施後においても、発行時の開示内容が適切であったことを示せること。

資料7
上場会社における不祥事対応のプリンシプル（2016年2月24日）

　企業活動において自社（グループ会社を含む）に関わる不祥事又はその疑義が把握された場合には、当該企業は、必要十分な調査により事実関係や原因を解明し、その結果をもとに再発防止を図ることを通じて、自浄作用を発揮する必要がある。その際、上場会社においては、速やかにステークホルダーからの信頼回復を図りつつ、確かな企業価値の再生に資するよう、本プリンシプルの考え方をもとに行動・対処することが期待される。

① 不祥事の根本的な原因の解明
　不祥事の原因究明に当たっては、必要十分な調査範囲を設定の上、表面的な現象や因果関係の列挙にとどまることなく、その背景等を明らかにしつつ事実認定を確実に行い、根本的な原因を解明するよう努める。
　そのために、必要十分な調査が尽くされるよう、最適な調査体制を構築するとともに、社内体制についても適切な調査環境の整備に努める。その際、独立役員を含め適格な者が率先して自浄作用の発揮に努める。

② 第三者委員会を設置する場合における独立性・中立性・専門性の確保
　内部統制の有効性や経営陣の信頼性に相当の疑義が生じている場合、当該企業の企業価値の毀損度合いが大きい場合、複雑な事案あるいは社会的影響が重大な事案である場合などには、調査の客観性・中立性・専門性を確保するため、第三者委員会の設置が有力な選択肢となる。そのような趣旨から、第三者委員会を設置する際には、委員の選定プロセスを含め、その独立性・中立性・専門性を確保するために、十分な配慮を行う。
　また、第三者委員会という形式をもって、安易で不十分な調査に、客観性・中立性の装いを持たせるような事態を招かないよう留意する。

③ 実効性の高い再発防止策の策定と迅速な実行
　再発防止策は、根本的な原因に即した実効性の高い方策とし、迅速かつ着実に実行する。
　この際、組織の変更や社内規則の改訂等にとどまらず、再発防止策の本旨が日々の業務運営等に具体的に反映されることが重要であり、その目的に沿って運用され、定着しているかを十分に検証する。

④ 迅速かつ的確な情報開示
　不祥事に関する情報開示は、その必要に即し、把握の段階から再発防止策実施の段階に至るまで迅速かつ的確に行う。
　この際、経緯や事案の内容、会社の見解等を丁寧に説明するなど、透明性の確保に努める。

資　料

資料 8
上場会社における不祥事予防のプリンシプル（2018年3月30日）

　　上場会社は、不祥事（重大な不正・不適切な行為等）を予防する取組みに際し、その実効性を高めるため本プリンシプルを活用することが期待される。この取組みに当たっては、経営陣、とりわけ経営トップによるリーダーシップの発揮が重要である。

[原則1] 実を伴った実態把握
　　自社のコンプライアンスの状況を制度・実態の両面にわたり正確に把握する。明文の法令・ルールの遵守にとどまらず、取引先・顧客・従業員などステークホルダーへの誠実な対応や、広く社会規範を踏まえた業務運営の在り方にも着眼する。その際、社内慣習や業界慣行を無反省に所与のものとせず、また規範に対する社会的意識の変化にも鋭敏な感覚を持つ。
　　これらの実態把握の仕組みを持続的かつ自律的に機能させる。

[原則2] 使命感に裏付けられた職責の全う
　　経営陣は、コンプライアンスにコミットし、その旨を継続的に発信し、コンプライアンス違反を誘発させないよう事業実態に即した経営目標の設定や業務遂行を行う。
　　監査機関及び監督機関は、自身が担う牽制機能の重要性を常に意識し、必要十分な情報収集と客観的な分析・評価に基づき、積極的に行動する。
　　これらが着実に実現するよう、適切な組織設計とリソース配分に配意する。

[原則3] 双方向のコミュニケーション
　　現場と経営陣の間の双方向のコミュニケーションを充実させ、現場と経営陣がコンプライアンス意識を共有する。このためには、現場の声を束ねて経営陣に伝える等の役割を担う中間管理層の意識と行動が極めて重要である。
　　こうしたコミュニケーションの充実がコンプライアンス違反の早期発見に資する。

[原則4] 不正の芽の察知と機敏な対処
　　コンプライアンス違反を早期に把握し、迅速に対処することで、それが重大な不祥事に発展することを未然に防止する。
　　早期発見と迅速な対処、それに続く業務改善まで、一連のサイクルを企業文化として定着させる。

[原則5] グループ全体を貫く経営管理
　　グループ全体に行きわたる実効的な経営管理を行う。管理体制の構築に当たって

は、自社グループの構造や特性に即して、各グループ会社の経営上の重要性や抱える
リスクの高低等を踏まえることが重要である。
　特に海外子会社や買収子会社にはその特性に応じた実効性ある経営管理が求められ
る。

[原則6]　サプライチェーンを展望した責任感
　業務委託先や仕入先・販売先などで問題が発生した場合においても、サプライチェーンにおける当事者としての役割を意識し、それに見合った責務を果たすよう努める。

○各原則の解説（注：問題事例は第7章本文に記載のため省略）

[原則1]　実を伴った実態把握
1-1　自社のコンプライアンスの状況を正確に把握することが、不祥事予防の第一歩となる。コンプライアンスに係る制度やその運用状況はもとより、自社の企業風土や社内各層への意識の浸透度合い等を正確に把握することにより、自社の弱点や不祥事の兆候を認識する。その際、現状のコンプライアンス体制が問題なく運用されているとの思い込みを捨て、批判的に自己検証する。
1-2　コンプライアンスは、明文の法令・ルールの遵守だけに限定されるものではなく、取引先・顧客・従業員などステークホルダーへの誠実な対応を含むと理解すべきである。さらに、広く社会規範を意識し、健全な常識やビジネス倫理に照らして誠実に行動することまで広がりを持っているものである。
　　こうした規範に対する社会的受け止め方は時代の流れに伴い変化する部分がある。社内で定着している慣習や業界慣行が、実は旧弊やマンネリズムに陥っていたり、変化する社会的意識と乖離したりしている可能性も意識しつつ、社内・社外の声を鋭敏に受け止めて点検を行うことが必要となる。
1-3　本来は、通常の業務上のレポーティング・ラインを通じて、正確な情報が現場から経営陣に確実に連携されるメカニズムが重要である。一方、本来機能すべきレポーティング・ラインが目詰まりした場合にも備え、内部通報や外部からのクレーム、株主・投資者の声等を適切に分析・処理し、経営陣に正確な情報が届けられる仕組みが実効性を伴って機能することが重要である。
　　こうした実態把握の仕組みが、社内に定着し、持続的・自律的に機能していくことが重要である。
1-4　なお、自社の状況や取組みに関する情報を対外発信し、外部からの監視による規律付けを働かせることも効果的な取組みの一つとして考えられる。

[原則2]　使命感に裏付けられた職責の全う
2-1　コンプライアンスに対する経営陣のコミットメントを明確化し、それを継続的に社

内に発信することなど様々な手段により全社に浸透させることが重要となる。
　コンプライアンスへのコミットメントの一環として経営陣は、社員によるコンプライアンスの実践を積極的に評価し、一方でコンプライアンス違反発覚時には、経営陣を含め責任の所在を明確化し的確に対処する。実力とかけ離れた利益目標の設定や現場の実態を無視した品質基準・納期等の設定は、コンプライアンス違反を誘発する。
2-2　監査機関である監査役・監査役会・監査委員会・監査等委員会と内部監査部門、及び監督機関である取締役会や指名委員会等が実効性を持ってその機能を発揮するためには、必要十分な情報収集と社会目線を踏まえた客観的な分析・評価が不可欠であり、その実務運用を支援する体制の構築にも配意が必要である。また、監査・監督する側とされる側との間の利益相反を的確にマネジメントし、例えば、実質的な「自己監査」となるような状況を招かないよう留意する。
　監査・監督機関は、不祥事発生につながる要因がないかを能動的に調査し、コンプライアンス違反の予兆があれば、使命感を持って対処する。
　監査・監督機関の牽制機能には、平時の取組みはもちろんのこと、必要な場合に経営陣の適格性を判断する適切な選任・解任プロセスも含まれる。

[原則3] 双方向のコミュニケーション
3-1　現場と経営陣の双方向のコミュニケーションを充実させることと、双方のコンプライアンス意識の共有を図ることは、一方が他方を支える関係にあり、両者が相俟って不祥事の予防につながる。
　双方向のコミュニケーションを充実させる際には、現場が忌憚なく意見を言えるよう、経営陣が現場の問題意識を積極的に汲み上げ、その声に適切に対処するという姿勢を明確に示すことが重要となる。
3-2　現場と経営陣をつなぐハブとなる中間管理層は、経営陣のメッセージを正確に理解・共有して現場に伝え根付かせるとともに、現場の声を束ねて経営陣に伝えるという極めて重要な役割を担っている。このハブ機能を十全に発揮させるためには、経営陣が、その役割を明確に示し、評価するとともに、中間管理層に浸透させるべきである。
　双方向のコミュニケーションが充実すれば、現場の実態を無視した経営目標の設定等を契機とした不祥事は発生しにくくなる。
3-3　これらが定着することで、現場のコンプライアンス意識が高まり、現場から経営陣への情報の流れが活性化して、問題の早期発見にも資する。

[原則4] 不正の芽の察知と機敏な対処
4-1　どのような会社であっても不正の芽は常に存在しているという前提に立つべきである。不祥事予防のために重要なのは、不正を芽のうちに摘み、迅速に対処することである。

　　　　このために、原則1～3の取組みを通じ、コンプライアンス違反を早期に把握し、迅速に対処する。また、同様の違反や類似の構図が他部署や他部門、他のグループ会社にも存在していないかの横展開を行い、共通の原因を解明し、それに即した業務改善を行う。
　　　　こうした一連のサイクルが企業文化として自律的・継続的に機能することで、コンプライアンス違反が重大な不祥事に発展することを未然防止する。この取組みはコンプライアンス違反の発生自体を抑止する効果も持ち得る。
4-2　経営陣がこうした活動に取り組む姿勢や実績を継続的に示すことで、全社的にコンプライアンス意識を涵養できる。また、このような改善サイクルの実践が積極的に評価されるような仕組みを構築することも有益である。
4-3　なお、趣旨・目的を明確にしないコンプライアンス活動や形式のみに偏ったルールの押付けは、活動の形骸化や現場の「コンプラ疲れ」を招くおそれがある。事案の程度・内容に即してメリハリをつけ、要所を押さえた対応を継続して行うことが重要である。

［原則5］グループ全体を貫く経営管理

5-1　不祥事は、グループ会社で発生したものも含め、企業価値に甚大な影響を及ぼす。多数のグループ会社を擁して事業展開している上場会社においては、子会社・孫会社等をカバーするレポーティング・ライン（指揮命令系統を含む）が確実に機能し、監査機能が発揮される体制を、本プリンシプルを踏まえ適切に構築することが重要である。
　　　　グループ会社に経営や業務運営における一定程度の独立性を許容する場合でも、コンプライアンスの方針についてはグループ全体で一貫させることが重要である。
5-2　特に海外子会社や買収子会社の経営管理に当たっては、例えば以下のような点に留意が必要である。
　● 海外子会社・海外拠点に関し、地理的距離による監査頻度の低下、言語・文化・会計基準・法制度等の違いなどの要因による経営管理の希薄化など
　● Ｍ＆Ａに当たっては、必要かつ十分な情報収集のうえ、事前に必要な管理体制を十分に検討しておくべきこと、買収後は有効な管理体制の速やかな構築と運用が重要であることなど

［原則6］サプライチェーンを展望した責任感

6-1　今日の産業界では、製品・サービスの提供過程において、委託・受託、元請・下請、アウトソーシングなどが一般化している。このような現実を踏まえ、最終顧客までのサプライチェーン全体において自社が担っている役割を十分に認識しておくことは、極めて有意義である。
　　　　自社の業務委託先等において問題が発生した場合、社会的信用の毀損や責任追及が

資　料

自社にも及ぶ事例はしばしば起きている。サプライチェーンにおける当事者としての自社の役割を意識し、それに見合った責務を誠実に果たすことで、不祥事の深刻化や責任関係の錯綜による企業価値の毀損を軽減することが期待できる。

6-2　業務の委託者が受託者を監督する責任を負うことを認識し、必要に応じて、受託者の業務状況を適切にモニタリングすることは重要である。

　　契約上の責任範囲のみにとらわれず、平時からサプライチェーンの全体像と自社の位置・役割を意識しておくことは、有事における顧客をはじめとするステークホルダーへの的確な説明責任を履行する際などに、迅速かつ適切な対応を可能とさせる。

索　引 （太字のページ数は主要な解説箇所）

アルファベット

EDINET　22
ESG 投資　**65**, 217
FCA（Financial Conduct Authority）　39
FINRA（Financial Industry Regulatory Authority）　39
IFRS（国際財務報告基準）　25
LIBOR（ロンドン銀行間取引金利）　41
PDCA サイクル　**167**, 195
TDnet　22

あ　行

アセット・オーナー　124
アルゴリズム取引　23
インサイダー取引　**23**, 132
インセンティブ（動機づけ）　73, **89**, 94
インベストメント・チェーン　119
エクイティ・ストーリー　138
エクイティ・ファイナンス　127
　──のプリンシプル　115
大阪取引所　**35**, 113

か　行

海外子会社　**187**, 211
会計監査　71
会計基準　25
会社法　133
外部監査　**71**, 125
価格発見機能　32
株価指数　28
監査意見　125
監査機関　204
監査人　25

監査法人　25, 71, 110, **125**
　──のガバナンス・コード（監査法人の組織的な運営に関する原則）　111
監督機関　204
機関投資家　69, **124**, 216
企業価値　119, 122, 128
企業行動規範　154
偽計　134
議決権種類株　40
規範意識　46, 62, 82
規律づけ　38, 43, **74**
　──チャネル　74
金融サービス業　**30**, 123
　──におけるプリンシプル　104
金融事業者　111
「金融上の行政処分について」　97
金融商品取引所　**19**, 35, 76
金融商品取引法（金商法）　**19**, 51
金融庁　**41**, 76
グループ経営　210
グローバル金融危機　21
決済　27
決算短信　24
考査　113
高速取引（HFT）　23
公認会計士・監査審査会　91
公募増資　128
コーポレート・ガバナンス　21, **108**
　──に関する報告書（CG 報告書）　**88**, 110
コーポレートガバナンス・コード　108, 192
顧客本位　30
　──の業務運営に関する原則　112

264

索 引

コンプライアンス　186, **200**
コンプライ・アンド・エクスプレイン
　　88, 113
コンプライ・オア・エクスプレイン
　　80, **87**, 110
根本原因　163

さ 行

サーベンス・オクスリー法（SOX 法）
　　102
最終受益者　124
財務報告　25, 28, **81**
サプライチェーン　212
時系列での一貫性　131
自己監査　205
自己規律　**74**, 86
自主規制機関　41, 76, 113
自主規制業務　39
市場間競争　35
市場規律　**74**, 88
自浄作用　**159**, 162
市場仲介機能　**71**, 100
市場仲介者　**23**, 118
市場メカニズム　77
持続可能性　36
支配株主　**133**, 140
資本市場　**18**, 69
　　――の規律　**33**, 72
　　――の国際競争力　34
社外役員　**173**, 178, 215
遵法精神　82
証券アナリスト　70
証券会社　71, **100**, 119
証券化商品　21
証券取引等監視委員会　23
上場会社　**20**, 70, 121
上場管理　**113**, 156

上場審査　113
情報開示　24, **81**, 146, 168
情報の非対称性　131
スチュワードシップ・コード（日本版ス
　　チュワードシップ・コード）　**107**, 216
スチュワードシップ責任　**107**, 124, 216
ステークホルダー　108, **158**, 174
清算　27
正常性バイアス　191
責任投資原則（PRI）　65
説明責任　**77**, 81
相場操縦　23

た 行

第三者委員会　164, **173**
　　――ガイドライン　165, **173**
　　――報告書格付け委員会　175
第三者割当増資　128
中央集権的規律　72
中間管理層　206
デット・ファイナンス　127
当局規律　74
統合報告書　89
投資銀行サービス　29
東証　**35**, 113
東証株価指数（TOPIX）　28
特設注意市場銘柄　171, **189**
独立役員　163
取引参加者　23

な 行

内部監査　204
内部管理体制　171
内部通報制度　201
内部統制報告制度　102
日本公認会計士協会　76
日本証券業協会　76, **100**

265

日本取引所グループ（JPX） **35**, 113, 215
日本取引所自主規制法人 **113**
日本版レギュレーション M 133
認識ギャップ 186
ノーアクションレター制度 98
ノンコミットメント型 134

は 行

買収子会社 187, **211**
売買審査 113
ハコ企業 **24**, 129
バスケット条項 50
パブリック・カンパニー 159
パブリック・コメント 77, 95
反市場的勢力 129, 143
フィデューシャリー・デューティ（受託者責任） 112
風説の流布 23
不公正ファイナンス 24, **129**
不祥事 **158**, 187
　──対応のプリンシプル 115, **161**
　──予防のプリンシプル 116, 181, **196**
　プリンシプル **46**, 57, 62
　　エクイティ・ファイナンスの── 115
　　狭義の── 54
　　金融サービス業における── 104
　　広義の── 54
　　──のネットワーク 117, **217**
　　不祥事対応の── 115, 161
　　不祥事予防の── 116, 181, 196
　プリンシプル・ベース（プリンシプル準拠） 40, 48, **56**, 97, 109
分権的規律 **72**, 74
　──の基本栄養素（三大栄養素） 75
分散投資 21
ベスト・プラクティス **56**, 174, 202
ベター・レギュレーション 55, **103**

ま 行

マス・メディア 93, 178
目的規定 **50**, 62
目的を持った対話 **107**, 125
モニタリング 90

や 行

有価証券届出書 22
有価証券報告書 22, 81
予見可能性 **57**, 99
横展開 208

ら 行

ライツ・オファリング（ライツ・イッシュー） 128
リーマン・ショック 106
流動性 29
ルール **46**, 57, 62
ルール・ベース **40**, 48
レピュテーション 93

〈著者略歴〉

佐藤隆文（さとう・たかふみ）

1950年神奈川県生まれ。1973年大蔵省入省。主計局主計官、銀行局総務課長などを経て、98年金融監督庁長官官房総務課長。99年名古屋大学教授。2001年金融庁総務企画局審議官、02年検査局長、04年監督局長、07年金融庁長官（09年退官）。10年一橋大学教授。13年～日本取引所自主規制法人（14年まで東京証券取引所自主規制法人）理事長。14年～IFRS Foundation（国際財務報告基準財団）トラスティ。
1973年一橋大学経済学部卒業、77年オックスフォード大学大学院修士課程修了（M.Phil.）、2002年名古屋大学博士（経済学）。
主な著作として、『信用秩序政策の再編』（2003年・日本図書センター）、『バーゼルⅡと銀行監督』（編著）（2007年・東洋経済新報社）、『金融行政の座標軸』（2010年・東洋経済新報社）など。

資本市場とプリンシプル

2019年5月8日　1版1刷

著　者　佐藤隆文
　　　　©Takafumi Sato, 2019
発行者　金子　豊
発行所　日本経済新聞出版社
　　　　https://www.nikkeibook.com/
　　　　東京都千代田区大手町1-3-7 〒100-8066
　　　　電　話（03）3270-0251（代）

装幀　相京厚史（next door design）
組版　マーリンクレイン
印刷・製本　シナノ印刷
ISBN978-4-532-35820-4

本書の無断複写複製（コピー）は、特定の場合を除き、著作者・出版社の権利侵害になります。

Printed in Japan